Coleção

Biblioteca do Maçom

EDITORA MAÇÔNICA

A TROLHA

Luiz Gonzaga da Rocha

CULTURA DE MAÇONARIA
Um Caminho

SÉRIE: *CURSO BÁSICO DE FORMAÇÃO MAÇÔNICA*
LIVRO I

Editora Maçônica A TROLHA Ltda.
Rua Castro Alves, 264 – Jd. Shangri-lá A – Fone (43) 3337-1982
CEP 86070-670 – Londrina – PR

Londrina, janeiro de 2020

EDITORA MAÇÔNICA A TROLHA LTDA.
Rua Castro Alves, 264 – Jd. Shangri-lá A
86070-670 – Londrina – PR
Cx. Postal 238 – CEP 86001-970
Fone (43) **3337-1982** – WhatsApp (43) **99647-0066**
Site: www.atrolha.com.br
E-mail: redacao@atrolha.com.br

Coordenação Geral:
Conselho Editorial

1ª Edição: 2019

Tiragem:
900 exemplares

Projeto Gráfico, Diagramação e Capa:
Maristela Meneghetti

Revisão:
Luiz Gonzaga da Rocha/Virgínia Cristina Audi Ayres

Impressão e acabamento:
Midiograf

DADOS INTERNACIONAIS DE CATALOGAÇÃO NA PUBLICAÇÃO (CIP-BRASIL)
BIBLIOTECÁRIA ROSELI INACIO ALVES CRB 9/1590

R672c

Rocha, Luiz Gonzaga da.
Cultura de Maçonaria: um caminho. / Luiz Gonzaga da Rocha. – 1. ed. – Londrina: Ed. Maçônica A TROLHA, 2019.
296p.: il.; 14,21 cm. – (Coleção Biblioteca do Maçom).

ISBN: 978-85-7252-402-5

1. Diversidade – Maçonaria. 2. Cultura maçônica. 3. Educação – Maçonaria. I. Título.

CDU 061.236

Índices para Catálogo Sistemático:

1. Maçonaria.
   061.236 (CDU)
2. Simbologia.
   061.236 (CDU)

DEDICATÓRIA

Dedicado

Aos muitos Irmãos (conhecidos e anônimos)
Que teceram e continuam a tecer conosco a escrita da Ordem
Com os invisíveis fios dos seus conhecimentos.

E aos nossos inúmeros Irmãos (participantes do CBFM)
Que nos desafiam cotidianamente.

SUMÁRIO

PARTE 3 – PORTAL PARA O FUTURO

PARA REFLEXÃO

A Maçonaria não realiza um trabalho em especial, mas tem como objetivo a elevação espiritual, moral e intelectual dos seus associados. Para alcançar esse desiderato, fomenta a presença de seus membros às reuniões semanais, nas quais as instruções e outras práticas de autoaprendizagem estão unidas para moldar de forma indelével o projeto maçônico de tornar feliz a humanidade pelo aperfeiçoamento dos costumes, pela tolerância, pela igualdade e pelo respeito à autoridade e à crença de cada um.

A Maçonaria promove a autoinstrução de modo reservado e à medida que o neófito evolui na senda, aproveitando o interesse e o desenvolvimento do aprendiz a companheiro e ao mestrado, emprestando-lhe um caráter de graduação, a instrução se completa. Nada pode contribuir tanto para o autoaperfeiçoamento moral, intelectual e espiritual do Maçom do que o próprio exercício da ritualística maçônica. Assim, explica-se por que a Maçonaria [enquanto Instituição] nada impõe aos seus membros, senão a obrigação essencial, e da maior importância, a presença e a realização de trabalho ativo semanal. Na Maçonaria, o aprendizado decorre da frequência aos trabalhos de Loja.

Por menos importante que possa parecer seja o trabalho que o Maçom tenha que executar durante as reuniões, a Maçonaria não o considera como tal. Imagine os nossos dedos dizendo às mãos que se recusam a atuar em face das ordens cerebrais. Cada Maçom, se comparado aos nossos dedos, mãos e braços, tem uma missão a executar durante os trabalhos de Loja, e é da perfeita integração dos Maçons na execução da ritualística que a Egrégora se mostra justa e perfeita, podendo ser, desta forma, por todos entendida. Assim, com a mesma satisfação com que um general contempla a tropa posicionada e estrategicamente preparada para o embate, os Maçons sentem-se exaltados ou elevados com uma reunião sincronizada, onde todos os associados atuam como se fossem um.

É por isso que ouso dizer: para que o trabalho maçônico seja bem-sucedido é indispensável que, como em qualquer outro trabalho, haja uma cooperação harmoniosa entre os seus diversos associados. Cada um, isto é, cada Maçom, individualmente, precisa cumprir o que lhe compete exatamente executar, evitando de outro modo destoar do conjunto. E isto também vale para o caminhante na senda do autoaperfeiçoamento moral, cultural e intelectual.

Ame o seu Irmão e trabalhe unido a ele. Ame a sua Loja e a Maçonaria. Ame seus livros e faça deles um ponto de refulgência. Revolucione-se culturalmente. O atual estágio do processo de globalização e de transnacionalização do ser humano se poliniza no conhecimento e na imensa variedade de informações instantâneas que estão a exigir de cada um bem mais saberes consolidados do que se imagina para as soluções e situações fluidas do cotidiano. A força dos livros alimenta a alma, aguça a inteligência, fortalece as palavras e inspira nossas ações. Converte-nos. Leia mais para saber mais.

Os textos aqui alocados, queiram ou não, procuram traduzir esse sentimento de unidade na diversidade, de ação e espírito maçônico, de cultura e saberes sob perspectiva unipessoal. Este livro, *Cultura de Maçonaria, um caminho,* é parte integrante dos saberes ministrados no Curso Básico de Formação Maçônica do Grande Oriente do Distrito Federal, e traduz ou tenta traduzir o sentimento maçônico de amor ao saber e ao conhecimento.

Esperamos que lhes seja útil a leitura.

O autor

APRESENTAÇÃO

Sinto-me honrado com o convite para apresentar tão robusta obra. Acompanho de longa data os escritos do Irmão Luiz Gonzaga da Rocha. Sei de antemão que a leitura desta "Peça de Arquitetura" derramará mais luz no caminho da minha eterna aprendizagem.

Foram tantas as oportunidades em que compartilhamos momentos de estudo, que os vazios de tempo entre esses encontros me enchem de saudade. Mais eis que a "Cultura de Maçonaria, um caminho" nos proporciona mais uma interação fraternal.

É dessa perspectiva que lanço os olhos nas intensas linhas que perscrutam o âmago da cultura maçônica, analisada com esmero pelo dedicado amigo e escritor Maçom.

Em boa hora o autor dedicou seu tempo a refletir sobre a cultura maçônica do ponto de vista do ensino-aprendizagem. Teve como referencial teórico o material acadêmico por ele utilizado para delinear o conteúdo programático do Curso de Formação Maçônica Básica oferecido pelo Grande Oriente do Distrito Federal.

Conhecedor que é da história e doutrina maçônicas, ampliou suas lições recorrendo a bibliografia mais robusta. Resulta tal esforço em material de grande amplitude, o qual certamente contribuirá para matar a sede de saber daqueles que queiram se aprofundar na seara do conhecimento maçônico.

Epistemologia, escopo da História maçônica, origens da Maçonaria, escolas do pensamento maçônico, além de reflexões culturais e educacionais, levarão o leitor por uma senda de descobrimentos que o elevarão a um patamar superior de conhecimento.

A obra poderá servir de subsídio para aqueles que desejam ter o preparo necessário para a práxis maçônica fora dos templos.

No momento em que o Grande Oriente do Distrito Federal

pretende ampliar seu instrucional maçônico, disponibilizando material de estudo que sirva de base para encontros presenciais onde serão discutidos temas contemporâneos, o conteúdo deste livro muito contribuirá para reflexão e estabelecimento de pontos de vista a serem discutidos coletivamente.

O Plano de Ação e Metas 2019-2023 do Grande Oriente do Distrito Federal estabeleceu como Projeto nº 1 a área educacional. A Obediência Distrital, federada ao Grande Oriente do Brasil (GOB), está implementando ações com vistas a consolidar cursos, seminários e encontros em Instrucional Maçônico progressivo que contemple temas dos graus simbólicos, doutrina maçônica e História da Maçonaria. Pretende disponibilizar Educação a Distância (EaD) para os membros de sua jurisdição.

O Irmão escritor Luiz Gonzaga da Rocha abre janelas para o futuro e propõe novo modelo de educação maçônica. É a receita que a Maçonaria está em busca. Esse é um encontro promissor. Preenche não só lacunas no âmbito educacional maçônico, mas também muito contribuirá para que o Grande Oriente do Distrito Federal desenvolva sua missão que é, em harmonia com a Sociedade e em consonância com o GOB, promover o desenvolvimento da Maçonaria e a evolução do Ser Humano, articulando ações no Distrito Federal. Esse desiderato poderá ser estendido a outras Obediências e a tantos quantos se interessem pelo progresso da Maçonaria em nosso País.

Parabéns ao Irmão Luiz Gonzaga pelo trabalho incansável de oferecer seu conhecimento aos Maçons brasileiros. Quem ganha sobremaneira com essa disposição é o Maçom leitor, ávido de livros que enriqueçam a literatura maçônica e sejam fontes de consulta permanente que contribuam para dirigir suas consciências para egrégoras mais iluminadas. Obrigado meu Padrinho!

Brasília, 7 de setembro de 2019.

Reginaldo Gusmão de Albuquerque
Grão-Mestre do Grande Oriente do Distrito Federal.

APRESENTAÇÃO DOS EDITORES

Este é o quarto livro do autor Luiz Gonzaga da Rocha publicado por esta editora. O autor tem o olhar voltado humanisticamente para o Maçom e suas referências externas. Neste caso em particular, o tema tratado está relacionado ao estudo do homem e à cultura que o envolve no presente e que, maçônica e socialmente falando, foram transmitidos oralmente por gerações ancestrais. Trata-se aqui da linguagem usada para este fim.

É verdade que, quando falamos em cultura, autoconhecimento, reflexões, existem dois tempos: um reversível e sustentado, e outro irreversível e corrente. E isso não é nenhum mistério. O que acontece é que quando estamos em Loja ou em qualquer outro Templo sagrado, durante a sessão o tempo para, permanecemos no presente, ligados intimamente à nossa existência. Nesse momento a Loja é o centro do mundo, como disse Mircea Eliade. Aqui existe um início, meio e fim, ao contrário do tempo que corre lá fora, onde isso não existe filosoficamente falando. Essa multiplicidade dos ritmos temporais é que dá ao Maçom a oportunidade de, periodicamente, parar o tempo, experimentar-se humano, rever o que lhe foi ensinado, ensinar aos outros o que por ele foi aprendido.

Eis aqui a importância da cultura maçônica, dos muitos saberes que foram sendo repassados oral e simbolicamente, enriquecendo as sessões atuais. Podemos, e isso é certo e infalível, nos adequar às novas formas de comunicação, no entanto, sem uma base cultural sólida e integrada à instituição maçônica, a sensação de vazio que o mundo externo promove tocará e se fará sentir no Maçom também.

A cooperação harmoniosa e o entendimento é de que sem arte, cultura e autoconhecimento, praticamente todas as experiências humanas ficam fragilizadas.

Escute, mas também participe, falando e integrando conteúdos múltiplos. Acresça o seu ser à cultura de sua Loja, o seu pensar, o seu saber. Padrinhos, Irmãos Vigilantes, a transmissão oral da identidade da Maçonaria em si, da sua Loja, de sua cidade, é fundamental para que isso aconteça, e vocês são importantíssimos na disseminação desses conhecimentos.

Os editores

Londrina, dezembro de 2019.

INTRODUÇÃO

A Didática do Esclarecimento, a que se dedicou explicar Theodor W. Adorno e Max Horkheimer; A Arte de Escrever, de Arthur Schopeunhauer; A Questão dos Livros, de Robert Darnton; A Arte de Ler, de Émile Faguet; Os Livros Nossos Amigos, de Eduardo Frieiro; A Metodologia Filosófica, de Dominique Folscheid e Jean-Jacques Wunenburger, com suas ideias e propostas são, a exemplo de outros autores e escritores referenciados nesta obra, dignos representantes da cultura ilustrada e elegidos para figurarem nestas linhas iniciais. Seus pensamentos e obras iluminaram os caminhos da ilustração e da cultura de Maçonaria que arquitetamos para este livro, sendo ombreados com o pensar e obras de ilustres Maçons e maçonólogos brasileiros que se dedicaram a explorar as minudências da Arte Real, dissecando-as e apresentando aos interessados leitores, acrescentando valiosas informações, emprestando inelutáveis contribuições à estrutura do Curso Básico de Formação Maçônica, idealizado para fomentar elementos estruturantes na geração de ideias e de pensamentos maçônicos.

Por questão de justiça e legítimo dever de obediência, teço aqui breve referência ao Irmão Lucas Francisco Galdeano, Grão-Mestre Distrital e Grão-Mestre Distrital Adjunto, que na gestão ilustrada do Grão-Mestre Distrital Jafé Torres teve a ideia de pensar e conceber este Curso modular e cíclico de instrução, preparação intelectual e formativa de centenas de Irmãos que, voluntariamente, se inscrevem à participação, embora o objetivo, não declarado, fosse o de alcançar os milhares de Irmãos que compõem a estrutura maçônica do GODF-GOB e das coirmãs Grandes Lojas e COMAB.

No presente momento (2017), o Irmão Lucas Galdeano, ladeado pelo Grão-Mestre Adjunto – Reginaldo Gusmão de Albuquerque – dá prosseguimento ao programa de ensino-aprendizagem e orientação ritualística herdada da Administração anterior, é verdade, mas que se reveste neste terceiro ciclo de novos elementos estruturantes, novos orientadores e novos saberes.

O Curso, sob a égide do Grande Oriente do Distrito Federal, se encontra estruturado em nove módulos, ministrados sucessivamente a cada início de mês, por Maçons de irrefutáveis conhecimentos e cultura de Maçonaria, de quem se espera mais do que o esmero e dedicação ao curso em si, mas ao esforço didático e docência na transferência de conhecimentos aos que estão trilhando os árduos caminhos da escalada do aperfeiçoamento maçônico.

O Curso Básico de Formação Maçônica se assenta sobre os seguintes módulos:

- Introdução à Maçonaria (I).
- Templos e Símbolos maçônicos (II).
- História da Maçonaria Moderna (III).
- História da Maçonaria no Brasil, nos EEUU e na América Latina (IV).
- História do Grande Oriente do Brasil e do Grande Oriente do Distrito Federal (V).
- Ritos Maçônicos praticados no GOB (VI).
- Administração Maçônica (VII).
- Direito e Legislação Maçônica e, Regularidade e Reconhecimentos Maçônicos (VIII).
- Deontologia na Maçonaria (IX).

No escopo do espírito maçônico e da dialética do esclarecimento, trazemos à baila o conteúdo impresso do primeiro módulo – Introdução à Maçonaria – na tentativa de sistematização do conteúdo, esperando ser copiado pelos demais ministradores dos módulos seguintes, e contribuir, de alguma forma, para o elevo da cultura de maçonaria, disseminando ideias e pensamentos para mais além do fazer maçônico rotineiro.

No conjunto de escritos ora apresentados, estão relacionados sete ensaios didático-pedagógicos e de docência, consubstanciado como Conceito epistemológico e etimologia da palavra maçom; Método escopo da história maçônica; Teorias acerca das origens da Maçonaria, vertentes culturais e escolas de pensamento maçônico; Cultura de Maçonaria; formas e meios de expressão literária maçônica, e, Bibliografia maçônica. Na parte dois, são cinco os ensaios escritos e apresentados com o intuito de abrir horizontes para compreensão da cultura de Maçonaria. Na parte três, são três os ensaios que objetivam apresentar e abrir o portal para a Maçonaria do futuro.

Didatismo à parte, o que se apresenta aqui é um estímulo, um desafio para se reduzir as distâncias entre cultura, Maçons, Templos e os saberes maçônicos; para argumentar em favor da razão crítica; do fazer cultural, e do estabelecimento de escritos específicos sobre os conteúdos modulares do Curso Básico de Formação Maçônica e incentivar os estudos, leituras e escritas de textos maçônicos. Um sentido de falsa modéstia não me impedirá de afirmar que a atenção do Irmão e do Leitor poderá (e deverá) se voltar para o todo, mas, em especial, para o conteúdo da parte três, dada a relevância que se apresenta para o preparo da Ordem Maçônica no presente para o futuro.

E quero aqui, por fim, justificar e pedir escusas por eventuais falhas gramaticais, incoerência textual e desacerto de datas e dados, vez que todo o escrito, da concepção da ideia à elaboração e conclusão da primeira parte (Parte Um), foi redigido no decorrido tempo de menos de duas ou três semanas, de modo a poder atender a abertura do Curso programada para o dia 08 de outubro do ano de 2016 da Era Vulgar. Contudo, junto com o pedido de escusas, fica aberto o espaço de tempo necessário para atualizações, receber colaborações, críticas e sugestões.

LGR

Parte 1

Cultura de Maçonaria

UNIDADE UM

CONCEITO EPISTEMOLÓGICO E ETIMOLOGIA DA PALAVRA MAÇOM

1. PREÂMBULO

Podemos iniciar esta nossa leitura e estudos definindo os termos epistemologia e etimologia, não para demonstrar zelo em excesso, mas para delinear a justa e perfeita compreensão desses termos aplicados à palavra Maçom.

Epistemologia [do grego episteme ἐπιστήμη = conhecimento) diz da reflexão em torno da natureza, etapas e limites do conhecimento humano, especialmente do conhecimento aplicado nas relações que se estabelecem entre o sujeito indagativo e o objeto inerte, e aqui podemos considerar, referencialmente, maçom e maçonaria. A Epistemologia se distingue da Teoria do Conhecimento ou Gnosiologia, por analisar os conhecimentos *a posteriori*, na diversidade das ciências e dos objetos, ao passo que a gnosiologia estuda o conhecimento da unidade do espírito e nas formas universais [**1a**].

A palavra epistemologia significa ciência, conhecimento ou estudo científico que trata dos problemas relacionados com a crença e o conhecimento de "algo" ou alguma "coisa". Em outras palavras, reflexão ou estudo dos postulados, conclusões, etapas e limites do conhecimento humano, particularmente nas relações que se estabelecem entre o sujeito que indaga e o objeto ou "coisa" indagada [**1b**].

A epistemologia surgiu com Platão quando este se opôs à crença ou opinião ao conhecimento, considerando que a crença é um ponto de vista [opinião] subjetivo e que o conhecimento é a crença [opinião] objetiva, verdadeira e justificada do objeto, fato ou "coisa".

Filosoficamente, a epistemologia admite duas correntes, uma empirista que diz que o conhecimento deve ser baseado na experiência, ou seja, no que for apreendido durante a vida, e a outra, racionalista, que prega que a única fonte do conhecimento se encontra na razão, e não na experiência. [**1c**].

Aplicado à Maçonaria, podemos indagar se a palavra maçom corresponde a algo real, se a palavra maçom existe fora da consciência daquele que a pensa, e se este conhecimento é empírico ou racionalista, sendo que, a partir da conclusão a que se chegar esse conhecimento e termo pode ou não ser validado. Sabemos que sim, respondemos que sim, pois promovendo-se lenta e gradual substituição do termo epistemologia por metodologia que, igualmente, estuda os procedimentos de validação do conhecimento científico, atestaremos como fizeram Kant e Piaget [**1d**].

> *"... embora todo o nosso conhecimento comece com a experiência, nem por isso todo ele se origina justamente da experiência"* (KANT, 1996).

> *"O conhecimento é produzido graças a uma interação do indivíduo com o seu meio, de acordo com estruturas que fazem parte do próprio indivíduo"* (PIAGET, 1971).

O aprendizado, então, é o processo pelo qual o ser humano se apropria do conhecimento ao longo da evolução humana. O aprendizado maçônico não foge à regra universal. O aprendizado maçônico é real, e a leitura e a escrita são os dois principais nutrientes intelectuais que sustentam a expansão serena da inteligência interativa grupal.

A palavra maçom corresponde a algo real, existente no universo das coisas terrenas, portanto, invulnerável junto do perfil do indivíduo que ultrapassou os portais das iniciações maçônicas.

Por seu turno, a palavra etimologia [do grego ἐτυμολογία, composta por ἔτυμος "étymos" e – λογία" – logia = significa origem das palavras] diz da parte da gramática que trata da origem da história ou origem das palavras e da explicação ou significado de palavras através da análise dos seus elementos constitutivos [**2a**].

As palavras são autóctones de algumas regiões e grupamentos humanos, e algumas dessas palavras são derivadas de outras línguas [e culturas] e sofrem modificações, preservando, contudo, as raízes [étimos] por meio dos quais podem ser reconstituídos à originalidade. Os etimólogos trabalham, inclusive, na reconstituição de línguas mortas [desaparecidas] como o sânscrito de onde provém a palavra maçom atual.

Em suma, etimologia é a matéria ou disciplina que analisa a origem das palavras em vários ambientes linguísticos anteriores à sua formação atual, portanto, diz do estudo da origem e evolução das palavras [**2b**].

Creio, agora, que podemos enveredar pelos caminhos do conhecimento, na tentativa de desvendar a epistemologia e etimologia da palavra maçom. Acompanhe-nos.

2. EPISTEMOLOGIA E ETIMOLOGIA DA PALAVRA MAÇOM

De forma direta e objetiva, se alguém me perguntar o que quer dizer a palavra "maçom" e "maçonaria", responderei como me ensinou, um dia, Xico Trolha: "pedreiro" e "sociedade de pedreiros". Pronto e acabado. Simples assim [**3a**].

Sinto, entrementes, que falta dizer algo, ou ainda, falta dizer alguma coisa. A resposta do velho Xico Trolha, obviamente, ficou por demais simplória e elucidativa. E não sei se tal resposta, tal qual restou apresentada, poderá satisfazer a curiosidade em torno da natureza, etapas e limites do conhecimento maçônico como prima o termo epistemologia. A teoria do conhecimento, bem sei, exige mais e mais informações [**3b**]. Então, prossigamos em nosso caminhar.

A primeira vez que o termo maçom foi utilizado, diz-nos Xico Trolha e diversos outros renomados escritos maçônicos, encontra-se, de certa forma, documentada e tem registro na Baixa Idade Média [Séc. XI]. O termo utilizado foi *caementarius* [pedras pequenas], em 1077, evoluindo para *Caementarii* [no plural, e ainda em latim], em 1212, e para *sculptores lapdum liberorum* [escultores de pedra livre] e seguidamente, até 1356, não há registro de variações deste termo [**3c**].

Interessante observar que nos documentos subsequentes, a exemplo d'O *Poema Regius* ou Manuscrito Halliwet, no manuscrito de Cooke e no Estatuto de Schaw, as referências se ampliaram para "pedreiros", e a partir de 1600 e nos anos seguintes, foram encontradas referências aos termos "freestone" e "freemason", em inglês; libero muratone, em italiano; freimaures, em alemão; franco-masoríe, em espanhol; franc-maconerie, em francês; e maçom e maçonaria, em português. Hoje se reconhece, sem discussão, que o termo maçom provém do inglês e do francês, com o sentido de "pedreiro", afastando, de pronto, outros entendimentos etimológicos. Fico com o francês, vejam a razão.

Assis Carvalho (depois Xico Trolha), no capítulo VI – A Origem do Nome Maçom – no livro "O Aprendiz Maçom", editado em 1995 pela Editora A TROLHA, que nos honra transcrever, por se constituir no relato mais bem consolidado que pudemos encontrar como fruto de exasperantes pesquisas [**3d**] diz que:

> *"Os Freemasons e os Free-Stones – O termo Freemacons ou Free-Masons, são palavras positivamente de origem desconhecida. Todavia, a partir do Ano 1077, passou a designar o Trabalhador, o Operário da Pedra. É bem verdade, que não em inglês como é escrito hoje. A palavra como*

> *esse significado apareceu pela primeira vez em Latim, grafada assim:* ***Caementarius*** *– significando Pedras Pequenas. Isso aconteceu no ano de 1077. Em 1212, ele apareceu no plural, gravado assim –* ***Caementarii.*** *E esse termo foi agregado a uma expressão, a um novo termo –* ***Sculptores Lapdum Liberorum*** – (ESCULTORES DE PEDRA LIVRE).
>
> *Em 1217,* ***Caementarii*** *é associada à palavra* ***Maszum.*** *Entre os Trabalhadores de Cantuária e os Canteiros – os Trabalhadores na Pedra ou com Pedras eram denominados artífices, ainda. Somente lá pelos anos de 1300, é que aparece o termo –* ***Magister Caementariu*** *– (Mestre Maçom). Grifos existentes no original* (CARVALHO, 1995).

Historiado e argumentado os fundamentos da palavra maçom e maçonaria, na versão inglesa, resta-nos, agora, conduzir o assunto para a variante francesa, dado que maçom e maçonaria são termos, palavras, que provêm do francês: maçon e maçonnerie, significando, originalmente, o "pedreiro" e sua "arte" [**3e**].

Sabidamente, a fonte de muitas palavras do tronco indo-europeu foi o sânscrito falado pelos povos da Índia, bem antes do século V a.C., e do sânscrito derivaram o latim e uma plêiade de línguas, assim, os filólogos encontram as origens do vocábulo maçom no antigo sânscrito, como MATYA [clube], produzindo no latim os termos MACION ou MATTION; no alemão, METZ; e no francônio, MATTJO [**3f**].

Do termo latim MACION ou MATTION, introduzido nas Gálias pelos romanos, sofreu alterações para MACHUM, MASSON até alcançar a forma definitiva, MAÇON. É crível afirmar que a palavra maçom sofreu alterações na Inglaterra: MACHUN – MACHOUS – MUSUM (entre os anos de 1200-1300); MAZOUM – MASOUN – MAISON – MESON (entre 1400-1600); MEASON, MESON e finalmente MASON, na grafia, em inglês, hoje consolidada.

Assim, é corrente o entendimento de que os termos maçom e maçonaria tiveram origem nos reinos dos francos, e foram empregados com o sentido de pedreiros, o artífice cortador de pedras, construtor de edificações com o uso de pedras. Nota-se que o termo MASON, em inglês, só se diferencia do termo francês MAÇON, pelo uso do "S" no lugar do "C" cedilhado "Ç".

Na língua portuguesa, o termo maçom se apega ao termo "iniciado na Maçonaria", dizendo respeito a outro tipo de construção-construtor, reportando-se à ideia de construção-construtor moral, ou seja, na língua portuguesa, maçom e maçonaria nada guarda de relação com o sentido original: o pedreiro e a sua arte. Apresso-me em repetir: Maçom e Maçonaria na língua portuguesa guardam relação com o sentido de "*pessoa iniciada na Maçonaria*" **[3g]**.

Segundo o pensamento e palavras de Raimundo Rodrigues Acreano de Albuquerque:

> *"O que existe de verdade é que a Maçonaria adota princípios e conteúdos filosóficos milenares, que foram adotados por instituições como as "Guildas" (na Inglaterra), "Compagnonnage" (na França), "Steinmetzen" (na Alemanha). O que a Maçonaria fez foi adotar todos aqueles sadios princípios que eram abraçados por instituições que existiram muito antes da formação de núcleos de trabalho que passaram à história com o nome de Maçonaria Operativa ou de Ofício"* (RODRIGUES, 2001)[1].

Raimundo Rodrigues não estava de forma alguma desconectado com os escritos reais e consolidados sobre a evolução das palavras maçons e maçonaria, e com a sua especial evolução de Operativos para Especulativos, sendo o seu relato concorde com o pensamento e ideias expressas mundialmente pelos estudiosos da Arte Real.

3. ALGUNS FATOS SIGNIFICATIVOS E DIGNOS DE AVALIAÇÃO

Discussão outra que vale a pena ser alimentada diz respeito,

---

[1] RODRIGUES, Raimundo. Sobre os Primórdios da Maçonaria, *in* Cadernos de Pesquisas 19, Londrina: A TROLHA, 2001, p. 121.

complementarmente, à questão dos termos "maçons aceitos" [especulativos] e "maçons aceitos" [operativos]. Acompanhe os escritos de Antônio Rocha Fadista e Paul Naudon [**4a**].

> *"Já nos anos de 1520-21 os registros contábeis da Corporação mencionavam pagamentos efetuados por alguns membros e oficiais operativos, que tinham sido feitos pelos Maçons aceitos. É de resultar que alguns membros aceitos eram membros ativos e quotistas da Corporação de Ofício. Deste modo, estamos diante de acontecimentos exatamente oposto àqueles que sempre se supôs acontecerem, isto é, são os membros operativos que são admitidos entre os aceitos, e não o inverso" (FADISTA, 2002)*[2].

Outro fato significativo é que nos anos de 1655-56 a Companhia de Ofício decidiu retirar a palavra *freemasons* [Pedreiros Livres] do seu título, passando a chamar-se somente Companhia dos Maçons [**4b**].

A propósito, Paul Naudon assinala com maestria:

> *"A admissão de membros "aceitos" é antiguíssima. Dela sempre fizeram parte os clérigos, em razão do fundamento religioso do mestrado e confrarias. Muitos outros personagens tinham também acesso a ela, ou porque ela lhes buscaram o apoio, ou porque se sentiram atraídos pela instituição. O Manuscrito Regius já se refere a aprendizes "do sangue dos grandes senhores"* (NAUDON, 1968).

Citando o historiador e Maçom R. G. Gould, Paul Naudon assinala com muita propriedade:

> *"As Lojas escocesas procederam nessa transformação as Lojas da Inglaterra. Desde 1439, em virtude de um privilégio concedido por Jaime III, tinham elas como Grão-Mestre o senhor Saint-Clair de Rosslyn"* (NAUDON, 1968).

---

[2] FADISTA, Antônio Rocha. As Origens da Maçonaria Especulativa, *in* Inbrapem 3, Londrina: A TROLHA, 2002, p. 137.

Para Theobaldo Varoli Filho[3], os atuais Maçons são "Antigos, Livres e Aceitos" [*Free and accepted masons*] desde que a história passou a registrar sua existência [1600], dois anos depois da publicação dos Estatutos Shaw, e lograram introduzir na Maçonaria novas práticas, lendas, ideias filosóficas e costumes [**4c**].

Resta assim demonstrado que mesmo antes [muito antes] de 1717, a antiga Maçonaria convivia com Maçons denominados "aceitos". Dito de outra forma, Maçons aceitos na Maçonaria não foi uma particularidade da Maçonaria Moderna estabelecida a partir de 1717, ou um pouco antes desta data limítrofe [**4d**]. Avançamos neste ponto em nossos outros trabalhos escritos e publicados, portanto, de fácil acesso ao buscador.

CONCLUSÃO

Todas as associações humanas surgem porque o homem é um ser sociável, isto é, que ele forma naturalmente associações que possam satisfazer seus anseios, sem necessidades de modelos de associações anteriores (PETERS, 2002)[4] [**4e**].

Em razão disso, a Maçonaria [Operativa e Especulativa] e os Maçons não nasceram porque antes existiram as guildas, nem as guildas nasceram porque existiram os *Collegia Fabrorum* ou outras associações precursoras, o que vale para a palavra maçom, este termo não surgiu porque no sânscrito existia o termo *mason, masonary, macion* ou *mattion*. Por mais que consigamos ampliar esta série, sempre chegaremos a uma primeira palavra ou associação que não teve modelo para se inspirar.

Ademais, durante a Alta Idade Média (c. 500-c. 1000) e até mesmo depois (c. 1000-c. 1500), qualquer tipo de construtor era chamado

[3] Theobaldo Varoli Filho, Curso de Maçonaria Simbólica-Aprendiz, São Paulo: A Gazeta Maçônica, s/d, p.13-14.

[4] PETERS, Ambrósio, Collegia Fabrorum, *in* Inbrapen, v. 3, Londrina: A TROLHA, 2002, p. 81.

de maçom e o grupo todo era chamado de maçonaria, e, neste partilhar, a palavra maçom podia englobar não só assentadores e talhadores de pedras, mas todos aqueles que tomavam parte na edificação da estrutura ou que trabalhavam, incluindo, nesta relação, lenhadores, telhadores, cortadores de troncos, estucadores etc. [**4f**].

O maçom [ou homem comum] que sair em busca de todas as formas possíveis e chegar a algum conhecimento primordial dos termos maçons e maçonaria, se encontrar, não irá influenciar em nada na vida dos Maçons ou na existência da Maçonaria em qualquer tempo e espaço-lugar. Fato é que Maçonaria e Maçons existem, existiram e existirão, havendo ou não circunstâncias do princípio de individualização das instituições ou associações humanas, e dos termos alusivos aos seus membros ou associados. Platão discutiu o assunto em seus diálogos, mas nada escreveu, razão pela qual a Academia os chamou de seus "ensinamentos não escritos" [*ágrapha dógmata*]. Rubin Rodrigues[5] ousou e escreveu "A Teoria dos Princípios... de Platão?". Eu, em escrita dessas "coisas", não ouso, mas instigo os Irmãos e Leitores a ousarem. Ousem saber! [**4g**].

E ponto final.

5. RESUMO. ABSTRACT. RESUMEN. RÉSUMÉ:

As palavras Maçom e Maçonaria escritas com "M" maiúsculo ou minúsculo, com "S" ou "C" cedilhado "Ç", possuem o sentido de Operário da Pedra e Sociedade de Pedreiro, procede do sânscrito, com sobrevida no latim e perpetuação com os anglo-saxões e gauleses, encontrando-se hoje consolidada e reconhecida mundialmente em língua inglesa (free-Mason) e francesa (Maçom e Franc-Maçonnerie), ambas com o sentido original de Pedreiro e Sua Arte, afastando, de

[5] RODRIGUES, Rubin Germano. A Teoria dos Princípios de Platão, Brasília: Thesaurus, 2016.

pronto, outros entendimentos etimológicos e epistemológicos, servindo exclusivamente para identificar os indivíduos associados às Maçonarias em geral.

The words Mason and Freemasonry written with uppercase or lowercase "M", with "S" or "C" fingering "Ç", have the meaning of Stone Worker and Mason Society, proceeding from Sanskrit, surviving in Latin and perpetuating with Anglo-Saxons and Gauls, today consolidated and recognized worldwide in English (Free-Mason) and French (Freemason and Franc-Masonnerie), both with the original meaning of Mason and His Art, and away others etymological and epistemological understandings, serving exclusively to identify individuals associated with Freemasonry in general.

Las palabras Mason y Masonería escritas con mayúscula o minúscula "M", con "S" o "C" digitación "Ç" tienen el significado de Stone Worker y Mason Society, procedentes del sánscrito, que sobreviven en latín y se perpetúan con Anglosajones y galos, hoy consolidados y reconocidos mundialmente en inglés (Free-Mason) y en francés (Freemason y Franc-Masonnerie), ambos con el significado original de Mason and His Art, y otros. Entendimientos etimológicos y epistemológicos, que sirven exclusivamente para identificar individuos asociados con la Francmasonería en general.

Les mots Mason et Franc-maçonnerie écrits avec «M» majuscule ou minuscule, avec «S» ou «C» doigté «Ç», ont le sens de Stone Worker et Mason Society, procédant du sanscrit, survivant en latin et se perpétuant Anglo-Saxons et Gaulois, aujourd'hui consolidés et reconnus dans le monde entier en anglais (franc-maçon) et en français (franc-maçon et Franc-Masonnerie), avec le sens originel de Mason et de son art, et ailleurs compréhensions étymologiques et épistémologiques, servant exclusivement à identifier les individus associés à la franc-maçonnerie en général.

REFERÊNCIAS BIBLIOGRÁFICAS

CARVALHO, Assis. *O Aprendiz Maçom*. Londrina: A TROLHA, 1995.

DIVERSOS AUTORES. *Cadernos de Pesquisa 19*. Londrina: A TROLHA, 2001.

DIVERSOS AUTORES. *Inbrapen 3*. Londrina: A TROLHA, 2002.

KANT, Immanuel. *Crítica da Razão Pura*, Col. Os Pensadores. São Paulo: Nova Cultural, 1996.

LIMA, Walter Celso de. *Ensaios sobre filosofia e cultura maçônica*. São Paulo: Madras, 2012.

LOMAS, Robert. *Os Segredos da Maçonaria*. São Paulo: Madras, 2015.

MELKISEDEC (Alexandre Magno Camargo). *O Aprendiz no Rito Moderno*. São Paulo: A Gazeta Maçônica, 2005.

NAUDON, Paul. *A Maçonaria*. São Paulo: Difusão Europeia do Livro, 1968.

PIAGET, Jean. *Epistemologia Genética*. Petrópolis: Vozes, 1971.

RABANEDA, Fabiano. *O Catecismo do Aprendiz Adonhiramita*. Londrina: A TROLHA, 2010.

UNIDIDADE DOIS

MÉTODO ESCOPO DA HISTÓRIA DA MAÇONARIA

1. PREÂMBULO

Por conta da dificuldade em ser objetivo quando se trata de ciências humanas, quer seja em face das dificuldades de controlar as variáveis em ambiente social, por disfunção e interferências externas; quer em face dos obstáculos que a escrita (o pensamento e a leitura) de temas maçônicos oferece; quer seja em decorrência de ausência de antecedentes de um método escopo da história da Maçonaria adequado e coerente com o método histórico mais tradicional, difícil ser objetivo. Fato é que temos ou somos induzidos a inventar a roda, a partir do primeiro arco, razão pela qual não podemos nos comprometer com a objetividade pontual, o que não significa dizer que seremos subjetivos ao tratarmos do "método escopo da história da Maçonaria" [5a].

Em tese, podemos adiantar que no campo da metodologia científica, escolas e teorias, os métodos para a escrita [pensamento e leitura] de textos, no geral, e da Maçonaria, em particular, pode se estender infinitamente [**5b**]. Um ponto final aqui ou acolá não significa, na acepção usual, um ponto final, mas um ponto de partida para outras reflexões.

Como as opções são muitas, para sinalizar o método escopo almejado, podemos seguir o método indutivo, o método dedutivo, o método hipotético-dedutivo, o método materialista, ou combinar variantes de um ou de outro, ou de todos, ou, ainda, simplesmente, não obedecer a regras ou método algum. Algumas dessas regras são seguidas conscientemente, em alguns casos, e em outros, inconscientemente, por parte de quem escreve e de quem lê.

O filósofo francês August Comte [1798-1857] defendeu que o método científico fosse o mais abrangente possível, e Wilhelm Dilthey[6] [1833-1911] defendeu que as ciências sociais, agora denominadas de ciências humanas, tivessem autonomia metodológica a partir da diferenciação entre "explicar" e "compreender". E ousaria acrescentar, "escrever". Ou seja, ousaria acrescentar como já se acrescentaram outras variáveis à amplitude das ciências humanas.

Desnecessário, se faz, aprofundar o assunto no sentido de explicar as palavras explicar[7], compreender e escrever. Contudo, entender, explicar e explorar, um pouco mais o sentido da palavra "escopo", na forma e sentido empregado no título, se faz necessário. Afinal, estamos tratando do instrumento guia para a História da Maçonaria [**5c**].

Por escopo há que se "entender o alvo", o ponto em que se planeja alcançar nos procedimentos ritualísticos e didático-pedagógicos utilizados na transmissão dos conhecimentos e ensinamentos maçônicos, ou, para não fugir da tradição que entende a palavra "escopo" como orientação básica que se utiliza como modelo, padrão, referência.

Particularmente, penso que o escopo da história da Maçonaria deveria centrar-se na transmissão dos saberes e conhecimentos à moda antiga, de "ouvido a ouvido" no método de transmissão do "mestre ao aprendiz", como tenho defendido em alguns dos meus escritos. Entendo, ademais, que a transmissão do conhecimento de Maçonaria se concretiza no inter-relacionamento sociocultural, no conviver com os Irmãos, com os seus familiares e círculo de amizade, e particularmente

---

[6] Filósofo humanista, psicólogo, historiador, sociólogo e pedagogo alemão e um dos mais importantes nomes do relativismo histórico.

[7] Pedimos desculpas pela redundância.

meio maçônico e em Lojas, onde se adquire informações e experiências vivenciais. É neste ponto que ressurge a valorização do aprendizado do sistema educacional maçônico dos graus [iniciação-comunicação] com suas representações e símbolos.

O método escopo da história da Maçonaria e do pensamento maçônico, qualquer que seja o alvo a ser alcançado pelo narrador-escritor, deve assinalar não apenas as linhas de continuidade do tema-assunto abordado ou tratado, mas, também, os pontos de ruptura metodológica, de modo a poder oferecer, ao mesmo tempo, um panorama geral [resumido ou ampliado] e uma análise crítica de aspectos específicos, relativos às diferentes posturas metodológicas assumidas em face da história, filosofia, ritualística e do pensamento maçônico em perspectiva.

O texto escrito deve contemplar, ainda, as variáveis metodológicas, objetivando alcançar o alvo perseguido ou proposto. Assim, abalizadas as variantes, o escritor ou articulista poderá definir e ponderar sobre as dificuldades [e-ou facilidades] de delimitação do escopo do problema a ser superado.

Ademais, penso que, em face dos escritos disponibilizados nas redes sociais, em grupos maçônicos, e em livros e escritos em geral, o método escopo da história da Maçonaria não é observado [**5d**]. Ou seja, obsoleto por completo. A regra parece ser não ter regras. Infelizmente.

Os escritos maçônicos, por via de regra, não obedecem a nenhum escopo predeterminado, teorias ou escolas do pensamento. Sem metodologia e sem regras, nos deparamos, num mesmo texto, com intromissões devidas ou indevidas de teorias e ideias oriundas de escolas diferentes e até mesmo antagônicas entre si. Mas esta é outra questão e tema para outros escritos [**5e**].

2. ESCOLHA E DEFINIÇÃO DO MÉTODO (SOBRE A ESCRITA E O ESTILO)

As principais etapas que envolvem o emprego do método da

história da Maçonaria é o oral, em detrimento do método crítico. Oral na perspectiva da história geral e da metodologia científica, que abarca uma relação inseparável entre o pensamento e a base material do conhecimento, que precisa ser valorizado, por contemporizar universos de significados entre representações simbólicas, lendárias, místicas, crenças, valores e comportamentos somente perceptíveis no campo das relações entre o indagador e o objeto indagado [6a]. A oralidade, em muitíssimos casos, se reveste sem pejo, das vestes do achismo ou do me conta que eu conto com os pontos e minhas vírgulas.

Ademais, a fonte oral e as tradições que se constituem como base primária para a obtenção e transmissão do conhecimento maçônico, há mais de cinco séculos parece ter sido (em muitos os casos) a principal fonte de dados para as pesquisas, sejam elas científicas ou não [**6b**]. Os escritos de Maçonaria são, insofismavelmente, carentes de fontes primárias confiáveis e só muito raramente primam pelo rigor científico. Há exceções. Sim. Há exceções e exceções.

Destarte, para inúmeros autores e historiadores, o relato oral tem sido, através dos séculos, fonte primordial, e neste particular não podemos olvidar que a palavra antecedeu o desenho e a escrita. E esta, quando inventada, não foi mais que a cristalização do relato oral.

Por outro lado, a quase veneração à ciência, e sua presença e influência nas escolas do pensamento, induz ao entendimento de que teorias, métodos, técnicas e produtos escritos, se não forem ou não passarem pelo crivo cientificista, não são válidos, quando em verdade não há um método científico, no sentido de oferecer uma receita universal, para o enquadramento dos escritos de Maçonaria [**6c**].

Observa-se, ainda, que o método da história oral é claramente multidisciplinar, vez que permite a inter-relação entre as disciplinas história, filosofia, doutrina, ritualística, sociologia, antropologia, ciências políticas, educação e outras, com as quais os escritores maçônicos e maçonólogos se defrontam na atualidade, o que reveste de fundamentos epistemológicos os pressupostos que delimitam o entendimento sobre o uso dos procedimentos metodológicos em questão [**6d**].

Parece desanimador prosseguir nessa seara, mas não o é, ao contrário, insistimos em apresentar um método escopo para a História da Maçonaria, por julgar necessário e imprescindível à construção do pensamento maçônico e da educação maçônica propriamente dita.

Óbvio nos parece dizer que cabe ao leitor escolher as leituras que lhe apraz e avaliar o escrito (em sua forma e método) e o autor. A seleção natural dos escritos e escritores se fará por esse método pessoal.

3. MÉTODO ESCOPO DO PENSAMENTO E DA LEITURA DE MAÇONARIA

O presente tópico tem por objeto refletir sobre os escritos e a leitura de temas maçônicos a partir de livros, resenhas, artigos e notas ou apontamentos, deixando, como alternativa e proposta, registros e recomendações sobre a arte de escrever, a arte de ler, as demonstrações inegáveis da paixão pela leitura que acomete algumas pessoas [**7a**].

Colocar em perspectiva as reflexões metodológicas de um escritor e de um escrito pode ser um bom exercício intelectual, no caso, exponho Schopenhauer e Faguet, como escritores e qualquer um de nós outros, como leitores [**7b**].

Segundo Schopenhauer, há dois tipos de escritores: aqueles que escrevem em função do assunto e os que escrevem por escrever (SCHOPENHAUER, 2007). Acompanhando o pensamento de Schopenhauer:

> *"Também se pode dizer que há três tipos de autores: em primeiro lugar, aqueles que escrevem sem pensar (...). Essa classe é a mais numerosa. Em segundo lugar, há os que pensam enquanto escrevem. Eles pensam justamente para escrever. São bastante numerosos. Em terceiro lugar, há os que pensaram antes de se pôr a escrever. Escrevem apenas porque pensaram. São raros"* (SCHOPENHAUER, 2007).

As questões basilares do aprendizado maçônico passam necessariamente pela leitura. E quando falamos de leitura estamos falando do aprendizado e das dificuldades de quem é alfabetizado, mas não aprendeu ainda a ler; não descobriu o prazer da leitura [e da escrita] e não tem nada a dizer sobre figuras de leitura; da leitura como produção dos sentidos e da paixão pelos livros [**7c**], ainda que saiba ou não saiba que Schopenhauer tenha dito em escrita, que *"o meio mais seguro para não possuir pensamento próprio é pegar um livro nas mãos a cada minuto livre"* e que *"as bibliotecas são a única memória permanente e segura da espécie humana"* (SCHOPENHAUER, 2007).

Lê-se muito pouco, dizia Voltaire, e, entre os que desejam se instruir, a maioria lê muito mal. Kurt Prober levantou esse enorme véu ao perceber que o Maçom não gosta de ler e as suas palavras incomodaram a muitos que posavam de intelectuais e faiscavam inteligências sobre o que diziam ou opinavam sobre Maçonaria. Afinal, no cimo ou na culminância dos livros, a leitura é um amigo, escreveu Marcel Proust como título de capa de um dos seus livros, e os livros são nossos amigos, como adotou Eduardo Frieiro como título para capa de um dos seus livros, e o mesmo pensam outros renomados escritores. Contudo, saber ler não é para todos os que se dizem alfabetizados [**7d**]. Eis o que nos diz Emile Faguet:

> *"Saber ler, percebe-se, é, portanto, uma arte, e existe uma arte de ler. Era no que pensava Sainte-Beuve[8], quando dizia: O crítico não passa de um homem que sabe ler e que ensina os outros a ler"* (FAGUET, 2009).

As regras básicas que Faguet ministra são válidas e deve ser observado: ler devagar e ler livros de ideias. Ler bem devagar, tomando notas de como o autor conduz suas ideias e conduz o seu relato, ou mescla suas ideias com seu relato. É preciso ler devagar um livro tanto para

[8] Charles Augustin Sainte-Beuve (1804-1869), poeta, romancista e crítico literário francês.

desfrutar dele quanto para se instruir ou criticá-lo. Para aprender a ler é preciso ler bem devagar e, sempre, até o último livro que terá a honra de ser lido por você, será preciso ler bem devagar [**7d**]. Por certo, não irei perguntar como se comporta diante de um livro, pois acredito que gosta de ler, ler, ler, conhecer a fundo, para opinar, para saber criticar e elogiar (que é raro) com autoridade.

Vale destacar que a leitura de obras de cunho maçônico onde o domínio da imaginação, o esoterismo e o simbolismo, por exemplo, exigem leitura vagarosa e atenciosa, exigindo do leitor, ainda, conhecimentos prévios [mínimos], além do domínio da leitura e da escrita. Os progressos na arte real são facilitados unicamente com o domínio da leitura, da escrita e o exercício da ritualística maçônica, vez que na Maçonaria a maior parte do aprendizado decorre da frequência aos trabalhos de Loja [**7e**].

O proselitismo, assim como a vida cotidiana das oficinas repousam tanto em frequência aos trabalhos de Loja, em prática de escritas quanto em práticas de leituras [**7f**]. O Maçom deve possuir, além de reputação ilibada e costumes irrepreensíveis, instrução suficiente para compreender os ensinamentos, verdades e os mistérios maçônicos revelados a cada grau.

Assim, o itinerário da leitura [e da cultura] é um desafio que precisa ser vencido. Não importa se estamos atravessando um período de crise. A leitura e a questão dos livros [e das bibliotecas] em face do Google [útil, mas repleto de imperfeições textuais e inexatidões bibliográficas] é um desafio que será vitoriosamente respondido com cursos [como este que ora se realiza] nas dependências do Grande Oriente do Distrito Federal e no Curso de Pós-Graduação em História da Maçonaria (Unyleya), em Seminários, Encontros, Leituras e Livros [**7g**], ou em salas de bate-papo presencial.

4. O MÉTODO ESCOPO DA HISTÓRIA DA MAÇONARIA

O método escopo da história da Maçonaria, por excelência,

complementando ao que já dissemos [e escrevemos] antes, deveria ser o método histórico, também chamado de método crítico ou crítica histórica, e abarca duas variantes: a análise e a síntese [**8a**]. Por certo, o método que recomendamos, por nos parecer ser o método mais apropriado.

A análise compreende a heurística, as críticas interna e externa, e a hermenêutica. Heurística é a forma pela qual se procede o levantamento das fontes necessárias à análise histórica dos fatos, dados e acontecimentos maçônicos. A crítica encaixa-se no espaço das avaliações das versões onde se avalia a validade ou não dessas versões. Hermenêutica é a ação pela qual se procede a interpretação dos documentos em termos de saber em que medida as informações coligidas respondem aos interesses das questões inicialmente propostas.

Já nos referimos aos métodos indutivo, dedutivo, hipotético-dedutivo e dialético-materialista. Agora, vamos apresentar um leve aprofundamento desses tópicos, a título de esclarecimento e informação [**8b**].

a) Método Indutivo – a proposição inicial parte do particular para o geral [mais amplo ou mais abrangente]. Analisa-se as conexões ascendentes.
b) Método Dedutivo – a proposição inicial parte do geral para o particular, analisando-se as conexões descendentes.
c) Método Hipotético-Dedutivo – a proposição, tendo como referência a percepção de lacunas no conhecimento acerca do qual se formula a hipótese, usa-se o processo de inferência dedutivo.
d) Método Dialético-Materialista, avalia-se a proposição no mundo dos fenômenos, as ações recíprocas da contradição inerente ao fenômeno e mudança dialética que ocorre na natureza e na sociedade.

Poderia continuar discorrendo sobre esses e sobre outros métodos [comparativo, monográfico, estatístico, tipológico, funcionalista, estruturalista etc.] aplicados às pesquisas históricas e sociais, mas, para não fugir demasiado à proposta de discutir o método escopo da história da Maçonaria, muito raramente submetido às fórmulas das pesquisas metodológicas, ficamos por aqui.

O importante é que o Maçom saiba que na abordagem dos textos maçônicos [escrita e leitura] há métodos e regras que são ou deveriam ser observadas, e digo mais, rigorosamente observadas, tanto por quem escreve, como por quem lê. Desse modo, cada um poderá, segundo seu nível de intelectualização, conhecer ou saber das regras do jogo para ter sucesso na leitura ou escrito que empreenda fazer, e, também, aprender a dominar e aperfeiçoar a capacidade do espírito para julgar e raciocinar, como nos diz Folscheid e Wunenbuger (2002) [**8c**].

Por fim, é importante saber que o método e a experimentação são instrumentos que permitem avaliar a realidade das coisas sugeridas por nossa imaginação. Impede que ela se desvie para o absurdo, fazendo com que se atenha à realidade dos fatos. Serve para estabelecer controle de qualidade para os argumentos que desenvolvemos para entender a natureza (MEIS, 2002), ainda que autor e leitor não se esforcem para obter esse entendimento [**8d**].

O método escopo, a oralidade e contextualidade da história da Maçonaria poderá seguir seu caminho. O importante é que force o escritor e o leitor a refletir sobre as diversas linguagens e métodos das ciências e da decodificação desses saberes para aplicação em suas vidas e experiências diárias [**8e**].

5. CONCLUSÃO

O que se apresentou aqui é, assim queremos crer, um estímulo, um desafio para que se possa reduzir as distâncias entre cultura de Maçonaria, os Maçons e o Templo, apelando em favor da razão crítica, do fazer cultural e do estabelecimento de uma *intelligentsia* maçônica nacional, tendo como referência os Maçons e a Maçonaria do Distrito Federal [**9a**].

A superioridade do homem iniciado-maçom repousa no saber e a instituição maçônica é um repositório onde se pode buscar esse saber, haja vista que, nas tradições e cultura maçônicas representadas solenemente nos Templos, nos múltiplos símbolos e lenda, e no próprio exercício da atividade maçônica, partilhados por todos, repousa muitos saberes. Infeliz o Maçom que disso não se apercebe [**9b**].

A Maçonaria é definida, universalmente, como sendo uma Escola Filosófica de Aperfeiçoamento Moral e Intelectual, e vez que esta qualificação independe da Potência, do Rito e do país onde exerça suas atividades, ser filosófica neste contexto, indica um estado mental de quem tem dedicação pelo saber, ou, no mínimo, esforça-se na procura e aquisição do conhecimento. Sem precisar ser, necessariamente, um filósofo. Mas um amante do saber. Simples assim.

Não alimentamos dúvida alguma, como diz Adorno e Horkheimer, que fizemos a nossa parte. E aqui, deixamos o ponto final.

6. RESUMO. ABSTRACT. RESUMEN. RÉSUMÉ:

Em linhas gerais se procurou demonstrar que a denominação “Método Escopo” representa a orientação básica para a escrita da história da Maçonaria, e este se apresenta como o método histórico por excelência, por proporcionar análise e crítica, ainda que parte significativa dos escritores o adote sem a obrigatoriedade da estrita observância dos parâmetros técnicos exigidos. Agregamos como postura pessoal o argumento (tese) de que o escopo da história da Maçonaria deveria se centrar, dadas as condições objetivas, no método da transmissão dos saberes e conhecimentos à moda antiga, de ouvido a ouvido, no método que denominamos de transmissão do Mestre ao Aprendiz.

In general, we tried to demonstrate that the name "Scope Method" represents the basic orientation for the writing of the history of Freemasonry, and this presents itself as the historical method par excellence, for providing analysis and criticism, even though a significant part of the writers adopts it. without the strict observance of the required technical parameters. We add as personal posture the argument (thesis) that the scope of the history of Freemasonry should focus, given the objective conditions, on the method of transmitting knowledge and old-fashioned knowledge, from ear to ear, on the method we call the transmission of knowledge. Master to the Apprentice.

En general, tratamos de demostrar que el nombre "Método de alcance" representa la orientación básica para la escritura de la historia de la masonería, y esto se presenta como el método histórico por excelencia, para proporcionar análisis y crítica, aunque una parte importante de los escritores lo adopte. Sin el estricto cumplimiento de los parámetros técnicos requeridos. Agregamos como postura personal el argumento (tesis) de que el alcance de la historia de la Francmasonería debería centrarse, dadas las condiciones objetivas, en el método de transmisión de conocimientos y el conocimiento pasado de moda, de oído a oído, en el método que llamamos transmisión de conocimiento. Maestro del aprendiz.

En général, nous avons essayé de démontrer que le nom « Méthode de la portée» représentait l'orientation de base pour l'écriture de l'histoire de la franc-maçonnerie et que cela se présentait comme la méthode historique par excellence pour fournir des analyses et des critiques, même si une grande partie des auteurs l'adoptaient. Sans le strict respect des paramètres techniques requis. Nous ajoutons comme posture personnelle l'argument (thèse) selon lequel la portée de l'histoire de la franc-maçonnerie devrait être centrée, compte tenu des conditions objectives, sur la méthode de transmission des connaissances et des connaissances désuètes, de bout en bout, sur la méthode que nous appelons la transmission des connaissances. Maître à l'apprenti.

REFERÊNCIAS BIBLIOGRÁFICAS

ADORNO, Theodor W., *et al. Dialética do Esclarecimento*. Rio de Janeiro: Zahar, 1985.

DARTON, Robert. *A Questão dos Livros*. São Paulo: Companhia da Letras, 2010.

FAGUET, Émile. *A Arte de Ler*. Rio de Janeiro: Casa da Palavra, 2009.

FAGUNDES, Morivalde Calvet. *Subsídios para a História da Literatura Maçônica Brasileira (Século XIX)*. Caxias do Sul: EDUCS, 1989.

FOLSCHEID, Dominique *et al. Metodologia Filosófica*. São Paulo: Martins Fontes, 2002.

LAKATOS, Eva Maria *et al. Fundamentos da Metodologia Científica*. São Paulo: Atlas, 2010.

MEIS, Leopoldo de. *Ciência, Educação e o Conflito Humano-Tecnológico*. 2. ed. São Paulo: Senac, 2002.

PAIRE, Alain. *Práticas de Leitura*. 5. ed. São Paulo: Estação Liberdade, 2011.

SCHOPENHAUER, Arthur. *A Arte de Escrever*. Porto Alegre: L&PM, 2007.

UNIDADE TRÊS

TEORIAS ACERCA DAS ORIGENS DA MAÇONARIA

1. PREÂMBULO

Inicio este preâmbulo reproduzindo a introdução de Robert Lomas no seu mais recente livro [Os Segredos da Maçonaria], na parte em que almejo destacar [**10a**]:

> *"Em 1871, o Daily Telegraph lançou um informativo sobre as origens da Maçonaria. Este dizia:*
>
> *Que as origens da Maçonaria datam de antes do dilúvio; que é uma mera criação de ontem; que é apenas uma desculpa para o convívio social; que é uma organização ateísta destruidora de almas, que é uma associação de caridade, fazendo o bem sob uma tola pretensão de segredo, que é uma máquina de política de extraordinária potência, que não tem segredos, que seus discípulos possuem o maior conhecimento já legado à humanidade, que celebram seus misteriosos ritos sob os auspícios e as invocações a Mefistófeles; que seus procedimentos são perfeitamente inocentes, para não dizer extremamente estúpidos, para que eles cometam todos os crimes de que não se pode acusar a mais ninguém, e que existem apenas com o único propósito de promover a fraternidade universal e a benevolência. Essas são algumas das alegações feitas pelos tagarelas fora do círculo dos Irmãos Livres e Aceitos"* (LOMAS, 2015).

Prosseguindo, Robert Lomas acrescenta que em 1995 utilizou

essa mesma citação para abrir a própria aventura na compreensão das Origens da Maçonaria, no livro "A Chave de Hiram", onde assinalou, que:

> *"Um grande número de homens bem informados lutou antes de nós para tentar encontrar as origens da Maçonaria, e nenhuma das óbvias possibilidades foi ignorada por eles, ou mesmo pelas fileiras dos romancistas e charlatões que se juntaram nessa caçada. Para alguns, a linha é simples: a Maçonaria é tão antiga quanto sua história registrada em público (século XVII), e tudo que for reivindicado antecedendo esses registros é um lunático absurdo.*
>
> *Essa atitude ultrapragmática é limpa e simples, mas é a mais fácil de todas as hipóteses de se ser rejeitada por muitas razões, não sendo menos importante o ato de que existem inúmeras provas para mostrar que a Ordem se materializou lentamente ao longo de mais de 300 anos antes do estabelecimento da Grande Loja Unida da Inglaterra.*
>
> *Fato é que a organização que hoje chamamos de Maçonaria era uma sociedade secreta antes de meados do século XVII, e, por definição, as sociedades secretas não publicam histórias oficiais. Desde a criação da Grande Loja Unida da Inglaterra em 1717 em diante, a Ordem era aberta sobre sua existência, e apenas seus métodos de reconhecimento foram guardados da vista pública. Não vamos perder tempo em provar que a Maçonaria não foi uma chegada espontânea, porque é uma teoria que já foi amplamente desacreditada"* (LOMAS, 2015).

Robert Lomas se reporta aos livros de Gould, Wilmshurst e William Preston, para formar o entendimento acerca das origens da Maçonaria. Os livros desses autores-maçons estão fora do alcance de nossos olhos e leitura, mas a reprodução dos seus pensamentos repousa em diversos outros escritores e estão com os livros ao nosso alcance, dentre os quais, o próprio Robert Lomas, David Stevenson, Jean Ferré, Christian Jacq, Paul Naudon, C. W. Leadbeater, dentre tantos outros autores estrangeiros Maçons e não Maçons. Omitimos, propositalmente, os autores brasileiros, mas estes também têm o seu lugar ao Sol [**10b**].

De modo geral, e particular, estudiosos, pesquisadores e historiadores comprometidos [e descomprometidos] com a Ordem Maçônica costumam dividir a origem da Maçonaria em três fases ou períodos distintos. Primitiva, Operativa e Especulativa [**10c**].

Aqui, não fugiremos desta tradicional e aceita divisão da historiografia maçônica universal.

Ademais, vale salientar que existe inúmeras teorias divulgadas em caráter oficial, semioficial e sem oficialidade alguma, tentando explicar e justificar origens e pontos obscuros sobre o surgimento da Maçonaria, assim, commacinos, guildas medievais, templários, fraternidade branca, colégio dos invisíveis, lendas egípcias e origens bíblicas, dentre outras, são utilizadas e compartilhadas à exaustão por grupos de pessoas e escrevinhadores da ordem e Maçons individualmente preparados e despreparados para tal mister [**10d**].

Aviso que nesta parte, especificamente, não haverá aprofundamento de aspectos relativos às origens da Maçonaria e de sua descendência assentada em lendas, mitos e narrações fantasiosas, exceto se se fizer necessário para o correto e adequado entendimento do trato da matéria, sem, contudo, adentrar nas raízes das fantasias. De igual modo, não discutiremos versões espalhafatosas sobre estórias, mitos e lendas, por mais relevante que possa parecer ser, ou ser. Como bem assinalou Robert Lomas, não vamos perder tempo [**11a**].

O problema das origens é obviamente complexo e neste Curso Básico – exatamente por ser básico – não se permite explorar as variedades de conteúdos de forma aprofundada. De forma que estamos tentando expor o necessário, de modo a permitir formulações de raciocínios, diferentes dos nossos [11b].

2. FASE I – MAÇONARIA PRIMITIVA

Denomina-se Maçonaria Primitiva ou Pré-Maçonaria, todo o

período que alcançar o conhecimento a propósito das origens até o advento da Maçonaria identificada por Operativa, como querem alguns, ou como pretendem outros, até o advento da Maçonaria Moderna. Adotamos a linha que aceita até o advento da Maçonaria identificada como Operativa [**11c**].

Neste particular, há quem busque justificar a existência e os primórdios da Maçonaria nas primeiras civilizações e-ou sociedades iniciáticas do mundo antigo antes mesmo dos gregos e romanos. Assim, Mesopotâmia, Egito, Caldeia e Índia são fontes consideradas.

Outros buscam no ocultismo, na magia, no esoterismo, no simbolismo e nas iniciações praticadas nas primeiras civilizações e nas crendices populares, as origens do sistema filosófico, ético-moral e doutrinário da Maçonaria. Assim, ritos e rituais religiosos dos mais diversos povos foram avaliados e devidamente considerados.

Outros, ainda, inventam, misturam ou criam versões, e muitas delas resultantes de elucubrações mentais para tentar explicar e justificar esses primórdios da Ordem Maçônica. Assim, desde Adão a Moisés e destes a outros personagens bíblicos e não bíblicos, todos estariam no berço da Maçonaria. Templarismo (e outras ordens eclesiásticas) e rosacrucianismo estão contemplados nesta variante, ainda que pareçam versões passíveis de serem inverossímeis.

O que existe de fato é que os Mentores da Maçonaria, até mesmo para justificar-se e emprestarem ares de antiguidade à Maçonaria, abraçaram conhecimentos milenares, práticas ritualísticas as mais diversas, postulados e princípios filosófico-históricos oriundos de diversas civilizações, tudo no interesse de mostrar ser a Maçonaria de remota ancestralidade.

Percebam, Irmãos! Que não é fácil a tarefa de escrever sobre as origens da Maçonaria, embora este seja um dos tópicos preferidos por muitos estudiosos. Contudo, a questão das origens, em considerando que o tema se apresenta divergente em muitos e determinados aspectos, resta como que pacificado, inclusive, pacificado no entendimento coletivo de adeptos da Maçonaria e de uma ou outra variante historiográfica [**11d**].

Segundo Claudio Roque Buono e Wagner Veneziani Costa, prefaciadores do livro de Jean Ferré – A História da Franco-Maçonaria (1248-1782) – poderíamos tomar esta variante ou aquela Escola de Mistério, pensamento e ideias como a mais clara e verdadeira, e afirmar que Rama, Krishna, Moisés, Tutankhamon, Sócrates, Davi, Salomão, Noé e Jesus foram Maçons. Mas como provaríamos isso? (FERRÉ, 2001:12) [**11e**].

Assis Carvalho – o nosso Xico Trolha – discorrendo sobre as origens quiméricas e míticas da Maçonaria, em tom de crítica, diz que esta alcançou o Paraíso [**11f**]:

> *"Segundo uma relação de Origens, que daremos a seguir, nada menos do que quinze autores maçônicos deram como Origem da Maçonaria – pasmem – o Paraíso Terrestre.*
>
> *E o mais ilustres destes 15 autores, foi o famoso Pastor Presbiteriano Escocês, Rev. Dr. James Anderson – o Compilador da Primeira Constituição Maçônica, publicada em 1723.*
>
> *Anderson, no Preâmbulo de sua Constituição, sem nenhum constrangimento, afirma que a Origem da Maçonaria remonta a ADÃO e EVA. E que ADÃO "ensinou a Arte da Geometria a seus Filhos".*
>
> *(...)*
>
> *Por não resistir às críticas por tantas estultices escritas, foi obrigado a passar pela situação vexatória de ter que retirar essas "pérolas" de sabedoria, da sua Constituição, publicada em 1738. O mal, todavia, já estava feito e muitos seguidores seguiram suas pegadas como fiéis lacaios, sem talento e nem imaginação"* (CARVALHO, 1995).

Os dois relatos seguintes foram compilados do livro de W. Kirk

MacNulty – Maçonaria: uma viagem através do ritual e dos símbolos [**11g**]:

> *"No final do século XVII e início do XIX (sic), muitos europeus, entre os quais Maçons, empreenderam viagem ao Oriente Médio, onde descobriram vestígios daquelas culturas que tinham praticado os antigos mistérios. Os Maçons, com uma perspectiva filosófica reconheceram as semelhanças entre sua Ordem e as antigas tradições. A mesma simbologia, que em alguns casos – como o da escada de um Templo de Mitras, compartilhar com a Maçonaria; alimentaram a ideia da conexão direta entre a franco-maçonaria e aqueles ritos antigos.*
>
> *(...)*
>
> *Há dois temas na simbologia da franco-maçonaria que proporcionam as melhores chaves sobre sua origem. Primeiro, o antigo Testamento, como resultado das muitas referências bíblicas, tais como o uso simbólico da Templo de Salomão (...)"* (MACNULTY, 1996).

Christian Jacq abre a escrita do seu livro – A Franco-Maçonaria – atestando que a Franco-Maçonaria não nasceu em 1717 (vide p. 13), apontando (Cap. VIII, p. 82) sobre o nascimento e irradiação das confrarias maçônicas da Idade Média [**11h**], nos termos seguintes:

> *"É justamente durante o século X que a Inglaterra proporciona à Franco-Maçonaria um dos relatos de sua fundação, sob o rei anglo-saxão Athelstan, que reinou até 939. São Albano fez construir pelos pedreiros a cidade que levará seu nome. Athelstan impressionando com a perfeição do trabalho, se faz iniciar e concede importantes facilidades aos seus novos irmãos. Daí por diante poderão reunir-se de maneira legal e realizar assembleia com a bênção do rei cujo filho, Hadrien, se recusa a comer e beber se não for em companhia dos Maçons".* (JACQ, 1977).

E prossegue o autor:

> *"Um outro filho de Athelstan, Edwin, torna-se geômetra e Mestre de obras após ter passado todas as etapas da iniciação maçônica. Eleito*

> *Grão-Mestre, funda em York a primeira Grande Loja e reúne uma primeira assembleia plenária em 925 ou 926. Daí por diante todos os anos realizar-se-á uma reunião semelhante, que a "Franco-Maçonaria continua a convocar regularmente"* (JACQ, 1977).

Até aqui foram dois relatos de dois autores de peso, contudo, são dois relatos conflitantes quanto às origens – quando e onde a Maçonaria primitiva surgiu – e como evoluiu ao estágio atual?

Saímos, então, em busca de informações sobre o Rei *Athelstan,* e na primeira página vistoriada na internet com o argumento de busca *Athelstan,* encontramos relatos de que foi Rei da Inglaterra (Anglo--saxônica) de 924 até 937. Falecido em 27 de outubro de 939. Reinou com o nome de Etelstano de Inglaterra, filho do rei Eduardo, o Velho. Alcançou êxitos militares consideráveis sobre seus rivais, inclusive os Vikings, e estendeu seus domínios a partes de Gales (França) e Cornualha. A BBC dedicou a ele reportagens específicas em diversos momentos, abordando a sua figura história. Quanto a indicações de sua vida maçônica, nada encontramos [e não tivemos paciência de continuar buscando]. O Rei Athelstan, contudo, é mencionado nas *Old Charges* (1390) [**11i**].

Assim, o Rei Athelstan é considerado o fundador da Maçonaria e ao seu filho Edwin, a consideração é de que seja o possível autor das *Old Charges.* Voltaremos a abordar questões relativas às *Old Charges,* mas adiante.

Stevenson, ao analisar as origens da Maçonaria, sem precisar data e local, induz ao entendimento de que [**11j**]:

> *"Se buscarmos a linha direta da descendência da Maçonaria moderna, o ponto de partida sem dúvida se encontra na Inglaterra, nos documentos conhecidos como 'Old Charges', os Antigos Deveres, ou as 'Antigas Constituições'"* (STEVENSON, 2005).

Contudo, Stevenson mira sua narração para a Escócia, e tenta justificar que o primeiro uso da palavra Loja; os primeiros registros em atas; as primeiras evidências associando a Maçonaria das Lojas a ideias éticas específicas expostas por uso de símbolos; os primeiros catecismos maçônicos; o primeiro uso do termo aprendiz e companheiro para esses graus adveio da Escócia. Os ingleses contestam ante a alegação de que as primeiras cópias dos Antigos Deveres e do uso difundido das palavras "Maçom Livre" e "Maçom-Aceito" não provém da Escócia, e sim da Inglaterra. Stevenson, contudo, aponta que:

> *"... os Antigos Deveres que se desenvolveram na Inglaterra se tornaram uma parte essencial da Maçonaria, mas não pertenciam a ela originalmente, enquanto outros avanços "ingleses" são posteriores e, em comparação, superficiais, não afetando a natureza básica do movimento"* (STEVENSON, 2005).

Resta evidenciado, contudo, que as Old Charges são o ponto de chegada e de partida para a discussão das origens da Maçonaria Operativa e da Pré-História da Maçonaria. Vamos passar a discorrer sobre este importante e antigo documento da Maçonaria Operativa [**11k**].

Uma nota de rodapé no texto de introdução que tenta explicar a época que antecedeu à redação do *Manuscrito Regius* [abordado mais adiante como mais ênfase], foi apresentada por Ricardo S. R. Nascimento [Maçom], e destaca a crise ocorrida na Europa, entre 1320 e 1450, embora de causas não ainda sistematicamente analisadas. Remetemos o leitor para a nota de rodapé que despertou nossa atenção [**11l**]:

> *"Muitos autores, principalmente franceses (entre eles Naudon e Palou), dizem que houve na Maçonaria, ao longo do tempo, uma passagem da Arte de construir para a Arte de pensar, passagem essa que corresponderia à da Maçonaria Operativa para a Maçonaria Especulativa. Seria a transição defendida e contestada por autores ingleses (...) Mas a Maçonaria, como um Instituição, jamais poderia ter a mesma idade da arte de Construir"* (NASCIMENTO, 1999).

Aqui temos um indicativo de que a transição da Maçonaria Primitiva para a Maçonaria Especulativa possa ter ocorrido neste lapso

(1320-1450), contrariando o que é dado como certo que a transição da Maçonaria Operativa para a Maçonaria Especulativa ocorreu em 1717. Ainda que se considere como período de transição o lapso compreendido entre 1320 e 1717, seria uma transição excessivamente elástica [**11m**].

Aliás, o nosso Irmão Ricardo Nascimento, na introdução da referida obra aponta a data de 1356, quando, em face de uma disputa profissional entre talhadores e assentadores de pedra, obrigou o Prefeito de Londres e as autoridades municipais à elaboração dos primeiros documentos regulamentando o exercício dos Maçons, redigidos com o desiderato de controlar salários e impedir a migração de trabalhadores, regulando as atividades da Companhia de Maçons de Londres. Neste sentido nos acode o Irmão Xico Trolha ao afirmar que a data da mudança se deu em 2 de fevereiro de 1356 [**11n**].

3. FASE II – MAÇONARIA OPERATIVA

Xico Trolha, no livro "Ponte para a Liberdade", ao tratar do tema – "Quando e onde nasceu a Maçonaria?", é objetivo [**12a**]:

> *"O 'quando' já foi dito – foi em 2 de fevereiro do ano de 1356, comandado pelo Mestre de Obras do Rei britânico Edward III, Henry Yevele.*
>
> *E o 'local' foi em Londres, onde hoje está localizada a GUILDHALL"* [TROLHA, 2004:35).

E complementa:

> *"Em 1356, o rascunho de um estatuto, feito por Henry Yevele, se encontra na Biblioteca da Prefeitura de Londres"* [TROLHA, 2004:35).

O primeiro e mais antigo texto sobre a Maçonaria operativa, contudo, não é nem inglês, nem escocês, mas italiano, trata-se do Estatuto de Bolonha (1248), seguido, na ordem sequencial, pelas Old Charges ou Antigos Deveres: o Poema *Regius* [ou Halliwel] e o Cooke

(1410), e os documentos posteriores: os Estatutos de Estrasburgo (1563), o Manuscrito da Grande Loja (1583), os Estatutos Schaw (1598), os Estatutos de Ratisbona (1628), os Arquivos de Edimburgo (1696), o Manuscrito Sloane (1700), o Manuscrito Dumfries (1710), o Manuscrito do Trinity College (1711), e as primeiras Constituições de Anderson, oficializada em 1723. Destes, apenas o *Poema Regius* será objeto de nossas considerações [**12b**].

José Castellani[9], no parecer emitido em 7 de julho de 1998, autorizando a impressão do livro de autoria de Ricardo S. R. Nascimento, pelo GOB, foi taxativo [**12c**]:

> *"A História – real e mesmo lendária – das origens e do desenvolvimento da Maçonaria, desde a sua fase operativa, ou de ofício, está contida em alguns antigos documentos fundamentais para o conhecimento da instituição maçônica, em seu nascedouro, na Europa.*
>
> *Um desses documentos é o Poema Regius, tão importante para a História da Maçonaria quanto a Constituição de 1723, compilada por Anderson e Désaguliers"* (CASTELLANI,1999).

O Poema *Regius* é um documento inglês da Maçonaria Operativa, único no gênero, escrito em 794 versos, acoplados dois a dois, rimas emparelhadas, escrita gótica. Documento que traz até a atualidade, a primeira versão conhecida do que se acostumou chamar de Old Charges, ou Velhas Obrigações, ou ainda, Constituições manuscritas [**12d**].

O *Regius* conta a história da Arte de Construir, e apresenta uma codificação sobre o exercício da profissão dos trabalhadores em pedra, os canteiros, chamados na Inglaterra, agora e naquela época, de masons, bem como, diz das normas de condutas relacionadas com a vida comunitária daqueles profissionais. O Poema foi redigido, certamente, por um sacerdote da Igreja Católica, que devia viver e trabalhar nas proximidades do canteiro de obras de uma edificação eclesiástica.

---

9 Castellani, à época, respondia pela chefia da Secretaria e Educação e Cultura do GOB.

William Almeida de Carvalho, no texto básico escrito para o Curso de Pós-Graduação em História da Maçonaria[10], aponta com insuspeita propriedade:

> *"A dificuldade de traçar a gênese da Maçonaria está no fato de que ela não tem um fundador e muito menos uma data de fundação. Além do mais, não existe uma forma canônica com que se possa basear"* (CARVALHO, 2016).

E em comentários aos textos fundamentais como o das Antigas Obrigações às Constituições de Anderson, William Carvalho se revela crítico ajustado à realidade cientificista, ao afirmar:

> *"Os textos fundadores da Maçonaria como as Antigas Obrigações, os Manuscritos Regius e Cooke, as Constituições de Anderson etc., pagam um tributo a uma 'história maçônica' inventada com manipulação de mitos, lendas e símbolos que se tornou tão comuns na Maçonaria até o nascimento de uma consciência crítica que buscassem extirpar tais aberrações históricas* (CARVALHO, 2016).

Como o escopo mestre é discorrer sobre as teorias das origens da Maçonaria, no que se refere à Maçonaria Operativa, damos por encerrado, embora não se tenha esgotado o assunto. Destarte, deixamos à sua inteligência continuar do ponto em que paramos [**12e**].

4. FASE III – MAÇONARIA ESPECULATIVA OU MODERNA

Ora, excetuando-se as críticas posicionamentos em contrário, considerando que se os primeiros tempos da História da Maçonaria Operativa puderam ser situados com certa segurança no reinado de Athelstan (924-939), com base em fontes históricas confiáveis como

[10] História da Maçonaria: Das Origens Corporativas à Maçonaria Moderna, texto básico da disciplina inicial do Curso de Pós-Graduação lato sensu, ministrado na modalidade EaD, desde 2016, pela Faculdade Unyleya – Brasília.

as crônicas anglo-saxônicas e os manuscritos medievais. A composição da história da Maçonaria Especulativa se defronta, por seu turno, com o obstáculo da falta de documentos, já o que existe são registros tardios e imprecisos de décadas imediatamente anteriores a 1700 (PETERS, 1999) [**13a**].

O primeiro registro existente da Primeira Grande Loja do mundo moderno apareceu, somente, na segunda edição das Constituições de Anderson, publicada em 1738, e nenhuma ata da Grande Loja foi encontrada antes de 1723 [**13b**].

Contudo, desde o nascimento da Maçonaria Moderna (24/06/1717), ainda que o sistema de aprendizagem não se mostre consistente, e não se ministre mais o ensino das sete ciências divididas em *trivium* (Gramática, Retórica e Dialética) e *quadrivium* (Aritmética, Geometria, Música e Astronomia) e não se erga mais edificações materiais, não podemos concluir que os Maçons operativos fossem mais cultos do que os Maçons da atualidade. Desculpem a divagação, mas ela se mostrará eficaz mais adiante [**13c**].

Todos sabem que a partir de 1717, o termo Grande Loja de Londres (nascida da integração de quatro Lojas) passou a designar uma organização que pretendia acomodar e auxiliar as Lojas que se espalhavam pelo solo da Grã-Bretanha [**13d**].

E todos sabem e há aceitação geral de que a formação da Grande Loja da Inglaterra marcou o início oficial da Maçonaria organizada. Todos sabem que as Lojas fundadoras da Grande Loja eram: Loja nº 1 – The Goose and Gridiron [Taverna do Ganso e da Grelha], das cercanias da Igreja de St. Paul [São Paul]; Loja nº 2 – The Crown ale-house [Cervejaria da Coroa], na Parken's Lane, perto da Drury's Lane; Loja nº 3 – The Apple Tree Tavern [A Taverna da Macieira], na Charles Street, Covent Garden; Loja nº 4 – The Rummer and Grapes Tavern [Taverna do Copázio e das Uvas], na Channel Row Westminster.

Muitos sabem que a reunião dessas Lojas ocorreu na Goose and

Gridiron, em 24 de junho de 1717, dia de São João Batista, e elegeram Anthony Sayer, membro da Loja The Tree Tavern, como seu primeiro Grão-Mestre. O que muitos não sabem, acredito, é que essas Lojas, à exceção da Loja The Crown ale-house, a Loja nº 3, ainda existem [**13e**].

A Loja da Cervejaria do Ganso e da Grelha é hoje a Loja dos Antigos nº 2 [Lodge of Antiquity nº 2]. A Loja da Taverna da Macieira é a atual Lodge of Fortitude and Cimberland nº 12, e a Loja da Taverna do Copázio e das Uvas é a Invereves Lodge nº 4. A Loja da Cervejaria da Coroa não existe mais, foi extinta em 1823.

O grande dilema da historiografia maçônica, particularmente dessa primeira fase da Maçonaria Especulativa ou Moderna é que ela, como assinala o nosso Irmão e Confrade William de Carvalho, *é que ela tem que se basear em documentos, senão se alça voo até Alpha Centauri e cai-se na esfera do mito e não se retorna ao empírico*, mas tal constatação, como assevera, também é sua limitação metodológica.

A história, aqui contada, também se encerra. Centenas de livros narra a saga dos Maçons a partir de 1717 aos nossos dias. Despiciendo transcrever outras informações agora [**13f**].

5. O QUE PENSAMOS QUE SABEMOS?

Pensamos que não sabemos nada ou que sabemos muito pouco sobre as origens da Maçonaria, embora tenhamos ao alcance dos nossos olhos as informações de que a Maçonaria teria sido fundada pelo rei Athelstan e que o rei Edwin, seu filho, teria sido o possível autor das Old Charges (sem explicitar qual delas). Argumento esse que pode ter passado despercebido ao leitor [**13g**].

Também restou demonstrado, de certa forma, que as Old Charges sejam o ponto de partida e de chegada para o clareamento de toda e qualquer discussão acerca das origens da Maçonaria. Mas, a qual desses antigos documentos creditar este importante feito? Os três primeiros, então, receberiam o crédito: A Carta de Bolonha (1248), O Poema Regius e o Manuscrito Cooke (1410), por serem, os mais antigos?

Xico Trolha, taxativamente, do alto dos seus saberes, apontou que foi em 2 de fevereiro de 1356, comandado por Henry Yevele, Mestre de Obras do Rei Eduard IV, em Londres. E que tal acerto se encontra registrado no estatuto que escrevia e que se encontra, presentemente, na Biblioteca da Prefeitura de Londres. Xico se referia, assim queremos acreditar, à data da transição da Maçonaria Operativa para Especulativa [**13h**].

Esses três argumentos foram expostos, em suas linhas particulares, neste texto, e pode ter, igualmente, passado despercebido ao leitor mais atento. Destarte, tenha ou não somente percebido esses argumentos a partir dessa releitura, penso que a contradição não restou sanada, particularmente se anotarmos que uma delas nos remete para o século X, outra para o século XIII e outra para o século XIV.

Ao aceitar, mentalmente, o desafio de escrever esta unidade três, já tínhamos como horizonte o apelo intelectual de que das muitas coisas perdidas da Maçonaria, um Fio de Ariadne existe para religar, ou melhor, resgatar tudo. Em nosso livro[11] tratamos da questão dos Registros Primordiais da Maçonaria e discutimos variações outras que não as atuais, e aqui almejo fixar um especial argumento: em 24 de junho de 1535, em Colônia, na Alemanha, representantes das Lojas Maçônicas estabelecidas em Londres, Edimburgo, Viena, Amsterdã, Paris, Lyon, Frankfurt, Hamburgo, Anvers, Rotterdam, Madri, Veneza, Gante, Kamgsberg, Bruxelas, Dantizing, Middekburgo, Brème e Colônia, redigiram uma declaração, hoje conhecida como A Carta de Colônia, onde lançou mais mistérios e interrogações a propósito do surgimento (origens) da Maçonaria, ainda que aponte para alguns pontos conhecidos dos Maçons, a exemplo dos três graus (Aprendiz, Companheiro e Mestre); de como a

---

[11] ROCHA. Luiz Gonzaga da. Nas Tabernas dos Antigos Maçons, Londrina: A TROLHA, 2003. ISBN 8572521542.

estrela flamejante possa ter sido melhor utilizada simbolicamente; sobre o cumprimento dos deveres dos Maçons, inclusive quanto à obediência à autoridade temporal legalmente estabelecida; quanto à celebração da memória de São João, reverenciado como precursor de Jesus e patrono da Ordem; quanto à necessidade de que os Iniciados provem seus graus de iniciação por meio de toques, sinais e palavras; quanto à necessidade da existência de um só Chefe-Geral (Grão-Mestre) por estado, país ou região; e quanto à existência de um Colégio de Mestres, como algo que não aparece em outros documentos de época [**13h**].

A Carta de Colônia (pouco referida entre os documentos primordiais e nos escritos maçônicos) relata que a Irmandade se denominava Irmandade ou Ordem de São João ou simplesmente Irmãos de São João, e que a Ordem ou Irmandade, a partir do ano de 1440, passou a denominar-se de Franco-Maçonaria [**13i**].

Após 1717, a Ordem tomou outro rumo, e o ato de fé praticado por Anderson, Dèsaguliers, e outros próceres da Maçonaria Moderna, parece encontrar respaldo na Carta de Colônia, ou seja, diante do receio de que os documentos da Irmandade caíssem em mãos erradas, considerando que naqueles tempos de desventuras, discórdias civis e desentendimentos de outra natureza, os membros da franco-Maçonaria ou Irmãos de São João, apareciam como adversários e acusados de estarem associados por indissolúveis laços de mistérios e segredos [**13j**].

Assim, bem ou mal, lançamos mais um ponto de interrogação sobre os mistérios que permeiam em meio às questões sobre as origens da Maçonaria, e assim tentamos empurrar o caminho para trás na tentativa de buscar saber como a Maçonaria, de fato, começou a existir. Último argumento sobre as origens da Maçonaria: Nada mais sabemos [**13h**].

6. CONCLUSÃO

A dificuldade de traçar a gênese da Maçonaria reside no argumento de que ela não tem um Pai Fundador, uma Pátria e muito menos uma data de fundação. A transição da Maçonaria Operativa para Especulativa também é questionável, particularmente quando se pensar em datação, lugar e personagem histórico.

Destarte, apoiado em escritos de Ambrósio Peters, ousamos dizer que as diversas teorias levantadas pelos escritores maçônicos a respeito do fato ou acontecido que teriam levado à transição da Maçonaria Operativa para a Maçonaria Especulativa, atenderam exigências de sobrevivência em face do esfacelamento da arte de construir e do ingresso maciço de admissões de Maçons que não guardavam qualquer relação com a arte de construir. É ponto controverso [**14a**].

Assim é que, no dia 24 de junho de 1717, a Maçonaria começou a sair do seu quase anonimato para se tornar uma entidade social, uma espécie de ONG e passar oficialmente a ser parte da história da Humanidade [**14b**].

Aqui, mais um ponto final e os agradecimentos pela leitura do texto, que a exemplo dos demais continua aberto às críticas e sugestões [**14c**].

7. RESUMO. ABSTRACT. RESUMEN. RÉSUMÉ:

A questão indicativa das origens da Maçonaria parece não ter solução plausível, e neste sentido, a escassez de registros sobre os primitivos Construtores e trabalhos de Artesãos com Pedras esbarram nas Guildas Medievais e nos Colégios Romanos, indicados e aceitos como fontes válidas e capazes de identificar a ancestralidade da Maçonaria Moderna, na forma tal qual como se encontra retratados nas Antigas Obrigações (Old Charges) e em manuscritos outros, a exemplo da Carta de Colônia.

The question indicative of the origins of Freemasonry seems to have no plausible solution, and in this sense the scarcity of records about the early Builders and Stone Craftsmen's works collides with the Medieval Guilds and Roman Colleges, indicated and accepted as valid sources capable of identifying the ancestry of Modern Freemasonry, as depicted in the Old Charges and other manuscripts, such as the Cologne Charter.

La pregunta indicativa de los orígenes de la masonería parece no tener una solución plausible, y en este sentido, la escasez de registros sobre los primeros constructores y las obras de los artesanos de piedra choca con los gremios medievales y los colegios romanos, indicados y aceptados como fuentes válidas capaces de identificar la ascendencia de la masonería moderna, como se muestra en los antiguos cargos y otros manuscritos, como la Carta de Colonia.

La question indicative des origines de la franc-maçonnerie ne semble pas avoir de solution plausible et, en ce sens, la rareté des documents sur les premiers travaux des bâtisseurs et des artisans de pierre se heurte aux guildes médiévales et aux collèges romains, indiqués et acceptés comme des sources valables capables d'identifier l'ascendance de la franc-maçonnerie moderne, telle qu'elle est décrite dans les anciennes charges et dans d'autres manuscrits, tels que la Charte de Cologne.

REFERÊNCIAS BIBLIOGRÁFICAS

CARVALHO, William de Almeida. *História da Maçonaria*: Das Origens Corporativas à Maçonaria Moderna, texto básico do Curso de Pós-Graduação em História da Maçonaria. Brasília: Unyleya, 2016.

FERRÉ, Jean. *A História da Franco-Maçonaria* (1248-1782). São Paulo: Madras, 2001.

JACQ, Christian. *A Franco-Maçonaria*: História e Iniciação. Rio de Janeiro-São Paulo: Difel, 1977.

LEADBEATER, C. W. *A História Secreta da Maçonaria*. São Paulo: Madras, 2003.

LOMAS, Robert. *Os Segredos da Maçonaria*. São Paulo: Madras, 2015.

NASCIMENTO, Ricardo S. R. *De um antigo e famoso documento da Maçonaria Operativa – notas de estudo*. Brasília: GOB, 1999.

NAUDON, Paul. *A Maçonaria*. São Paulo: Difusão Europeia do Livro, 1968.

PETERS, Ambrósio. *Maçonaria*: História e Filosofia. Curitiba: Academia Paranaense de Letras Maçônicas, GOEP, 1999.

ROCHA. Luiz Gonzaga da. *Nas Tabernas dos Antigos Maçons*. Londrina: A TROLHA, 2003. ISB 8572521542.

STEVENSON, David. *As origens da Maçonaria*: o século da Escócia (1590-1710). São Paulo: Madras, 2005.

TROLHA, Xico. *Ponte para a Liberdade*. Londrina: A TROLHA, 2004. ISBN 8572521801.

UNIDADE QUATRO

VERTENTES CULTURAIS E ESCOLAS DO PENSAMENTO MAÇÔNICO

1. PREÂMBULO

Vertentes Culturais do Pensamento Maçônico e Escolas do Pensamento Maçônico. Aqui estamos diante de duas coisas distintas, dois termos complexos em se tratando de Raízes (ou Teorias) do Pensamento Maçônico e da História da Maçonaria ou História do Pensamento Maçônico.

Então, vamos tentar partilhar informações. Por vertente, grosso modo, haveremos de entender algo ou alguma coisa que "vira", que muda de direção, a exemplo do pensamento, da água e do vento, e de algo mais que estão ou podem mudar de direção [**15a**]. Em outra acepção, mais distante ao que pretendemos considerar, ter-se-ia o termo vertente com o significado de "declive", "descida", "encosta", "ladeira", "quebrada" com o sentido de desvio. Entendendo que nenhuma dessas acepções se aplica adequadamente ao termo "Vertente Cultural do Pensamento Maçônico", pelas razões que mais adiante abordaremos, rendemos sinceras homenagens aos escritores que nos precederam nesta seara e que fizeram uso do termo "vertente" de esteio, mantivemos o termo na parte inicial desta unidade.

Por Escolas do Pensamento Maçônico, podemos entender *prima facie*, o local onde se ministra, sistematicamente, o ensino do pensamento, no caso, o ensino do pensamento maçônico [**16a**]. Mas o termo nos parece, igualmente, abstrato, por indicar lugar específico. O que quer parecer de igual ao termo vertente, equivocado para aplicação ao real sentido de "Escolas do Pensamento" Maçônico, pois, ainda que possamos considerar os exemplos das Escolas de Freud [fundamentalmente de todas as correntes de psicoterapia analítica ou Escola de Platão, Escola de Alexandria ou Escola Escocesa[12]]. O termo "Escola" continua nos parecendo inadequado, abstrato e generalizante. Assim entendendo, passo a explicar e expor razões fundamentadas.

Escolas eram, na Grécia antiga, o lugar de reunião para momentos de descanso, concentração de pessoas para ouvir os filósofos que expunham suas doutrinas em espaços públicos. Impossível comparar-se, hoje, com o local onde se ministra o ensino da Arte Real e evolução do pensamento maçônico.

E, se estamos a tratar de "Vertentes" Culturais do Pensamento Maçônico, inadmissível entender que o pensamento maçônico possa se encontrar à mercê de "mudanças" constantes de rumos, ou despencando ladeira abaixo [**17a**]. Em termos puramente filosóficos podemos forçar as nossas mentes ao entendimento do uso do termo "Variantes" no lugar de "Vertentes", vez que o termo variante, com o sentido de algo ou coisa que varia ou difere, temos algo mais próximo ou aplicável como almejamos. Substituamos, então, a expressão "vertentes" por "variantes", de modo que tenhamos, por título desta parte, a denominação de Variantes Culturais e Escolas do Pensamento Maçônico.

Assim posto, agora podemos livremente expressar o entendimento de que o pensamento maçônico não é único, personalíssimo, no

---

[12] Corrente do pensamento representada pelos filósofos escoceses Thomas Reid (1710-1796), Dugald Stewart (1753-1823) e Thomas Brown (1778-1820), entre outros, que se opunha ao fenomenismo de Locke e Hume, apelando para o senso comum.

universo das Maçonarias. Vez que o pensamento maçônico difere de grupos de Maçons para grupos de Maçons, de Ordens ou Obediências para Ordens ou Obediências, de nacionalidades para nacionalidades e, mesmo no espaço cultural das Lojas e dos Maçons. Essa variação pode ser explicada, filosoficamente, pelo relativismo cultural dos Maçons e das Maçonarias [**17b**].

O mesmo podemos, agora, dizer do termo Escolas do Pensamento, ainda que entenda que melhor seria falar de "Escola de Historiografia Maçônica", embora não discordemos ou afastemos o entendimento da existência de Escolas do Pensamento e de Escolas da Historiografia Maçônica aplicadas a um mesmo objeto: as Maçonarias [**17c**].

Apresentadas estas considerações iniciais devemos evidenciar o nosso personalismo e entendimento, *data venia*, de que a aplicabilidade dos termos "Vertentes do Pensamento Maçônico" e "Escolas do Pensamento Maçônico" não são adequados para quando se almejar discorrer sobre as tendências do pensamento maçônico e sobre as raízes do pensamento maçônico. Ficamos desde logo à vontade para ouvir críticas e sugestões a propósito desse entendimento. Doravante, trataremos do assunto como "variante" ao invés de "vertente" [**17d**].

2. VARIANTES DO PENSAMENTO MAÇÔNICO

Em se tratando de "variantes" e "escolas" da historiografia maçônica, raras são as fontes que podem ser indicadas e encontradas, e poucos são os autores que se aventuraram a escrever sobre este tema ou assunto, razão pela qual podemos referendar as obras dos autores Eleutério Nicolau da Conceição, Walter Celso de Lima, e mais recentemente o livro de Roberto Bonderik, escritores maçons, como fundamentais e necessárias para construção do arcabouço mental que precisamos neste particular [**18a**].

Rizzardo Da Camino, no seu Grande Dicionário Maçônico

(1999) apresenta o verbete "pensamento", sem, contudo, fazer referência à Maçonaria [**18b**]. Diz ele:

> *"Pensamento – parte esotérica do ser humano; o pensamento não é um órgão visível. Diz-se que se situa no cérebro, porém cientificamente nada foi comprovado; pode-se pensar com o coração, ou com todo o corpo; não um lugar definido para ele. É a prova da existência de um mistério da Vida.*
>
> *O pensamento não tem dimensão e se desloca com velocidade que não pode ser medida. Numa fração de tempo, a mínima que se possa conceber, o Pensamento vai até o Sol, ao Cosmo e ao Infinito.*
>
> *Descartes dizia: "cogito ergo sum": "penso logo sou". É a comprovação da existência do ser, mas existência eterna"* (DA CAMINO, 1999:472).

Nos permitam brevíssima digressão: pare e "imagine você leitor, se eu dissesse que escrevo este texto pensando com os dedos dos meus pés" [**18c**]. Ora, se aceitarmos o argumento de que podemos pensar com todo o corpo, o argumento é válido. Porém, se o argumento válido for o de que pensamos com o cérebro, o alegado é uma mixórdia.

Octaviano de Menezes Bastos escreveu em sua "Pequena Enciclopédia Maçônica" (1952), de forma mais extensa, aplicando o verbete "pensamento" aos interesses da Maçonaria e dos Maçons, nos seguintes termos [**19a**]:

> *"PENSAMENTO: – chamamos a atenção dos nossos IIr∴ para o que disse a grande escritora A. Besant sobre o valor e o poder do pensamento a fim de que, quando reunidos, nos trabalhos de suas Lojas se esforcem para atender as considerações dessa nobre Ir∴ que tantos serviços tem prestado à Humanidade. (...). O pensamento é o gerador da ação. A nossa natureza tende a incorporar aquilo que geramos pelos nossos pensamentos. A psicologia moderna firma que o corpo tende a seguir o pensamento, atribuindo à imaginação na representação de uma queda a inclinação sentida por alguns de atirarem de uma altura. O corpo procura seguir a imagem concebida pela mente... "* (BASTOS, 1952:505-508).

Nicola Aslan fez uma apresentação mais condizente e apropriada à vida e interesse dos Maçons, ao afirmar que, etimologicamente, pensamento vem de "pensare", pensar, medir [**19b**]:

> *"O pensamento é um ato da inteligência que, sob a direção da vontade, se aplica a uma coisa, nela se reflete, julgando-a ou dela se lembrando. O nome pensamento aplica-se, algumas vezes, à própria inteligência. Tomada em sua mais ampla acepção, esta palavra é, segundo Descartes, o atributo essencial da alma, que pensa sempre, na opinião desse filósofo. (...). Ora, essa Arte, chamada de Grande Arte, a Arte Real ou Arte por excelência, cabe à Maçonaria fazê-la reviver entre nós..."*

Contudo, como se percebe dos extratos apresentados, Bastos, Aslan e Da Camino, não ousaram discorrer sobre Escolas do Pensamento, nem mesmo quando discorreram sobre os verbetes "Escolas" em seus respectivos Dicionários [**19c**].

De novo, não seremos nós que vamos inventar a roda, embora a provocação seja interessante. Mas, vejamos, então, as tendências ou variantes do pensamento maçônico a partir das obras dos autores referenciados [**20a**].

As três variantes do pensamento maçônico respondem pelos nomes de "Tradicional", "Agnóstica" e "Mística", e caracterizam o pensamento filosófico antológico e ideias e conceitos metafísicos, descortinando aspectos espirituais e religiosos, dos Maçons e da doutrina e filosofia maçônica.

Walter Celso de Lima em sua obra Ensaios sobre Filosofia e Cultura Maçônica" (2012), em capitulo próprio (As Três Vertentes da Maçonaria) e Eleutério Nicolau da Conceição, na obra "Maçonaria: Raízes Históricas e Filosóficas" (2006), foram os primeiros e únicos autores, no meu conhecimento, a abordarem o assunto, sem bem que o primeiro se respalde nos escritos do segundo.

A propósito, Walter Celso faz uma breve apresentação do Irmão Eleutério [transcrição] e reproduz o texto na íntegra, afirmando que o ensaio que produz é de "autoria de Eleutério Nicolau da Conceição e foi publicado em seu livro Maçonaria, Raízes Históricas e Filosóficas..." (LIMA, 2012:146) [**20b**].

Do livro "Maçonaria: Raízes Históricas e Filosóficas" transcrevemos

> *"As Três Diferentes Vertentes – é possível identificar dentro da ordem maçônica internacional três vertentes principais.*
>
> *A primeira delas pode ser chamada histórica-tradicional e teve origem na Inglaterra, sendo praticada principalmente nos países de língua inglesa, manifestando-se também em quase todas as nações do mundo. Exige a fé em Deus, entendida dentro do conceito judaico-cristão e utiliza a Bíblia como livro da lei, sobre a qual são tomados os juramentos.*
>
> *A segunda, que podemos chamar de agnóstica, não obriga a crença em Deus, e eliminou a invocação À Gloria do Grande Arquiteto do Universo de seus rituais. Teve historicamente manifestações políticas e espírito anticlerical, sendo sua principal representante o Grande Oriente da França, existindo também na Itália e países latinos.*
>
> *A terceira vertente é aquela que, partindo da tradicional, aplicou com toda intensidade a interpretação mística dos símbolos, história e filosofia da instituição. Encontra-se, principalmente, entre os povos latinos da Europa e América, mas se manifesta também em outras regiões.*
>
> *Contudo, essas três linhas de pensamento não se identificam completamente com uma determinada Potência (Obediência) maçônica, podendo ser encontrada, simultaneamente, até entre componentes de uma mesma Loja"* (CONCEIÇÃO, 2006: 196-203):

A Variante Tradicional, de origem inglesa, propõe o aperfeiçoamento humano-maçônico dentro do pensamento refletido no antigo conselho do oráculo de Delfos: *"Conhece-te a ti mesmo"*. E desenvolve a ideia da possibilidade de que, pelo trabalho consciente, o Maçom possa eliminar suas imperfeições e adquirir autodisciplina, pondo em ordem hierarquicamente adequada razão, emoções e sentidos. Propõe a interação com a Divindade; aceitação de Deus como Grande Arquiteto do Universo e juramentos sobre a Bíblia, considerado o Livro da Lei [**20c**].

De forma sumária, poder-se-á dizer que se trata de uma proposta reflexiva ,onde o indivíduo precisa conhecer-se para conhecer os outros. Teve origem na Inglaterra e desenvolve o entendimento de que, pelo esforço consciente, o indivíduo elimina suas imperfeições e referencia a luz interior e os atributos intelectuais.

A Variante Agnóstica, de origem francesa (O Grande Oriente da França é o seu principal sustentáculo), afasta a necessidade do indivíduo acreditar na possibilidade da existência de Deus para que possa ser iniciado na Maçonaria e retira dos rituais a expressão "*À Gloria do Grande Arquiteto do Universo*", sugerindo a existência de incompatibilidade entre liberdade de pensar por conta da aceitação de princípios e conceitos religiosos na Maçonaria. É a mais pura expressão do anticlericalismo francês [**20d**]. De forma sumária, poder-se-á dizer que conduz ao extremo a ideia de liberdade do pensamento. Não obriga o Maçom à ligação com princípios religiosos (não nega a existência de Deus, apenas afirma não reconhecer desse tema). É fortemente contestada pela corrente tradicional.

A Variante Mística reflete ideias filosóficas e práticas ritualísticas que emprestam aos antigos símbolos maçônicos novas interpretações com as quais os operativos sequer imaginavam. Essa variante é responsável pela introdução do pensamento e ideias herméticas, cabalísticas, rosacrucianas, teosóficas e templárias, dentre outras, no meio maçônico. De forma sumária, poder-se-á dizer que surgiu na Inglaterra, e por ser plural, atraiu para o seu seio intelectuais de diferentes tendências e escolas de pensamento humano [**20e**].

O escritor argentino – Jorge Francisco Ferro – especialista em Templários, Maçonaria e Sociedades Secretas, no seu livro "La Intrigante Franc-Maconería", assinala [**20f**]:

"2) Os Maçons Operativos estavam divididos segundo duas qualidades: (a) Espirituais; (b) Materiais.

3) Os Maçons Operativos Espirituais eram os que René Guénon chamava "os inspiradores hermetistas", sem os quais a Maçonaria Operativa material não poderia existir. Segundo Guénon, eram principalmente a "massonic du Saint-Graal", os Templários, seus herdeiros a Rosa-Cruzes autênticos e algumas "tarikas sufies"*.*

4) Os Maçons Operativos eram "os Obreiros da Pedra" que mencionam o Cavaleiro Ramsey em seu Discurso. A grande maioria dos autores maçônicos acreditam que esta última categoria era a única e ignoram a existência do primeiro grupo. Daí decorre o erro generalizado de considerar a posterior Maçonaria Especulativa como intelectualmente superior à Operativa. Primeiro Grande Erro.

5) Os Maçons Aceitos, desde sempre, existiram regularmente junto aos Maçons Operativos. Eram reis (Athelstan), príncipes (Edwin), abades (Santo Albano), alcaides etc. Quer dizer, membros do poder político ou religioso que podiam defender e assistir as Lojas Operativas. Ademais, obrigatoriamente, sempre existia dois membros Aceitos em cada Loja Operativa: O Capelão (Brother of Jakim) e o Médico.

6) Portanto, a Maçonaria Antiga sempre acolheu em seu seio Operativos e Aceitos e não é verdade que, pelo crescimento do número de Maçons Aceitos em Lojas Operativas, tenha surgido a Maçonaria Especulativa Moderna. Segundo Erro de Conceito" (FERRO, 2014:146-147).

Sabidamente, a construção do pensamento obriga o Maçom a múltiplas tarefas e obrigações, dentre as quais a de descobrir a verdade velada, encontrar nichos específicos de ideias e recomendações intelectuais e ordená-las aos seus interesses e objetivos e aos interesses e objetivos da sociedade humana onde a Maçonaria se insere. Assim como aceitar ou rejeitar certos postulados ou princípios? [**20g**] Resposta: A escolha é voluntária. O arbítrio é livre. Deve cada um fazer o melhor uso das informações que foram ou são colocadas à disposição, no momento que julgar conveniente e oportuno, assumindo a responsabilidade pelo assumir uma ou outra postura.

Sem lhes pretender negar validade, entendo que as Escolas do pensamento maçônico não só conduzem a esse entendimento particular como abre espaços para considerações as mais diversas, inclusive, quanto à própria vitaliciedade e razões para a sua própria existência e exigibilidades de que a história e outros conhecimentos de Maçonaria sigam este ou aquele rumo preconizado pela sistemática que adotam e recomendam [**20h**].

3. ESCOLAS DO PENSAMENTO MAÇÔNICO

Tratar-se-á, aqui, de um tema relativamente obscuro e controverso, embora não haja essa controversa ou não seja destacável no seio maçônico em graus elevados, exatamente por ser tema ou assunto bem pouco explorado [comentado] pelos Maçons [**21a**].

As chamadas Escolas do Pensamento Maçônico, oficialmente catalogadas por Charles Webster Leadbeater (1847-1934), são quatro: Autêntica ou Documental; Antropológica; Mística; e Ocultista. E, por conta e risco, ousamos acrescentar à relação oficial, uma quinta escola: a Escola Contemporânea, Simbólica ou Convencional [**20b**]. De tendência a aglutinar aspectos relevantes de todas as demais Escolas de Pensamento, com ênfase, particularmente, no aproveitamento das pesquisas de rigor mais ou menos cientificistas exponenciadas pela Escola Autêntica [**22a**].

A propósito das Escolas do Pensamento Maçônico, Raimundo Rodrigues, em anotação no livro "Na Busca de Novos Caminhos da Doutrinação Maçônica", faz uma advertência:

> *"Estudemo-las com atenção e.... boa vontade, mas não encontramos nenhuma razão para aceitá-las. Uma delas, inclusive, reputamos perigosa"* (RODRIGUES, 2011:143).

E aqui carregamos na tinta e nos esforçamos na escrita para defender o entendimento de que dever-se-ia entender por Escolas de Pensamento Maçônicos, a arte e o trabalho dos historiógrafos no estudo e descrição da História da Maçonaria, com os seus cânones[13] a orientar a produção científica brasileira sobre a Maçonaria. Fora deste contexto, nada faz sentido para o Maçom, ao abrir um livro sobre a legendária história da Maçonaria para se prender a estes detalhes. Então, comungamos com o entendimento do nosso ausente Irmão Raimundo Rodrigues: não encontramos nenhuma razão para aceitá-las [**23a**].

Em nota particular, confesso a meus botões que estou mais interessado na bibliografia maçônica, nos Maçons brasileiros e nas suas escritas, independentemente do que pensam os defensores das chamadas escolas do pensamento maçônico, embora não haja pejo em apresentá-las a vocês, Irmãos Cursistas e Leitores, com letras e expressões reveladas desde a clássica classificação de Leadbeater.

3.1 A ESCOLA AUTÊNTICA OU DOCUMENTAL

A Escola Autêntica, Documental ou Histórica[14] surgiu na segunda metade do século XIX na esteira do conhecimento científico e congrega "aqueles" que entendem a Maçonaria que existe documentalmente. Apoiam-se nos documentos escritos, tais como, atas, leis, pergaminhos, e documentos outros. Aceitam como documentos oficiais "Os Antigos Costumes", ou seja, as leis não escritas, e, ainda, os Landmarques, o Poema *Regius*, o Manuscrito Cooke e a Constituição de 1723, de J. Anderson [**24a**].

Em suma, essa Escola prima pela autenticidade dos fatos e recebe críticas sérias, dentre as quais, a de padecer pela falta da matéria-prima

* Nota do Autor – Não se conseguiu encontrar termo ou palavras adequadas para verter para o português a expressão espanhola "tarikas sufies".

13 Conjunto de regras fundamentais, normas, padrões, modelos acadêmicos técnico-científico.

14 Esta Escola recebeu diversas denominações: Escola Autêntica; Escola Documental; Escola Histórica; Escola Científica e Escola Positivista.

necessária aos seus fundamentos, visto que, à época mais remota e em épocas que a Ordem sofreu segregações religiosas e políticas, pouco se escrevia sobre os Maçons e a sua arte, obras ou ações. Na atualidade, contudo, impõe-se ao estudo da Maçonaria os métodos científicos, o que lhe oferta sobrevida.

A Escola Autêntica defende o nascimento da maçonaria como oriunda das Corporações de Ofício dos construtores. Renegam ou situam as demais Escolas como se elas estivessem fora do contexto, particularmente a Antropológica, opondo-se ao sofisma de que ela existia nos tempos de Jesus, e ridicularizando os argumentos de que Noé [o da Arca] e seus filhos fossem maçons.

Criticam, igualmente, as Escolas Mística e Oculta, exatamente em decorrência do seu pendor místico-ocultista. Abomina a ideia de que o G.A.D.U. seja Deus por sua Verdade Revelada. Negam a validade dos Graus Superiores da Maçonaria ante a alegação de que, na Inglaterra, em dezembro de 1813, "a legítima Antiga Maçonaria" era formada por três graus: Aprendiz, Companheiro e Mestre-Mação (Maçom).

Dentre os seus membros notáveis lista-se os nomes dos Maçons ingleses R. G. Gould[15]; W. J. Hughan; G. W. Speth, e dos alemães J. F. Findel e Withetm Begenan[16], e da Maçonaria escocesa, o Dr. Csetwode Crawley[17].

Segundo William Carvalho, a Escola Autêntica não é de todo uma Escola Científica, ainda que tenha criado novos paradigmas com suas pesquisas. Em suas palavras:

> *"Ainda que a aproximação dos escritores da escola autêntica apareça como uma investigação científica, os métodos empregados por eles não*

---

15 R. G. Gould, autor de importantes obras que substanciam a literatura maçônica, dentre estas, "Concise History of Freemasonry". Admite que se o simbolismo da Maçonaria for anterior a 1717, não há nenhum limite quanto à idade que se possa atribuir à Maçonaria.

16 Autores que realizaram as mais minuciosas pesquisas nas antigas ordenações da Ordem Operativa.

17 Autor de obras sobre a primitiva ordem maçônica irlandesa.

seriam aceitos atualmente como científicos. (...) A maioria dos membros da escola autêntica não tinha o treino acadêmico para a área de pesquisa histórica. Para se ter uma ideia, o prof. Begemann, alemão e de formação acadêmica em linguística, era um dos poucos que possuía o background universitário, mas não era inglês. Exerceu forte influência no início da Loja Quatuor Coronati, como demonstravam os primeiros números dos Ars Quatuor Coronatorum – AQC".

Além da Escola Autêntica, as demais escolas, rotuladas como não autênticas (têm um vasto apelo no Brasil) possuem quatro enfoques principais, classificados como o "esotérico", o "místico", o "simbolista" e o "romântico". Anote, para registro comparativo, o fato de que as quatro abordagens têm dois fatores em comum: a crença de que a Maçonaria existe desde tempo imemorial e uma aparente incapacidade de distinguir entre fato histórico e lenda (CARVALHO, 2016). Essas escolas, a Escola Antropológica, a Escola Mística, e a Escola Ocultista, estão relacionadas a seguir.

3.2 A ESCOLA ANTROPOLÓGICA

A Escola Antropológica ou Primitiva, criada pelo historiador e Maçom John Sebastian Marlowe Ward, foca a sua atenção no comportamento humano do Maçom, nos usos e costumes dos antigos e dos modernos, distinguindo-os em Maçons Operativos e Maçons Especulativos. Denomina de "Aceitos" os Maçons Operativos, e de "Iniciados" os Maçons Especulativos. Investiga e compara a prática Mística e Religiosa de povos do passado [**24b**].

A Escola Antropológica confere um grau de mais antiguidade à Maçonaria do que os autênticos se aventuraram a atribuir-lhe, e faz analogias com os antigos mistérios de muitos povos, analisando as possibilidades da existência de cerimônias análogas nas atuais Lojas Maçônicas.

Segundo Roberto Bonderik, em Escolas do Pensamento Maçônico:

> *"Os adeptos desta corrente procuram identificar aspectos que consideram maçônicos, pré-maçônicos ou mesmo protomaçônicos em outras ordens, culturas ou épocas distintas e distantes no espaço e no tempo. Os historiadores desta vertente procuraram buscar e identificar as bases, as estruturas e as influências e práticas recebidas de outras ordens e entidades que permitiram a edificação do verdadeiro grandioso edifício em que se converteu a Ordem Maçônica. Buscar os fundamentos e as estruturas da Maçonaria, é procurar e encontrar aquilo que existiu antes de 1717, é buscar as origens, a pedra fundamental sobre a qual se eleva a Ordem"* (BONDARIK, 2012).

Fundamentalmente, enxergam na "Iniciação" uma vinculação aos Antigos Mistérios e, ainda, pelos estudos antropológicos, enxergam estreita analogia a costumes ancestrais que marcam o Ser Humano, desde que o Homem é Homem.

Não afirmam que Jesus foi Maçom, mas lhe creditam o papel de iniciado, assim como creditam o papel de iniciado a Platão, Sócrates e Pitágoras.

Tem como esteio os personagens maçônicos J. S. M. Ward[18], Albert Churchward[19] e Bernard H. Spenger[20].

3.3 A ESCOLA MÍSTICA

A Escola Mística, Iniciática ou Teológica, baseia seus estudos e fundamentos na afirmação dos mistérios gregos do "*Conhece-te a mesmo*". Os pensadores desta escola, analisando suas próprias experiências espirituais, declararam que os Graus da Ordem são símbolos de certos estados de consciência, que têm de ser despertados no iniciado se este

---

[18] Autor de "Freemasonry and the Ancient Gods, who was Hiram Abiff" (A Maçonaria e seus Deuses Antigos – 1921) e de outros escritos que coloca a Síria como berço da Maçonaria. Contribui com verbetes na Enciclopédia Britânica.

[19] Autor de diversas obras interessantes sobre a origem egípcia da Maçonaria.

[20] Autor de "Secret Sects of Syria and Lebanon", que coligiu extensor material comprovando a existência de ritos maçônicos entre os árabes.

aspira a conquistar os tesouros espirituais. Os seus Adeptos, alegoricamente, sentem no pavimento de mosaico, no painel de grau e na ação ritualística, um estado alterado de consciência [**24c**].

Esta Escola propõe-se explicar a Maçonaria pelos mistérios que a rodeiam. O objetivo do Maçom místico e tanto quanto o do ocultista é a sua união com Deus.

Compartilham o entendimento de que qualquer um que almeje conhecer tem que voltar-se para o seu próprio interior e "se analisar a si próprio", dado que neste ato descortina-se o plano de consciência, ou seja, uma ação psicológica subjetiva, quando "O Ser analisa O próprio Ser". Esta Escola propõe-se explicar a Maçonaria pelos mistérios que a rodeiam. O objetivo do Maçom ocultista e tanto quanto o do místico é a sua união com Deus.

O nome da Escola deriva da crença no Metafísico Deus pela Verdade Revelada. A isso, buscam-no por um "estado" de profundo êxtase. Personagens conhecidos A. E. Waite[21] e W. L. Wilmshurst[22].

3.4 A ESCOLA OCULTISTA

A Escola Ocultista ou Esotérica é representada por um crescente corpo de estudantes da Ordem Co-Maçônica (ou Maçonaria Mista Internacional "Le Droit Humain") e tem atraído adeptos das Maçonarias masculinas em todo o mundo, já que um dos seus principais e distintivos postulados é a eficácia sacramental do cerimonial maçônico [**24d**].

Esta Escola propõe-se explicar a Maçonaria pelos mistérios que a rodeiam. O objetivo do Maçom ocultista tanto quanto o do místico

21 Arthur Edward Waite, autor do livro "A Tradição Secreta da Maçonaria". Obra em dois volumes. Erudito e autoridade na história dos graus superiores da Maçonaria. Membro da Sociedade Rosacruz,

22 Walter Leslie Wilmshurst, autor de "As Origens da Maçonaria" (The Meaning of Masonry – 1922) e "A Iniciação Maçônica" (The Masonic Inicitiation – 1924). Concentrava suas análises em espirituais interpretações do simbolismo maçônico. Primava pelos estudos Rosa-Cruzes, Teosofistas, Alquimistas e Cabalísticos. Era adepto dos ensinamentos de Hermes Trimegistos (como em acima assim é embaixo) e da Grande Fraternidade Branca e Ordens Esotéricas.

é a sua união com Deus. Dito de outra forma e utilizando as palavras de Leadbeater, o escopo do ocultista é alcançar essa união por meio do conhecimento e da vontade; treinar toda a sua natureza, físico, emocional e mental, até que se torne uma perfeita expressão do divino espírito interno, e possa ser empregado como instrumento eficiente no grande plano de Deus.

A Escola Ocultista objetiva, ainda, desvendar os mistérios das leis naturais inerentes ao ser humano e assim alcançar revelações de épocas passadas e do presente, procurando, através do ocultismo, o domínio do sobrenatural aonde se situa a Árvore do Saber.

Além de C. W. Leadbeater, não nos esforçamos no sentido de apontar seus outros expoentes desta Escola de Pensamento Maçônico. E não são poucos.

A ESCOLA CONTEMPORÂNEA, SIMBÓLICA OU CONVENCIONAL

A denominação dessa nova variante das Escolas do Pensamento Maçônico, despontou com os trabalhos e estudos das primeiras Lojas de Pesquisas, e tem como modelo a Loja de Pesquisa "Quatuor Coronati nº 2076", cujos fascinantes translados são minas com preciosas lições históricas, arqueológicas, filosóficas e doutrinárias, impulsionando trabalhos de pesquisas e estabelecimentos de Lojas de Pesquisas em diversas Ordens e Obediências mundo afora [**25a**].

A Escola Simbólica, como é mais facilmente identificada, busca as origens da Maçonaria mediante a comparação e a correlação do simbolismo e da linguagem ritual e trata de encontrar a filiação direta entre a Maçonaria e várias religiões, mistérios e sociedades (J. FILARDO[23]).

Não logramos êxito em localizar referências quanto a datas de surgimento dessa Escola e onde surgiu, mas supomos, por analogia,

---

[23] Acessível em https://bibliot3ca.com/teorias-sobre-a-origem-da-maconaria/

que deveriam existir em fins do século XIX, pois recebem críticas da Escola Autêntica ou Documental, criada por volta dos fins do século XIX[24] [**26a**].

4. CONCLUSÃO

Resta demonstrado que muitas das crenças e formas de pensamento maçônico têm raízes arraigadas nas lendas, tradições e crenças da antiguidade, merecendo análise e considerações em separado.

Percebam que as Escolas Antropológica, Mística e Ocultista apresentam pontos em comum. Percebam que as Escolas, em alguns pontos, se identificam com as chamadas variantes ou vertentes do pensamento circulante na Maçonaria [**26b**]. Percebam que as quatro Escolas têm dois pontos em comum: a crença de a Maçonaria existe desde tempos imemoriais e uma factível incapacidade de separar fatos históricos e lendas.

Leadbeater em sua linha de raciocínio foi autêntico e de uma felicidade ímpar ao afirmar que *"existem escolas ou correntes principais do pensamento maçônico, difundidas ou organizadas não como escolas, mas agrupadas segundo sua relação com quatro departamentos importantes do conhecimento, permanentemente existentes fora do campo maçônico"* (LEADBEATER, 997:14) [**27a**].

Simon Bolívar, militar e líder político sul-americano, ao definir a Maçonaria foi, igualmente, de uma felicidade ímpar, ao declarar [**27b**]:

> *"Maçonaria é uma praia acolhedora. Ditosos aqueles que podem alcançá-la! Felizes aqueles que podem chegar até ela, vencendo as tempestades do pensamento. No seio da Maçonaria adquire-se grandes virtudes e descobrem-se grandes gênios da ação e do pensamento. Na Maçonaria, o homem aprende a elevar-se sobre o vulgar, não tem dúvida*

[24] Certamente, a Quatuor Coronati 2076 surgiu na década de 1880.

> *em esquecer-se de si mesmo, quando necessário, desde que possa oferecer a seus irmãos um pouco de doçura na existência. É uma Instituição Sublime" (Simon Bolívar).*

Parafraseando o salutar pensamento de Simon Bolívar, somos Irmãos e podemos nos contentar por estarmos aqui – investigando, pensando, discutindo, ensinando e aprendendo novas lições – com os pés no chão dessa praia acolhedora que é a Maçonaria, vencendo as tempestades do pensamento na dimensão espiritual indivisível e indissociável da nossa condição humana e de Maçons [**27c**].

Mas! Prossigamos! A caminhada exige passos largos e as vias dos conhecimentos só se abrem quando se caminha em sua direção.

E vamos concluir com o aval externo e o uso do argumento de que como anotação final deve ser enfatizado que o *nouveau richismo positivista da escola autêntica culminou com uma abordagem acadêmica mais moderna* (CARVALHO, 2016).

5. RESUMO. ABSTRACT. RESUMEN. RÉSUMÉ:

Vertentes culturais do Pensamento Maçônico e Escolas do Pensamento Maçônico são temas para questão completamente destronada quando se trata de avaliar, fundamentalmente, o modo ou forma como se escreve a história, filosofia e doutrina maçônica, isto sem excluir outras ciências ou temática do interesse do Maçom e da Maçonaria. Nesta parte um, unidade quatro, descortina-se saberes sobre Escolas e Variantes do Pensamento que permeia os escritos da/na Ordem.

Cultural Aspects of Masonic Thought and Schools of Masonic Thought are subjects for a completely dethroned question when it comes to fundamentally assessing the way or writing of Masonic history, philosophy and doctrine, without excluding other sciences or thematic from the interest of the Freemason. and Freemasonry. In part one, unit four, we learn about Schools and Variants of Thought that permeates the writings of the Order.

Los aspectos culturales del pensamiento masónico y las escuelas del pensamiento masónico son temas para una pregunta completamente destronada cuando se trata de evaluar fundamentalmente la forma o la escritura de la historia, la filosofía y la doctrina masónicas, sin excluir otras ciencias o temáticas del interés del masón. y la masonería. En la parte uno, unidad cuatro, aprendemos sobre Escuelas y Variantes de Pensamiento que impregnan los escritos de la Orden.

Les aspects culturels de la pensée maçonnique et les écoles de la pensée maçonnique sont des sujets pour une question complètement détrônée lorsqu'il s'agit d'évaluer fondamentalement la manière ou l'histoire de l'histoire, de la philosophie et de la doctrine maçonniques, sans exclure d'autres sciences ou thématique de l'intérêt du franc-maçon. et franc-maçonnerie. Dans la première partie, unité quatre, nous étudions les écoles et les variantes de pensée qui imprègnent les écrits de l'Ordre.

REFERÊNCIAS BIBLIOGRÁFICAS

ARÃO, Manoel. *A Legenda e a História da Maçonaria*. São Paulo: Madras, 2004.

BASTOS, Octaviano de Meneses. *Pequena Enciclopédia Maçônica*. São Paulo: O Malhete, 1952.

BONDERIK. Roberto, *Escolas do Pensamento Maçônico*: Origens históricas e influências percebidas na compreensão da Maçonaria. Joinville: Clube de Autores, 2012.

CARVALHO, William de Almeida. *História da Maçonaria*: Das Origens Corporativas à Maçonaria Moderna, texto básico do Curso de Pós-Graduação em História da Maçonaria. Brasília: Unyleya, 2016.

CONCEIÇÃO, Eleutério Nicolau da. *Maçonaria: Raízes Históricas e Filosóficas*. 2. ed. Florianópolis: O Prumo, 2006.

DA CAMINO, Rizzardo. *Grande Dicionário Maçônico*. Rio de Janeiro: Aurora, 1990.

FERRO, Jorge Francisco. *La Intrigante Franc-Masonería*. Buenos Aires-México: Lumen, 2014.

LEADBEATER, C. W. *Pequena História da Maçonaria*. São Paulo: Pensamento, 1997.

LIMA, Walter Celso de. *Ensaios sobre Filosofia e Cultura Maçônica*. São Paulo: Madras, 2012.

LOMAS, Robert. *Os Segredos da Maçonaria*. São Paulo: Madras, 2015.

ORTEGA, Oswaldo. *Uma Luz nos Mistérios Maçônicos*. São Paulo: GLMSP, 2003.

RODRIGUES, Raimundo. *Na Busca de novos caminhos da doutrinação maçônica*, Londrina: A TROLHA, 2011.

UNIDADE CINCO

CULTURA DE MAÇONARIA*

1. PREÂMBULO

Já o dissemos alhures que discutir e escrever sobre ciência, artes e literatura maçônica é tarefa árdua. Afinal, vale lembrar que uma pequena, grande, ou, simplesmente, uma história da literatura maçônica inexiste no cenário cultural maçônico brasileiro, e nem mesmo existe um catálogo de autores e obras [**28a**].

A cultura de Maçonaria, aproveitando a concepção de uma ideia geral e válida para todas as instituições, corresponde a um conjunto complexo de linguagens, comportamentos, valores, crenças, símbolos, representações e tradições partilhadas por todos, conferindo-lhe identidade e existência. Se entendermos cultura no seu sentido clássico, como um conjunto de fatos ideológicos que caracterizam uma organização social, devemos considerar a Maçonaria como um fenômeno cultural mundial [**29a**].

Parece-nos, pois, lícito admitir a existência de uma cultura de Maçonaria para além daquilo que os valores culturais tradicionais transmitem e até muito mais do que aquilo que a sociedade determina como valores a serem preservados através da educação e da cultura. Destarte, a cultura de Maçonaria não pode continuar sendo ignorada

* Nota do Autor: O conteúdo desta parte-unidade também pode ser encontrada, com modificações e acréscimos, no livro Ideal Maçônico, uma publicação da Editora A TROLHA, Londrina, 2019.

ou somente aparecer como produto do intelecto orgânico de um ou outro Maçom ou de uma ou outra obra literária [**30a**].

Sabe-se que não é possível dar conhecimento ao homem, pois este só pode ser construído por ele mesmo. No entanto, é possível fornecer-lhe informações, submetendo-o às experiências e instigando-o à busca[25]. E isto é quase tudo o que pretendemos aqui institucionalizar [**31a**].

2. PETITIO PRINCIPII

Vale aqui, antes de continuar, renovar o petitio principii que ficou lá atrás formulado e que pode ter passado desapercebido ao mais atento dos leitores [**32a**].

O pedido, agora, renovado e destacado, é de desculpas e de explicações necessárias, pois, à exceção desta parte [cinco] e das seguintes partes [seis e sete] que integram o conteúdo do Curso de Pós-Graduação em História da Maçonaria, toda a produção da escrita foi gestada no espaço-tempo muito curto, portanto, perfeitamente suscetível de equívocos e desacordos intelectuais e gramaticais, pelo que pedimos, novamente, para relevar, abrindo espaços para o recebimento de críticas [positivas e negativas] e sugestões, firmando o compromisso de atualização do conteúdo quando da revisão a ser efetuada.

Tardiamente, assinalo que os números entre colchetes indicativos dos parágrafos são marcas facilitadoras para recomendações de estudos e identificadoras de necessárias correções, adaptações, críticas e sugestões, pondo o leitor diretamente em contato com a parte do texto objeto de considerações. E servem, ademais, para facilitar e agilizar a consulta motivada pela leitura de outras obras ou escritos de outros autores [**33a**].

[25] JUCHEM, Murilo. Da Curiosidade à Sabedoria, *in* Revista A "TROLHA", n. 295, maio 2011, p. 40.

De antemão, solicitamos a um mesmo tempo tanto a indulgência do leitor para nossas falhas e limitações quanto as suas valiosas sugestões e críticas para o aprimoramento de futura edição em forma de livro [**34a**]. Aqui, agora, só nos resta curvarmo-nos à opinião socrática de que, a rigor, *nunca passamos de aprendizes.*

3. A LUTA PELA CULTURA DE MAÇONARIA

Podemos começar a nossa luta por tentar definir Arte, Ciência e Cultura de Maçonaria a termos estritamente conceituais de fácil e fiel entendimento, o que não é de difícil deslinde, desde que entendido como sendo a capacidade que tem o homem Maçom de pôr em prática uma ideia, dominar a matéria e de estabelecer criações de sensações ou de estados de espírito de caráter estético carregados da vivência maçônica [**35a**].

3.1 ARTE E ARTE MAÇÔNICA.

O conceito geral de Arte tem sua origem a partir do grego: "*ars*" com o sentido de "habilidade", e diz da atividade humana ligada à manifestação de ordem estética na corporificação de um sentimento belo, expressivo ou elevado, de forma que apresente um complexo de imagens associadas capaz de transmitir esse sentimento.

Arte Maçônica, seria a arte produzida por Maçons a partir de percepções, emoções e ideias, classificada, grosso modo, em artes (incluindo arquitetura, literatura, música, dança, cinema e teatro) e artes plásticas (escultura, pintura, desenho) [**36a**]. Engloba todas as criações realizadas pelo ser humano para expressar uma visão/abordagem sensível do mundo, seja este real ou fruto da imaginação, no contexto social onde atua e estabelece suas relações, criando objetos e formas que representam sua vivência no espaço restritivo em que se encontrar.

Ontologicamente, toda (obra de arte) é co-real, posto que transcende a realidade em que se apoia, afirmando um modo de ser possível, embora inefetivo, que nasce da própria arte e da função cognoscitiva que a proporciona. Podemos, então, compartilhar o entendimento de que *"a arte é um reflexo do ser humano e muitas vezes representa a sua condição social e essência de ser pensante*[26]*"*.

3.2 CIÊNCIA E CIÊNCIA MAÇÔNICA.

Ciência, no singular, pode ser definida como sendo o conjunto de conhecimentos concernentes às categoriais de fatos ou de fenômenos, ou às atividades humanas baseadas na utilização de um método definido, através do qual se produzem, testam-se e comprovam-se conhecimentos próprios ou alheios [**37a**].

O termo Ciência Maçônica se aplica, portanto, ao conhecimento e ao ensino metodológico propagado pela Maçonaria. Entretanto, poucos Maçons falam sobre uma Ciência Maçônica específica, razão pela qual a referência ao termo minimiza-se por si mesma [**37b**].

O conhecimento científico surge então como método e "caminho" para a técnica, portanto, fórmulas ideais para explicar e conceituar a ciência maçônica como um conjunto de atividades orientadas para a aquisição ou construção de determinado conhecimento, de maneira sistêmica, com o uso de métodos e técnicas apropriadas.

Do livro do Irmão Pedro Demo, publicado em 2006, transcrevo sintéticas palavras asseverando que a Maçonaria tem proposta peculiar de aprendizagem e uma regra crucial, de que: o Maçom precisa saber fazer-se [**38a**]:

> *"O Maçom pode e deve receber orientação, é iniciado ritualisticamente, participa das sessões, é motivado a estudar doutrina e história, mas ninguém pode fazer-se Maçom em seu lugar. (...) A Maçonaria também aprendeu em sua história que somente vale a pena ficar com o Maçom*

[26] Significado de arte, *in* https://www.significados.com.br/arte/.

convicto, que continua querendo aprender e elabora seu projeto próprio de vida conforme a doutrina maçônica"[27].

3.3 CULTURA E CULTURA DE MAÇONARIA.

O conceito geral de Cultura pode ser entendido a partir da compreensão do conjunto de atitudes, normas e crenças mais ou menos partilhadas pelos membros de uma determinada unidade social [**39a**]. De forma resumida podemos dizer que Cultura é o enriquecimento da mente ao se dedicar ao estudo de certas áreas do conhecimento humano.

A *Cultura de Maçonaria ou Cultura Maçônica,* menos difícil de definir, pode ser entendida como o ideário liberal que congrega o conceito geral de Cultura e o conjunto de ideias políticas norteadas pelos princípios de liberdade, igualdade e fraternidade individual e coletiva, de supremacia da razão e da democracia em contraposição ao absolutismo, da prevalência do espírito sobre a matéria, e da crença em um Ser Superior ao qual denominamos Grande Arquiteto do Universo, Senhor dos Mundos ou Grande Geômetra. Em termos religiosos, a cultura de Maçonaria sustenta a liberdade individual de crenças e de posicionamentos laicizantes e anticlericais. Aplica-se a inúmeros temas ou assuntos maçônicos [**39b**].

Lançamos um desafio. Se não concordar com a definição que apresentamos sobre "Cultura de Maçonaria" ou gostaria de reescrever ou de reinventar o conceito, apresente suas conclusões. Em todo caso, vale lembrar que a sua margem de fuga é bem pequena, a menos que pretenda contrariar o entendimento já consagrado de que *"cultura seja o complexo dos padrões de comportamentos, das crenças, das instituições e doutros valores espirituais e materiais transmitidos coletivamente e característicos de uma determinada sociedade"* [**40a**].

---

[27] DEMO, Pedro. *Maçom*: jeito de ser – textos sobre espiritualidade maçônica. Brasília: Loja de São João Luz, 2006, p. 68-69.

4. SCIENTIA E O ESPÍRITO MAÇÔNICO NA FORMAÇÃO DA CULTURA DE MAÇONARIA

Com certeza você – iniciado em qualquer uma das sociedades iniciáticas conhecidas, e particularmente na Maçonaria – já ouviu falar das Sete Artes Liberais (*Trivium* e *Quadrivium*), o que talvez não saiba, ou saiba mais ou menos, é sobre o seu significado no simbolismo maçônico. Contudo, não nos interessamos, agora, em discorrer sobre qualquer aspecto do simbolismo maçônico nestes tópicos dedicados à ciência e ao espírito maçônico [**41a**].

Mas, continuando. Para mais além das Sete Artes Liberais há inúmeros outros pontos que almejamos apontar e chamar à discussão, pontos que são particularmente interessantes conhecer. Se julgar oportuno, leia também o parágrafo [**13c**], antes de concluir se o conhecimento sobre as "sete Artes Liberais" é útil ou não nos dias atuais.

O primeiro e o mais importante desses pontos é o próprio ser humano, o homem e suas especificidades. Notadamente, fazemos parte de um mesmo plano e por sermos humanos, somos todos parecidos, mas não iguais. Somos em tudo diferentes uns dos outros. Nascemos, evoluímos em conhecimentos e bens materiais e espirituais, e desaparecemos em estágios desiguais. E até mesmo a compreensão de nós mesmos e a compreensão de que pertencemos ao Universo, nos faz e nos torna diferentes, uns dos outros [**41b**].

Em nossa caminhada evolutiva, por exemplo, passamos bastante ao largo de toda e qualquer epistemologia[28], onde repousam algumas das teorias das ciências que nos deveriam preocupar, tais como: racionalismo, empirismo, cientificismo, marxismo, anarquismo, iluminismo, positivismo, liberalismo e tantos "ismo" que discutimos e possamos vir a discutir neste ou em outros textos.

---

[28] Estudo crítico de como se produz o conhecimento da realidade e da cientificidade deste conhecimento; teoria do conhecimento.

Impossível desassociar da cultura maçônica e da intelectualidade dos Maçons, conceitos e ideias sobre história, filosofia, geografia, astrologia, astronomia, geometria, química, física, matemática, biologia, ou mesmo algo mais trivial como a nossa língua e gramática, retórica e argumentos, raciocínio e lógica, música e musicalidade. Em Maçonaria, a terceira viagem na iniciação do Aprendiz a Companheiro, por exemplo, é toda dedicada às ciências ou artes liberais [**41c**], e nem mesmo assim a ciência e cientificidade integra a capilaridade das interações culturais.

A rigor, o Espírito Maçônico acha que sabe tudo, e acha que sabe como todas as coisas são, pois as define prontamente e tem resposta para todas as questões que de uma forma ou de outra são submetidas ao seu crivo intelectual. Ledo engano, e ainda que, embora reconheça que a tentação do conhecimento total seja da natureza humana, parece ser custoso admitir a ignorância que permeia no meio maçônico entre homens de todos os – do homem culto ao homem mais ignorante –, e aqui vale a máxima de que quando "*comparada com a lagoa do conhecimento, nossa* (e sua) *ignorância permanece atlântica*" (DUNCAN e WESTON-SMITH, 1981). Uma história da Ciência ou Ciências nos conduziria a conhecimentos outros, dentro os quais, os de Biologia, Química, Matemática, Física e Álgebra [**41d**], abrindo horizontes para o futuro.

Nos rituais maçônicos mais antigos, fala-se de sete ciências divididas em duas partes: o *Trivium* (Gramática, Lógica e Retórica) e o *Quadrivium* (Aritmética, Geometria, Astronomia e Música) que formavam a sabedoria dos antigos e que os Maçons aprendiam e praticavam [**42a**].

O *Trivium* era o que poderíamos chamar, numa analogia com a educação moderna, o Primeiro Grau do Aprendizado. De fato, para o aluno poder aprender outras coisas era preciso, primeiro, aprender a falar, a escrever, a pensar e não conversar de forma desordenada como, na maioria das vezes, fazemos dentro das Lojas. Por isso tinha que aprender Gramática, Dialética e Retórica (BIANCHI, 2013). E o *Quadrivium*, seria o Segundo Grau do Aprendizado [**42b**].

O *Trivium* inclui aqueles aspectos das Artes Liberais pertinentes à mente, e o *Quadrivium* aqueles aspectos das Artes Liberais pertinentes à matéria. As Sete Artes e Ciências liberais, sempre estiveram associadas à Maçonaria. Hoje fazem parte de uma cultura esquecida no fundo do baú do conhecimento humano em face dos novos saberes.

No mundo moderno globalizado, as ciências se multiplicaram infinitamente e novas ciências surgiram (Física, Química, Engenharia, Geografia, Medicina, Sociologia, Filosofia, História etc. etc.), e cada uma com infinitas especialidades e ramificações, cada vez mais avançando nos campos das descobertas, pesquisas e realizações. As artes e literatura seguem esse mesmo trilhar. São milhares de títulos, obras e manifestações culturais [**43a**].

E de tudo fica a impressão de que precisamos evoluir, caminhar para o conhecimento, caminhar para a cultura de Maçonaria, caminhar para um instrucional maçônico de Graus (Aprendiz, Companheiro e Mestre) e reencontrar o mapa da cultura, dos ensinamentos e do conhecimento das potencialidades da cultura ilustrada de Maçonaria [**43b**].

Assim, estudos e mais estudos sobre as atividades maçônicas mereceriam mais e mais pesquisas e, escritos e mais escritos que não somente identificassem e valorassem as diversas Escolas do Pensamento Maçônico (Autêntica, Antropológica, Mística e Ocultista) que a seu tempo não se omitiram na transmissão dos seus saberes aos estudos e interessados nas pesquisas das nossas antigas tradições, lendas e mitos. De igual sorte estariam a merecer mais estudos e pesquisas as múltiplas tradições maçônicas, mesmo as que já foram amplamente dissecadas, reviradas, examinadas e minuciosamente analisadas em face de registros documentais.

Por fim, a valoração dos historiadores, escritores, articulistas, estudiosos e defensores, propagandistas, opositores e detratores da Ordem, e dos seus escritos, apostasia, considerações e análises, deveriam merecer consideração e mereceriam passar pelo crivo do conhecimento crítico de cada um dos estágios culturais e de desenvolvimento nacional e internacional da Ordem [**43c**].

Assim, depreende-se que o legado do saber maçônico implica na ação ordenada e a superação do achismo e das invencionices impregnadas nas mais de 60.000 obras consagradas à franco-Maçonaria, que apesar da existência desse vasto acervo, continua mal conhecida e pouco compreendida, inclusive, por Maçons, quanto a sua própria história e desenvolvimento. Muitas dessas obras nem mesmo se encontram catalogadas, portanto, indisponibilizadas ao público maçônico [**43d**].

5. AS LOJAS DE PESQUISAS E O SEU CONTRIBUTO À CULTURA DE MAÇONARIA

A exemplo do nome, as Lojas de Estudos e Lojas de Pesquisas se propõem priorizar o estudo e a pesquisa maçônica, relegando as questões administrativas a um plano secundário, buscando ampliar o nível de qualificação intelectual e cultural dos seus Obreiros, e assim, facilitar a conscientização da necessidade de mais estudos, mais pesquisas, e amplitude dos conhecimentos maçônicos, de modo a permitir a inserção da Ordem e dos Maçons no cerne dos problemas sociais, políticos, econômicos e culturais do País e do mundo.

As Lojas de Pesquisas, em geral, advogam a defesa dos princípios e respeito à liberdade de consciência e de expressão, tolerância política e religiosa e estrita observância à verdade de cada um dos seus membros [**44a**], e representam o descortinar de novos horizontes culturais (ou para tal deveriam contribuir), a exemplo da Quatour Coronati 2076, a Loja Mãe das Lojas de Pesquisas.

A Loja de Pesquisas Maçônicas QUATUOR CORONATI nº 2076, de Londres, é considerada a primeira Loja de Pesquisas do Mundo e surgiu com o intuito de instruir os Maçons. Fundada a 28 de novembro de 1884[29] por sugestão de nove Irmãos Maçons (Sir C. Warren, W.

[29] A consagração da Loja de Pesquisas Maçônicas Quatuor Coronati nº 2076 se efetivou em 12 de janeiro de 1886. Pertence à Grande Loja Unida da Inglaterra e se reúne, hoje, na Freemasons' Hall (Edifício dos Maçons).

Rylands, R. F. Gould, Rev. A. Woodford, Sir W. Besant, J. P. Rylands, Major S. Pratt e W. James Hughan e G. W. Speth) que almejavam uma Oficina dedicada aos estudos e à pesquisa maçônica. A Loja publica os Relatórios ou Protocolos[30] (*Transactions*), chamados de *Ars "Quatuor Coronatorum"* [**44b**], que são distribuídos aos membros ativos e correspondentes efetivos, mediante contribuição de retorno.

No Brasil, a primeira Loja do gênero foi a LOJA DE PESQUISAS MAÇÔNICAS BRASIL nº 45, sediada em Londrina e sob a égide do Grande Oriente do Paraná, restou fundada na data de 15 de março de 1975, proclamando-se ser uma sociedade civil, sem fins lucrativos, pessoa jurídica de direito privado, de fins exclusivamente científicos e de pesquisas. A Loja realiza encontros regional e nacional, publica os trabalhos apresentados nos encontros, no livro Cadernos de Pesquisas Maçônicas, da Editora Maçônica A TROLHA, revelando novos escritos e escritores maçônicos, promovendo a publicidade de trabalhos inéditos [**44c**].

Não temos a pretensão de discorrer sobre as Lojas Maçônicas de Pesquisas que conhecemos ou sabemos existir, nem comportaria neste curto espaço cultural. Mas não podemos, por questão de consciência, deixar de fazer referências a algumas que nos são mais próximas, três ou quatro, por razões de destaques no cenário nacional, de momento [**44d**].

A Loja de Pesquisas Maçônicas Quatuor Coronati do Brasil, fundada a 14 de dezembro de 1991, subordinada diretamente ao Gabinete do Grão-Mestre Geral. Estabelecida pelo Ato nº 2351, de 20 de março de 1992, de autoria do então Grão-Mestre Jair Assis Ribeiro, concedeu autorização de funcionamento à Loja. Foram seus fundadores: José Castellani, Arnaldo Ruy Pastore, Mario Neme, Luiz Carlos Beduschi, Davilson Ramos Fernandes, Paulo Adolpho Teixeira, João Beber Filho, e a esses nomes, juntaram-se outros, quando do fechamento do Livro

---

[30] A Loja realiza quatro sessões por ano e publica trabalhos com debates e discussões (*Transactios*), ou seja, não publica trabalhos sem discussões (*proceedings*).

de subscritores a fundadores, e dentre estes, Armando Righeto, Marcos Henrique de Almeida Santiago, João Batista Moraes de Oliveira, Frederico Guilherme Costa e William Dálbio Almeida de Carvalho, dentre outros [**44e**].

Das Lojas de pesquisas maçônicas mais conhecidas na atualidade, vale destacar a Loja Fraternidade Brazileira de Estudos e Pesquisas, filiada ao Grande Oriente de Minas Gerais, com sede em Juiz de Fora – MG. A Loja, a exemplo da Loja de Pesquisas Brasil, realiza encontros regional e nacional, anualmente, e publica os trabalhos apresentados nos encontros, no livro Cadernos de Pesquisas Maçônicas, da Editora Maçônica A TROLHA ou sob os auspícios da própria Loja [**44f**].

E de igual modo, quero fazer brevíssima referência à Loja de Pesquisas Maçônicas do Grande Oriente do Distrito Federal nº 3993, fundada em 21 de abril de 2008, por ser a única Loja de Pesquisas existente no Distrito Federal, e por ser fundador e ex-membro ativo da Loja. Esta, ainda, tenta encontrar seu espaço no contexto das pesquisas e da produção cultural, preparou e lançou a edição de um livro com peças de arquitetura de seus membros, pretende lançar uma Revista e investir na pesquisa maçônica, cumprindo seu desiderato [**44g**].

A Loja de Pesquisas Maçônicas do Grande Oriente do Distrito Federal lançou, recentemente [22/09/2016] um livro com o pomposo título de *"Anuário de Pesquisas: artigos, ensaios e separatas sobre Maçonaria"*. A obra abarca dezesseis artigos de seus Membros Constitutivos e um artigo da lavra de Membro Correspondente, ocupando 378 das 384 páginas. Obra consistente. Leitura altamente recomendada [**44h**].

Percebe-se, assim, que Lojas de Pesquisas e a Pesquisa Maçônica é coisa antiga, mas ainda pouco difundida no Brasil. As Lojas de Pesquisas são Lojas Maçônicas regulares, com o título de Lojas de Pesquisas [**44i**]. Embora, por via de regra, não promova a iniciação dos seus membros efetivos.

A rigor, as Lojas de Pesquisas deveriam apenas oferecer instrução e conhecimento para os Irmãos que desejarem aprender um pouco mais, estimular o estudo da arte secular, tratar da cultura em geral e desenvolver a pesquisa maçônica. As Lojas de Pesquisas podem ou não iniciar profanos, mas normalmente não o fazem, deixando tal tarefa para as Lojas tradicionais. Particularmente, defendemos que as Lojas de Pesquisas não deveriam iniciar candidatos à Ordem, e por via de regra devem e podem aceitar Maçons de todos os ritos e graus em suas reuniões ritualísticas e em seus quadros, respeitando as normas regulamentares.

As Lojas de Pesquisas Maçônicas, quaisquer que sejam as denominações e Obediências, não concorrem nem rivalizam com as Academias Maçônicas, e existem até mesmo para motivar as Lojas Simbólicas no retorno de suas funções de serem escolas de conhecimento e formação de Obreiros [**44j**].

O seu contributo, então, é o de fomentar a arte, a cultura e a formação intelectual maçônica. Assim procedendo prestaremos relevantes serviços à Ordem, aos Maçons e à sociedade.

6. O PAPEL DAS ACADEMIAS MAÇÔNICAS NA CONSTITUIÇÃO DA CULTURA MAÇÔNICA

As Academias Maçônicas, independentemente da sua denominação específica, são instituições paramaçônicas não ligadas às entidades maçônicas oficiais. Trata-se de instituições eminentemente culturais, e, por princípio, instituições pluralistas e não partidaristas. A sua finalidade e/ou objetivos estão transcritos em seus Estatutos e Regimentos Internos [**45a**].

As Academias Maçônicas, via de regra, objetivam difundir a cultura maçônica; congregar os Maçons que se dedicam às letras em geral; promover toda sorte de eventos culturais, tais como pesquisas, conferências, palestras, congressos; colaborar com instituições congêneres; e, principalmente, reivindicar para si as justas aspirações afetas à cultura, e suas manifestações [**45b**].

A primeira academia (akadémia) surgiu no mundo grego antigo, originária do termo Akademia, nome de um bosque de oliveiras perto de Atenas, também denominado de O Jardim de Academo[31]. No local, Platão (428-347 a.C.) fundou, em 388 a.C., uma escola de investigação científica à qual denominou de Academia, em homenagem ao seu primeiro proprietário. A corporação foi extinta por Justiniano no ano de 529 [**45c**].

Com o advento do Renascimento, as Academias foram ressuscitadas pelos humanistas, que reavivaram o antigo hábito das associações literárias, fazendo surgir primeiramente na Itália, depois por toda a Europa numerosas instituições com o nome de "Academias" (TRAUTWEIN, 2002) [**45d**].

Segundo Alberto Schmidt-Patier, a fundação da Academia é de máxima importância para a História do pensamento Ocidental. Platão tornou-se o primeiro dirigente de uma instituição de ensino superior, voltada para a pesquisa original e concebida como uma conjugação de esforços de um grupo que via no conhecimento algo vivo e dinâmico e não como um corpo de doutrinas a ser preservado como se fosse um museu (SCHMIDT-PATIER, 2012:162) [**45e**].

A partir do século XVIII a onda academicista alcançou o Brasil colonial, ensejando o surgimento da Academia Brasílica dos Esquecidos, em Salvador (1724); e da Academia dos Felizes (1736), da Arcádia Ultramarina, em Vila Rica (c. 1768), consideradas como as primeiras Sociedades Maçônicas existentes no Brasil. No rastro surgiram a Academia dos Seletos (1752); a Academia dos Renascidos (1759); a Academia Científica, fundada em 1772, no Rio de Janeiro; e a Sociedade Literária do Rio de Janeiro, em 1786.

Em Pernambuco, no primeiro quartel do século XIX, surgiu a

---

[31] Akademos ou Hecademos foi um herói ateniense que teria revelado a Castor e Pólux onde estava sua irmã Helena, aquela heroína da Ilíada, o célebre poema de Homero.

Academia de Suassuna (dirigida pelo Cel. Francisco de Paula Cavalcanti de Albuquerque e da qual fizeram parte Antônio Carlos Ribeiro de Andrade e o Frei Joaquim do Amor Divino Caneca) e a Academia do Paraíso, presidida pelo Padre João Ribeiro [**45f**].

A Academia Brasileira de Letras (ABL), expoente das Academias Brasileiras de Letras e das Academias Maçônicas de Letras, entre os seus outros afazeres intelectuais, segundo os moldes da Academia Francesa, tem por objetivo o cultivo da língua portuguesa e da literatura brasileira. A ABL foi fundada em 10 de novembro de 1896, efetivamente instalada em 20 de julho de 1897, tendo em Machado de Assis como seu primeiro Presidente [**45g**].

Ainda, segundo Schmidt-Patier, as letras maçônicas também ganharam sua Academia. A primeira fundada em 21 de março de 1972, com sede provisória no Rio de Janeiro, instalada a 24 de junho daquele ano sob a presidência de Austregésilo de Athayde (1889-1994). O primeiro Presidente de uma Academia Maçônica de Letras no Brasil foi o ilustre e culto Irm∴ Morivalde Calvet Fagundes, autor de numerosos livros ((SMITH-PATIER, 2012:164) [**45h**].

A Academia Maçônica de Letras do Distrito Federal, fundada em 16 de maio de 1985, com a finalidade e o propósito de reunir Maçons pensadores e cultores das letras e de incentivar a cultura e as letras maçônicas na Capital do País. Registra entre seus fundadores, os nomes de José Carlos Gentilli, Luiz Carlos Rodrigues de Lima, José Adirson de Vasconcelos, Wolney Milhomem, Nelson de Souza Carneiro, César Barroso Farias, Marcelo Caracas Linhares, Carlos Lúcio Menezes, Jayme Soares de Albuquerque, Mário Linhares, Luiz Gonzaga da Rocha, Sileimann Kalil Botelho e Washington Bolívar de Brito, sendo que os quatro primeiros Irmãos nominados foram os seus idealizadores [**45i**].

A Academia Maçônica de Artes, Ciências e Letras do Grande Oriente do Brasil, sediada no Distrito Federal, fundada em 14 de março de 1996, estampando os nomes de seus fundadores: Adison do

Amaral, Alberto Schmidt-Patier, Fernando Pinto, Inoccencio de Jesus Viégas, João Guimarães e Roberto Cavalcante, Fagundes de Oliveira e José Luiz de Moura, presidida inicialmente por Fagundes de Oliveira, conforme noticia o jornal Egrégora, ano IV, nº 13, junho/agosto 1996, p. 11) [**46a**].

As *Academias Maçônicas* são, portanto, organizações estruturadas com leis ou estatutos próprios, ordenamento jurídico reconhecido e registrado em cartório, juridicamente reconhecidas e destinadas ao cultivo de disciplinas literárias, científicas ou artísticas. Destarte as diversas nomenclaturas designativas para as Academia no Brasil, podemos agrupar todas, segundo critérios axiológicos, em três tipos: Letras, Ciências e Artes [**46b**].

Não dispomos de números relativos aos membros de cada uma das Academias nominadas, ou mesmo da frequência de suas reuniões e do índice das suas atividades culturais. Sabemos, entretanto, que os seus membros são, obrigatoriamente, Maçons das Lojas regulares e com obras publicadas, e, via de regra, são de dois tipos: membros efetivos e membros correspondentes [**46c**].

Já o dissemos que, via de regra, as Academias maçônicas têm por objetivo difundir a cultura maçônica; congregar os Maçons que se dedicam às letras em geral; promover toda sorte de eventos culturais, tais como pesquisas, conferências, palestras e congressos; seminários e *workshops*, colaborar com instituições congêneres; e, principalmente, reivindicar para si as justas aspirações afetas à cultura maçônica [**46d**].

Mas há outra acepção que nos interessa apresentar à consideração. E iniciamos perguntando: Para que servem as Academias Maçônicas de Letras (?), de modo que possamos ensaiar uma resposta padrão, e responder dizendo: Servem para manter elevado o padrão da literatura maçônica e manter acessa a chama da cultura e da literatura maçônica, em nível local e nacional.

Embora não exista registros comuns das atividades das Academias Maçônicas de Letras no Brasil, imagina-se seja significativa a contribuição dessas Academias para o acesso amplo e democrático da literatura de Maçonaria, particularmente, na preservação da informação e do acervo bibliográfico que pode servir para uma identidade coletiva das atribuições, competências e contribuição das Academia no cenário maçônico nacional [**46e**].

E por acreditar que a Educação e a transmissão do conhecimento sejam também questões que explicam o interesse dos Maçons pelas Academias, a preservação da memória coletiva seja o grande benefício que as Academias podem oferecer à Ordem Maçônica e aos Maçons em particular, talvez, por isso, comporte pensar a possibilidade de constituição de uma Federação ou Associação de Academias Maçônicas no Brasil, por Obediência ou para mais além destas [**46f**].

Um novo perfil para as Academias maçônicas nacionais, especialmente no que tange à tecnologia da informação e o fomento de atividades culturais nas ciências, artes e letras maçônicas, com a adoção de recursos e formatos relacionados e de protocolos de ações padronizadas, enquanto ação estratégica de adensamento da cultura de Maçonaria poderia estabelecer objetivos específicos, de modo a permitir: (a) Desenvolver atividades voltadas para o aperfeiçoamento de normas e práticas de manutenção de acervo, e formação de bibliotecas maçônicas públicas; (b) Apoiar a publicação e o intercâmbio de obras entre entidades congêneres, facilitando o acesso acadêmico à informação e ao conhecimento; (c) Organizar Seminários, Encontros e Palestras, no interesse dos membros associados e da coletividade maçônica, ou não maçônica; (d) Aperfeiçoar a comunicação entre Academias e Acadêmicos; (e) Ampliar a compreensão de questões relacionadas à cultura maçônica [**47a**].

Não temos a exata noção de quem queremos alcançar com estas colocações, mas deixo solta no ar a ideia de realização de um Fórum Nacional em que pudesse haver o Encontro dos Presidentes e Secretários para se pensar em formas de integração das Academias Maçônicas de Letras e, quem sabe, efetivar a já existente Associação das Academias Brasileiras Maçônicas de Letras, da qual estou, presentemente, Presidente desde o ano de 2013 [**48a**].

7. BIBLIOTECAS E ACERVOS MAÇÔNICOS

Bibliotecas e livros estão para a cultura ilustrada de Maçonaria como os Encontros, Simpósios, Seminários, *Workshops*, Ciclos de Estudos e Instruções Maçônicas estão para os Maçons. Bibliotecas e livros são amigos silenciosos que nos auxiliam na construção dos saberes e na revelação dos sublimes mistérios e ensinamentos esotéricos e místicos mais velados da secular instituição maçônica [**49a**].

Estudar, pesquisar e exercitar a leitura são procedimentos essenciais na formação do homem-iniciado Maçom e de sua cultura geral e de Maçonaria. De modo que fica difícil entender as razões pelas quais as Academias e Lojas de Pesquisas Maçônicas, sem pretender excluir as demais Oficinas neste rol, não disponham de acervo literário para incentivar a leitura das obras de interesses dos seus Obreiros, e da Sociedade como um todo [**50a**].

Insisto neste ponto porque julgamos que ao alcançar a vida maçônica adulta e aos 40 anos de traquejo, podemos asseverar que carregamos na bagagem muitas experiências, inclusive, a certeza de que os Maçons não são muito afetos à intelectualidade ilustrada de Maçonaria, mas como há muito para ser feito, o afeto à intelectualidade virá como fruto adocicado da convivência acadêmica.

Para os antigos maçons operativos – talhadores e arranjadores de pedras sobre pedras e tijolos sobre tijolos – cultura letrada poderia não ser essencial, mas, para os Maçons modernos – especulativos por natureza e tradição – todos os conhecimentos, ciência, arte e literatura, não se mostrarão suficientes para satisfazer a especulação e afastar as trevas da ignorância, e projetar luz, daí, talvez, tenha brotado o epíteto de que o Maçom é um Eterno Aprendiz [**51a**].

O meu padrinho intelectual – Antônio do Carmo Ferreira, o Dom Carmo – gosta de repetir que *têm razão os versinhos que ensinam ser o livro aberto um cérebro que fala e, quando fechado, uma alma que espera.* O que vem bem ao encontro do que pensamos e externamos em linhas antecedentes.

Por não conhecer, particularmente, para quem escrevo, tenho tido o cuidado de não aprofundar em demasia os termos tratados, nem ser superficial em alguns dos pontos que exploro, pois pretendo demonstrar a todos, que livros e leituras, bibliotecas e livros, conhecimentos e cultura ilustrada de Maçonaria são as ferramentas para que o Maçom moderno possa ser tido e considerado Maçom Especulativo [**52a**].

Particularmente, tenho bem guardado e carrego comigo o entendimento que especular é querer saber e que, sem o caráter especulativo, características dos Maçons modernos, não teríamos nem mesmo o conhecimento de nós mesmos, razão pela qual quero continuar insistindo e batendo num mesmo ponto: bibliotecas e livros são essenciais [**52b**].

Não tenho a pretensão de magoar ou de ferir suscetibilidades de quem quer que seja, mas a História da Ordem Maçônica no Brasil e, por consequente, da Ciência, Arte e Literatura Maçônicas carecem do nosso empenho para que possa ser recuperada, refeita e exposta à luz da cultura nacional, e sabemos como é frustrante ouvir "isto é impossível", quando sabemos que é perfeitamente "possível" [**53a**].

Advogamos o entendimento que a História da Ordem Maçônica no Brasil e, por consequente, da Ciência, Arte e Literatura Maçônicas começou a se perder quando as Lojas Maçônicas descuidaram com o seu próprio acervo documental, ainda que não possamos precisar "quando", "onde", "como" e por quê" [**54a**].

Ao encerrar a atividade de biblioteca, abdicaram de indicar um Irmão Bibliotecário para cuidar da preservação do patrimônio documental e do acervo bibliográfico da Loja, e, por dolorosa extensão, do patrimônio e acervo bibliográfico da Ordem, deu-se início, a nosso entender, ao processo de extinção da história da Loja, dos seus Obreiros e, quiçá, da própria Maçonaria. Desta forma, as Lojas deram início a um processo de perda da própria identidade individual e da identidade coletiva, documental e cultural da Ordem.

A memória documental das Lojas, dos Irmãos e da Ordem, se perde, todas as vezes, quando dela se descuida o responsável por sua preservação ou quando deixa de se transformar em patrimônio cultural, cuja ausência, presentemente, se mostra com toda a sua face negativa ao impossibilitar o acesso à informação necessária para reconstituição do passado e construção do futuro, particularmente, em momento que, cada vez mais, estudantes, pesquisadores, historiadores e cientistas estão deixando as bancadas universitárias para se fazerem presentes em arquivos, museus e bibliotecas [**55b**].

Dois pontos merecem destaque – a produção do saber e a preservação dos Irmãos Secretários e Bibliotecário na equipe de direção das Lojas – e serão objeto de nossas considerações: a produção do saber científico, a exemplo dos saberes encontrados nas obras literárias acadêmicas, para avançar, precisa de acesso ao patrimônio documental das Lojas e dos Irmãos, e tudo precisa se encontrar organizado, catalogado, registrado ou fichado, e com o acesso facilitado, e, neste particular, a função do Secretário é essencial. A função do Irmão Bibliotecário é a de facilitar esse acesso, mediando a ação dos usuários e o interesse da Loja na divulgação da informação buscada. A biblioteca da Loja seria esse ponto de acesso para responder, de modo positivo, à multiplicidade de necessidades de informações sobre a Loja, os Maçons e a Maçonaria [**54c**].

Neste particular, a Biblioteca Pública do Grande Oriente do Distrito Federal, ora em formação, objetiva suprir a lacuna que as Bibliotecas das Lojas deixaram, facilitando o acesso à informação, à educação permanente, e às obras de autores Maçons e de Maçonaria, dentre outras. Mas para tal mister, imperiosamente, se faz necessário que se estabeleça fluxo de transferências documental e de acervo bibliográfico das Lojas para a Biblioteca [**55a**].

8. CONCLUSÃO

Transporto a impressão e a nítida consciência de que a Arte e Cultura de Maçonaria que sonhamos começa a tomar forma. Considero que parte do sonho nessa unidade especificamente, e partes outras em cada uma das matérias que constituem os conteúdos do curso de Pós-Graduação em História da Maçonaria [**56a**], e em cada ciclo de Estudos do Curso Básico de Formação Maçônica sob a égide do Grande Oriente do Distrito Federal.

À guisa de conclusão, e para de fato concluir, quero reforçar o entendimento de que *"a superioridade do homem está no saber"*, e como dito alhures, "Cultura maçônica não é passatempo nem exibicionismo". É obrigação [**57a**].

A literatura e a cultura maçônica nacional estão a desafiar a intelectualidade e inteligência maçônica para a confecção de uma obra específica – uma enciclopédia, um catálogo ou um manual da arte, cultura e literatura maçônica brasileira – que possa representar o conjunto dos conhecimentos de Maçonaria dispersos no País.

O futuro da literatura maçônica repousa na formatação de uma programação de incentivo à pesquisa, escrita e publicação de livros; melhor aproveitamento e utilização de *papers* resultantes das atividades acadêmicas e culturais prevalecentes nas Lojas de Pesquisas; e da segmentação setorial de uma cadeia de comercialização de livros e obras maçônicas [**58a**].

Dito de outra forma, e bem resumidamente, o futuro do ideário maçônico repousa nas mãos e mentes de muitos que ainda estão a imaginar como construir uma espécie de viaduto ligando o passado, o presente e o futuro da ordem maçônica, mas que sabem, necessariamente, que esta obra passará por *esforço concentrado* para dar vida à literatura maçônica, nacional [**58a**].

9. RESUMO. ABSTRACT. RESUMEN. RÉSUMÉ:

A Cultura de Maçonaria só se constitui e concretiza a partir do trabalho intelectual de alguns e no engajamento no trabalho dos homens (Maçons ou não Maçons) de letras e dos artistas, cientistas e especuladores dos conhecimentos e saberes maçônicos, e, ainda, na propagação das ideias e pensamentos expressados (livros, artigos etc.) em seus moldes particulares de entender e explicar o mundo maçônico aos Maçons e à sociedade em geral. Esta unidade cinco sumariou o roteiro e buscou apontar para as Lojas de Pesquisas e às Academias Maçônicas de Letras papel de destaque na exteriorização da produção literária, vida intelectual e amor aos livros e à leitura.

The Culture of Freemasonry is constituted and materialized only from the intellectual work of some and the engagement in the work of men (Masons or non-Masons) of letters and artists, scientists and speculators of Masonic knowledge and knowledge. propagation of ideas and thoughts expressed (books, articles etc.) in their particular way of understanding and explaining the Masonic world to Masons and society in general. This unit five summarized the script and sought to point out to the Research Lodges and Masonic Academies of Letters a prominent role in exteriozation of literary production, intellectual life and love of books and reading.

La Cultura de la Francmasonería se constituye y materializa solo a partir del trabajo intelectual de algunos y el compromiso con el trabajo de los hombres (masones o no masones) de letras y artistas, científicos y especuladores del conocimiento y conocimiento masónicos. Propagación de ideas y pensamientos expresados (libros, artículos, etc.) en su forma particular de entender y explicar el mundo masónico a los masones y a la sociedad en general. Esta unidad cinco resumió el guión y trató de señalar a las Logias de Investigación y las Academias Masónicas de Letras un papel prominente en la exteriozación de la producción literaria, la vida intelectual y el amor por los libros y la lectura.

La culture de la franc-maçonnerie n'est constituée et matérialisée que par le travail intellectuel de certains et l'engagement dans le travail d'hommes (de maçons ou de non-maçons) de lettres et d'artistes, de scientifiques et de spéculateurs de la connaissance et du savoir maçonniques. Propagation d'idées et de pensées exprimées (livres, articles, etc.) dans leur manière particulière de comprendre et d'expliquer le monde maçonnique aux maçons et à la société en général. Cette unité cinq résumait le scénario et visait à souligner le rôle de premier plan que devaient jouer les centres de recherche et les académies maçonniques de lettres dans l'exteriozation de la production littéraire, la vie intellectuelle et l'amour du livre et de la lecture.

10. REFERÊNCIA BIBLIOGRÁFICAS

BIANCHI, Alberto Gabriel. *A Verdadeira Maçonaria, in* Cadernos de Pesquisas Maçônicas 25. Londrina: A TROLHA, 2013, p. 17.

DEMO, Pedro. *Maçom*: jeito de ser: textos sobre espiritualidade maçônica. Brasília: S. J. Luz, 2006.

DUNCAN, Ronald; WESTON-SMITH, Miranda. *A Enciclopédia da Ignorância*. Brasília: UnB, 1981. Coleção Pensamento Científico.

EGRÉGORA, Revista. Ano IV, nº 13, jun.-ago., 1996.

HESSEN, Johannes. *Teoria do Conhecimento*. São Paulo: Martins Fontes, 2003.

MARQUES JR, Túlio (org.). *Anuário de Pesquisas*: artigos, ensaios e separatas sobre Maçonaria. Brasília: LPMGODF, 2016.

TRAUTWEIN, Francisco Paulo, *Academias – Repensando-as para o século XXI* (artigo), *in* A TROLHA, Coletânea 5. Londrina: A TROLHA, 2002, p. 44.

FERREIRA, Antônio do Carmo. *Maçonaria Missionária*. Recife: Artgrafi, 2006.

SCHMIDT-PATIER, A. R. *Nos confins do conhecimento*. Londrina: A TROLHA, 2012.

UNIDADE SEIS

FORMAS E MEIOS DE EXPRESSÃO DA LITERATURA MAÇÔNICA*

1. EDUCAR A ALMA (PREÂMBULO)

Pouco estudada no Brasil, a Literatura Maçônica do século XVIII, e particularmente do século XIX, pode ter muito a revelar aos olhos mais atenciosos, particularmente se observada com interesse e objetividade [**59a**]. E vale anunciar, para início de conversa, que não conhecer e não dispor de informações suficientemente atualizadas era uma falha intelectual incompatível com as exigências objetivas de uma sociedade conectada com a realidade da época. A cultura passava pela leitura e livros. A educação maçônica seguia essa trilha.

Políticos e poetas, oradores e declamadores, professores, livres pensadores, jornalistas, escritores e parte do público engajado, seguiam as matrizes e orientações socioeconômico-culturais europeias, seja nos costumes e vestimentas, na leitura de livros (clássicos, romances, diálogos), peças de teatros, textos de críticas de arte; seja em artigos de

* Nota do Autor: O conteúdo desta parte-unidade também pode ser encontrado, com modificações e acréscimos, no livro Ideal Maçônico, uma publicação da Editora A TROLHA, Londrina, 2019.

jornas e pasquins, de uma forma ou de outra, não se deixava passar pretextos ou razões para ler ou escrever, até mesmo para se ostentar como surfadores das novas ondas e tendências intelectuais. E isto não era de todo ruim. Todos, a seu tempo e modo, podiam contribuir e, portanto, os escritos era a forma de expressão da cultura e da alma educada [**60a**], como estamos a reclamar.

As letras, artes e ciências maçônicas não eram em nada incipientes e ainda que a produção de textos e livros fosse diminuta, refletia o fervor intelectual de época, fazendo reverberar o entendimento de que iluminar e ser iluminado contava mais, não ao esclarecimento decorrente do uso da razão, mas à iluminação mística ou às luzes divinas, esotéricas, simbólicas e lendárias, científica e técnica do momento. Assim, os termos e expressões, "ilustrar e ilustrado", por sua vez, significavam antes de quaisquer outras considerações, a instrução pelo estudo e pela leitura, o esclarecimento que resulta da reflexão e da crítica[32] na compreensão de que a superioridade do homem está no saber, fazendo surgir o interesse renovado pelos frutos da reflexão filosófica. A educação da Alma [**61a**].

O pensamento do século XVIII, tal como o consideramos na parte inicial deste conjunto de escritos, corresponde ao desenvolvimento do espírito analítico que foi, sobremodo, um fenômeno europeu ou francês que tomou conta das memórias das pessoas e permeou os meios de publicidade, reuniões sociais e os círculos de Maçons, estabelecendo novas formas de sociabilidade intelectual, a leitura de livros e a circulação de jornais, e, em particular, na circulação das ideias, orientando as conversações no que era apresentado e no que era discutido nas sociedades literárias e nas reuniões das Lojas e Academias Maçônicas [**61m**].

Os Maçons operavam a sua cultura através da leitura de livros sobre os quais se permitiam educar a alma e fomentar os princípios

32 ADORNO; HORKHEIMER in Dialética do Esclarecimento. Rio de Janeiro: Zahar, 1985, p. 8.

morais da vida civilizada em seu sentido positivo, racional e iluminista, sem prejuízo dos sentidos lírico, burlesco e romântico.

A leitura maçônica dos séculos XVIII e XIX proporcionavam esse deleite que se registra como epílogo da conquista dos saberes das leituras que se perderam no tempo-espaço das letras maçônicas atuais.

2. A FORÇA DAS IDEIAS ILUMINISTAS

Abstrai-se que foi a partir de 1848, que a *intelligentsia* maçônica nacional, seja em discursos, periódicos e boletins da ordem, começou a priorizar termos como "progresso", "civilização" e "ciência", e de outras expressões e ideias originárias do Iluminismo e suas variantes, valendo-se do advento e das conquistas das novas ideias e da onda revolucionária que varria os continentes, a partir da França. A partir de 1870, contudo, segundo José Murilo de Carvalho, "liberalismo, positivismo, socialismo, anarquismo misturavam-se e combinavam-se das maneiras mais esdrúxulas na boca e na pena das pessoas mais inesperadas" (CARVALHO, 2002:42) [**62a**].

Resta evidenciado, então, que a filosofia das luzes (Iluminismo, Liberalismo e Positivismo, e outros "ismos") não permitiam apenas analisar e examinar a vida dos cidadãos e dos Estados, mas também organizá-los, e impor a tarefa político-pedagógico-cultural e, igualmente, interagindo com a arte, a educação, o desenvolvimento das ciências, das técnicas, o caráter e o papel histórico das religiões e das instituições maçônicas e assemelhadas [**62b**].

Não cito nomes e obras, até para não cometer injustiças, mas rendo homenagens ao Maçom Joaquim Saldanha Marinho, o Ganganelli, e, em seu nome, rendo homenagens a todos os Maçons que nas artes, ciências e literatura maçônica em todo tempo e lugar estiveram à frente de ações progressistas que contribuíram para a constituição e exaltação da cultura maçônica nacional [**62c**].

A "especulação" do "espírito filosófico do Iluminismo, Liberalismo e Positivismo", assente na literatura Maçônica Brasileira no século XX e particularmente no século XXI, se reveste, ainda, de muitos dos antigos aspectos referenciais, como a crítica ao fanatismo religioso e político, exaltação da tolerância e respeito às individualidades, confiança na observação e na experimentação, exame crítico, moralidade acentuada e manutenção dos vínculos políticos e sociais com base na ideia de liberdade individual e coletiva. Dito de outra forma, a literatura maçônica atual não conseguiu se livrar do filosofismo e do doutrinamento estabelecido no passado, mas, por se revestir de novas concepções ideológicas, continua tendo muito a revelar aos olhos mais atenciosos [**62d**].

Um aprofundamento ou incursão na literária maçônica atual, vai revelar, por exemplo, que muitos escritores não abandonaram as teses iluministas, mas, simplesmente, passaram a centrar-se em outros referenciais, dentre os quais, as especulações sobre as aventuras da virtude, republicanismo e democracia, direitos, deveres e responsabilidades dos Maçons, em meio à exuberância de textos de natureza administrativa (das Lojas e Obediências) e doutrinária, e mais recentemente, parecem mais focados em política e sua face mais asquerosa: a corrupção[33]. Contudo, abundam trabalhos e escritos sobre História, Filosofia e Espiritualidade, muitos dos quais revestidos de interesses pessoais de vida e escalada maçônica [**62e**].

Assim, os interesses por publicar assuntos pessoais (particulares) que parecem afetar a leitura, a formação intelectual e o próprio sistema educacional maçônico, não se afasta do que era um lugar-comum entre os pensadores iluministas: a especulação. Este aspecto, ainda que se

[33] É preciso destacar o relevante papel que teve a Maçonaria na criação do chamado Movimento pela Moralização na Administração Pública, que deu apoio às legitimas reivindicações da Sociedade Organizada, para o saneamento da administração pública (Projeto Ficha Limpa) e nas Dez Medidas contra a Corrupção.

revista de relevância, está a merecer atenção especial das editoras maçônicas que precisa apontar para o leitor, no caso do livro, a catalogação, isto é, se se trata de "romance", "ficção", "Biografia" e "Memórias" ou outro gênero em meio à catalogação usual do referencial bibliográfico [**62f**].

Apontamos que a Maçonaria, protegida por elos indissolúveis, é o receptáculo do conhecimento humano mais puro, onde repousam os arquétipos de todas as tradições. Ela representa a verdadeira escada que conduz a patamares mais altos, de onde se poderá contemplar e melhor compreender os caminhos pretéritos e presentes dos homens. Contudo, vale lembrar que o conhecimento não ocorre por acaso, ele advém do aprendizado e este, por sua vez, exige experimentação e vivência. Por fim, vale lembrar que desde muito a luz do conhecimento oriunda "do século das luzes" ilumina e sustenta a trilogia maçônica de Liberdade, Igualdade e Fraternidade, tão cara aos Maçons [**62g**].

3. A LITERATURA MAÇÔNICA NACIONAL

Não se pode refutar o entendimento de que a *intelligentsia* maçônica brasileira recebeu, em suas bases, forte influência do ideário liberal e do pensamento iluminista francês, portanto, pertinente afirmar que o destino do ideário maçônico é o de prosseguir no seu caminhar sem se afastar das premissas liberal e iluminista [**63a**].

A cultura de Maçonaria entendida como *"o conjunto de atitudes, normas e crenças, mais ou menos partilhadas pelos membros da sociedade"*, fruto do ideário maçônico iluminista, representa o conjunto de ideias políticas norteadoras dos princípios de liberdade individual, de supremacia da razão, de prevalência do espírito sobre a matéria, da democracia em contraposição ao absolutismo, e de sustentadores da liberdade individual de crença e posicionamento laicizante e anticlerical, como dito e comentado alhures [**63b**].

A literatura maçônica possui caráter essencialmente "especulativo", destacando-se em algumas áreas da literatura e do conhecimento humano, particularmente, em história, filosofia, doutrina, direito e administração, focando com mais ou menos rigor, aspectos específicos do esoterismo, simbolismo e do misticismo maçônico universal, da ficção e do realismo fantástico geral [**63c**].

Vale destacar, também, que a literatura maçônica possui características próprias: técnica (alfabeto e abreviaturas), sistema criptográfico (utilizado nas comunicações sigilosas para resguardo de autenticidade documental), e sinais expressivos, utilizados como linguagem auxiliar, rompendo a barreira linguística e facilitando a comunicação entre Maçons, onde quer que se encontrem [**63d**].

Aqui, por óbvio, vamos falar de livros, de autores e de editoras exclusivamente maçônicas, editoras não maçônicas que publicam livros maçônicos e de editoras universitárias. Mas almejo, antes de quaisquer outras assertivas, chamar a atenção para um apelo singular: livros é tudo o que não se pode deixar de ter ao alcance dos olhos e das mãos. Os livros são nossos amigos, a leitura é nossa amiga (Proust), e tudo o que existe é feito para acabar em livros (Mallarmé). Nós somos o que lemos. A aquisição de livros, a leitura, o estudo, a análise e a compreensão de textos literários maçônicos (ou não maçônicos) não representam nenhum desperdício de recursos e de tempo em nossas vidas [**64a**]. Acreditem!

Feito o apelo, podemos asseverar que a história da literatura maçônica brasileira não existe e que pensamos em construí-la. Portanto, é válido considerar que a literatura maçônica brasileira pode não ter um começo definido; uma data especificamente assinalada; ou uma obra, por assim dizer, "Maestra", mas nós podemos estabelecer esses marcos e eleger a nossa obra Mestra [**64b**].

Por outro lado, embora a literatura maçônica (e antimaçônica) nacional existente reflita aspectos intelectuais e culturais importados ou oriundos da literatura francesa[34] e ingleses, em primeiro plano, irlandesa, portuguesa e alemã, em outro momento, e em apartado aspecto da literatura norte-americana. E, por fim, latino-americano e de outras nacionalidades, não retira o farto brilho e não autoriza ninguém a dizer que não exista uma cultura de Maçonaria no Brasil [**64c**].

4. QUESTÕES A CONSIDERAR

A questão que se coloca e que pensamos sanar, é se existe, de fato, uma cultura e literatura maçônica nacional. Nós, desde o início nos posicionamentos de modo afirmativo. É inconteste que exista uma cultura e uma literatura maçônica no Brasil. A questão que levantamos é a de que não existe uma história da literatura maçônica brasileira, e o nosso posicionamento é no sentido de que haveremos de construí-la, custe o que custar [**65a**].

Perdoem-me, se labutamos em equívoco cultural, mas enxergamos que a literatura maçônica nacional se resvala, sucessivamente, para o "humanismo" pós-medieval das obras clássicas de época[35] e para o "classicismo[36]" anterior ao Renascimento (combinação de ideias e conceitos teocêntricos – Deus no centro de tudo – completa ausência de cientificismo, predomínio de lendas e narrativas mitológicas, e o uso da fé para explicar tudo) e posterior ao Renascimento (combinação do antropocentrismo = valorização do homem; racionalismo = valorização

---

34 Exemplo marcante se diz da tradução do livro *"Os Franc-Maçons: o que são, o que fazem, o que querem"*, do sacerdote francês Louis Gaston de Segur, o monsenhor de Segur (1820-1881), que teve ampla divulgação no Brasil.

35 Dante Alighieri (A Divina Comédia), Camões (Os Lusíadas), William Shakespeare (Hamlet e o Rei Lear), François Rebelais (Gargântua), obra que nos ensina que "rir é próprio do homem". E Chrétien de Troyes, que criou a figura de Lancelot-Graal, e untou a lenda do Cavaleiro Medieval da Távola Redonda, Rei Arthur e o Mago Merlin.

36 Voltaire (Cândido ou o otimismo), Alexandre Dumas (Os três Mosqueteiros), Miguel de Cervantes (Dom Quixote), Johann Wolfgang Goethe (A trágica história do Dr. Fausto), Jonathan Swift (Viagens a várias regiões distantes do mundo, por Lemuel Gulliver), Carlo Collodi (Pinóquio) Mary Sherlley, esposa do escritor inglês Percy B. Sherlley, autora de Frankenstein ou O Prometeu moderno.

da razão humana; valorização das artes e culturas clássicas e do paganismo). Portanto, declaramos a literatura maçônica nacional revestida de caráter universal [**65b**].

Ademais, na literatura maçônica não conseguimos enxergar influência do estilo barroco que bem caracterizou a literatura nacional, a arte e a escultura mineira. Mas não nos recusamos a aceitar a presença de algumas das características do contexto histórico, tipo: fé versus razão, corpo versus alma, vício versus virtude, vida versus morte. Também reconhecemos a presença de algumas figuras de linguagem e vocabulário rebuscado, característicos do cultismo ou prevalência da linguagem culta. Embora esteja tendente a acreditar tratar-se de influência do arcadismo clássico [**65c**].

Reconhecemos, por enxergar, na literatura maçônica dos primórdios, certo ar do romantismo e uma forte presença do realismo e do simbolismo próprio e característicos do século XIX. Observamos, ademais, que as obras que narram o movimento nativista, as lutas anteriores e posteriores ao processo que resultou na Independência do Brasil, e os embates relativos às questões do Império, Abolição da Escravatura e Proclamação da República, se inserem no contexto histórico da literatura romântica. Que o diga bem-dito as obras e escritos dos liberais pernambucanos de 1817, 1824 e 1848, que são, enquanto movimentos sociais, filhas legítimas da Maçonaria política [**65d**].

Ocorre, entrementes, que as obras de cunho maçônicos escritas no Brasil neste período (romantismo, realismo, naturalismo e simbolismo), são raras. Mesmo historiadores e literatos destes períodos, passaram ao largo da existência da Maçonaria e da sua relevância no contexto histórico. A preocupação atual é de resgate das obras existentes, conhecidas ou por conhecer, e de catalogação dessas obras [**65e**].

A exceção que fazemos, neste período, alcança as obras de Joaquim Saldanha Marinho (O Ganganelli), "A Egreja e o Estado", de 1874, e "O Rei e o Partido Liberal", de 1869; e as obras de Manoel Arão

(Manoel Arão de Oliveira Campos: 1876-1930). Jornalista, teatrólogo e poeta, membro da *Academia Pernambucana de Letras* (*APL*) e do *Instituto Arqueológico, Histórico e Geográfico de Pernambuco* (*IAHG-PE*). O seu primeiro livro data de 1896, mas as obras de cunho maçônico *"A Legenda e a História na Maçonaria"* e *"Liturgia Maçônica"*, tese apresentada no Congresso Maçônico do Rio de Janeiro, em 1915, foram publicadas em 1919. E a *História da Maçonaria no Brasil*: publicada em 1927[37] [**66a**].

Entendemos, ademais, e queremos passar o entendimento de que as primeiras obras maçônicas, hoje em circulação, são obras literárias de característica modernista. E, como se sabe, o modernismo foi um movimento literário iniciado em 1922 com a Semana de Arte Moderna, e restou dividido em três fases ou gerações: 1ª Fase (1922-1930); 2ª Fase (1930-1945) e 3ª Fase (1945-1960) [**66b**], e estão em aparente conflito com a literatura maçônica do século XXI.

A fase atual, na história da literatura brasileira, denomina-se Pós-Modernista ou Contemporânea, tendo como característica essencial de superação da modernidade e da amplitude do conjunto de ideias que se aplica em diversas áreas do conhecimento humano, particularmente no campo das artes, filosofia, sociologia, psicologia e literatura, cada qual com significado e sentido próprio, fazendo com que acadêmicos, pesquisadores e cientistas retomem as buscas por informações sobre as atividades passadas da Ordem, das Lojas Maçônicas ou dos Maçons em particular [**66c**].

5. OBRAS E AUTORES MAÇÔNICOS

O *boom* editorial maçônico é algo muito recente. Ousaria apontar

[37] Atualmente, a Madras Editora detém os direitos autorais da obra, sendo sua edição mais recente a do ano de 2004. Nota: por seu estilo de escrever, se insere no período literário denominado Naturalismo. O naturalismo faz parte do Realismo, os dois movimentos ocorreram simultaneamente.

que teve início no ano de 1972, ano em que o Brasil comemorou o sesquicentenário de sua emancipação política e o de fundação do Grande Oriente do Brasil [**67a**].

Estamos a considerar que foi neste período do Pós-Modernismo ou da Literatura Contemporânea (a partir dos anos 60) que despontam em número e qualidade os escritores maçônicos mais celebrados. Aí estão os pioneiros: Manuel Arão, Octaviano de Meneses Bastos; Nicola Aslan; A. Tenório de Albuquerque; e os escritores Clássicos: Rizzardo da Caminho, Morivalde Calvet Fagundes, Kurt Prober, Theobaldo Varoli, Francisco de Assis Carvalho (Xico Trolha), José Castellani, Raimundo Rodrigues, Frederico Guilherme Costa e Antônio do Carmo Ferreira [**67b**].

Como dito alhures, foi a partir dos anos 70 e 80 que a Literatura maçônica ganha massa corporal, e as Lojas Maçônicas se multiplicam por todo o recanto do território brasileiro, favorecendo a expansão da literatura e fazendo surgir novos escritores maçônicos [**67c**]. Dentre os autores maçônicos mais conhecidos desta nova geração, estão (apresentados em ordem alfabética para não despertar ciúmes): Álvaro de Queiroz; Ambrósio Peters; Armando Righetto; Breno Trautwein; Carlos Brasílio Conte; Denizart Silveira de Oliveira Filho; Derly Halfeld Alves; Descartes de Souza Teixeira; Heinz Roland Jakobi; João Alves da Silva; João Ferreira Durão; João Francisco Guimarães; João Nery Guimarães; Joaquim da Silva Pires; José Schlosser; Júlio Doin Vieira; León Zeldis; Marcelo Linhares; Marcos Santiago; Mário Name; Octacílio Schuler Sobrinho; Oswaldo Ortega; Sebastião Dodel dos Santos; Wagner Veneziani Costa; Waldemar Sansão; Walter Pacheco Jr.; William Dálbio de Almeida Carvalho; e, Z. Rodrix [**67d**].

E as promessas de um futuro brilhante repousam com uma novíssima geração de autores onde situam-se: Dangler Travassos Guimarães; Fernandes César Gregório; Francisco Paulo Trautwein; Gilson da Silveira Pinto; Hailton Meira da Silva; Hélio Pereira Leite;

J. B. Louro; José Anselmo Cícero de Sá; Kennyo Ismail; Luiz Gonzaga da Rocha; Luiz Vitório Cichoski; Paulo Antônio Outeiro Hernandes; e, Ubirajara de Souza Filho [**67e**].

Fora do circuito de escritores maçônicos ou de "iniciados" brilham os nomes de Alexandre Mansur Barata; Célia Maria Marinho de Azevedo; Eliane Lucia Colussi; Marcos Morel; Françoise Jean de Oliveira Souza, dentre outros [**67f**].

6. EDITORAS MAÇÔNICAS E NÃO MAÇÔNICAS

Eduardo Portella – ex-Ministro da Educação – no prefácio do livro *"Reflexões sobre os Caminhos do Livro"*, apontou que "o livro, objeto-sujeito facilmente identificável, nada é senão um qualificado agente de transformação da história", e é com este argumento inicial que quero discorrer sobre livros e editoras neste articulado [**68a**].

A produção nacional de livros dobrou nas duas últimas décadas e, no ano de 2010, aproximou-se de 500 milhões de exemplares, o correspondente a cerca de 55 mil títulos. De 2010 a 2015, em que pese toda a conjuntura econômica apresentada como desfavorável, a produção livresca cresceu cerca de 36% em relação aos últimos dados, ora apresentados, sem computar a publicação de livros didáticos [**69a**].

O universo das editoras no Brasil ultrapassa os limites de admissibilidade razoável, são mais de 210, destarte, no rol das editoras relacionadas na Wikipédia, por exemplo, não aparece nenhuma editora de cunho essencialmente maçônico. Assim, nomes como Editora A Gazeta Maçônica, Editora Maçônica A TROLHA, Editora Cultural O Prumo, ou mesmo a Madras Editora, não consta como tal. Em uma pesquisa no Google com o argumento "editoras brasileiras", aparecem os nomes das Editoras: Madras, Prumo e o Malho. Esta última, hoje, inexistente [**70a**].

Em verdade, são só três as editoras que publicam obras de cunho especificamente maçônicos no Brasil, daí a razão de apontar, em outra parte, que as Editoras Maçônicas no Brasil se contam nos dedos de uma de nossas mãos. Contudo, tal constatação não ofusca o brilho e viço das obras publicadas ou por publicar sobre temas de cunho maçônico [**70b**].

Gazeta Maçônica – Editora A Gazeta Maçônica – Quem tentar acessar o sítio de A Gazeta Maçônica, sediada em São Paulo, vai se deparar com uma página voltada para o comércio de livros. Com pouquíssima informação sobre a Editora. Esta, contudo, encontra-se no mercado há mais de 30 anos e dedica-se à impressão e comercialização de livros maçônicos exclusivamente. Possui gráfica e editora própria. Publica o jornal A Gazeta Maçônica. Viveu momentos áureos, publicando os autores considerados como pioneiros na literatura maçônica. Hoje experimenta relativo declínio, mas periodicamente revela novos autores e publica novidades [**70c**].

A TROLHA – Editora Maçônica A TROLHA – sediada em Londrina – PR, parece ter inspirado na editora A Gazeta Maçônica, pois quem acessa o seu *site* vai se deparar, também, com uma loja virtual de venda de livros e assessórios maçônicos diversos. A Editora A TROLHA, fundada pelo saudoso Irmão Xico Trolha, é hoje a maior editora de livros maçônicos no Brasil, revelando novos escritores e publicando novas obras literárias mensalmente. As suas publicações são dirigidas aos Maçons por intermédio do Círculo do Livro Maçônico. A Editora publica a Revista "A TROLHA", de circulação nacional. Contudo, não possui gráfica nem editora própria [**70d**].

Madras Editora – O *site* da Madras aponta que se trata da maior editora holística e maçônica do Brasil, com 17 anos de existência no mercado e cerca de 2.500 títulos editados. Sempre investindo em lançamentos que agregam valores aos leitores, trazendo o que há de melhor no mercado mundial para contribuir continuamente com crescimento intelectual, cultural, filosófico e espiritual da humanidade. A Madras é dirigida pelo nosso Irmão Wagner Veneziano Costa [**70e**].

O Prumo – Editora Maçônica O Prumo – sediada no Oriente de Florianópolis (SC), atuou no mercado editorial livreiro até meados do ano de 2013. Fechou as portas. Publicava as Revistas maçônicas "O Prumo" e "O Vigilante", de circulação nacional, hoje publica revistas virtuais. Encontrava-se ligado diretamente ao Grande Oriente de Santa Catarina [**70f**].

7. AS EDITORAS MAÇÔNICAS (REVISTAS E GUIAS)

A TROLHA – a Editora Maçônica A TROLHA – com sede em Londrina (PR), publica a revista homônima "A TROLHA", idealizada pelo saudoso Irmão Xico Trolha e mantida orgulhosamente pelos herdeiros. É a mais antiga Revista Maçônica em circulação no Brasil. Circula mensalmente e distribuída somente a assinantes [**71a**].

Revista Universo Maçônico – A Editora Domínio – com sede em São Paulo, publica a Revista Universo Maçônico – sem sombra de uma das melhores Revistas de cunho maçônico editado no Brasil. Rivaliza com as editoras que publicam as Revistas Maçônicas "A Verdade" e "A TROLHA", em termos de conteúdo e visibilidade cultural. Publica, ainda, o Guia Maçônico Nacional e o Guia Domínio de Negócios e a Revista Universo Místico. É dirigida por nosso Irmão José Aleixo Vieira [**71b**].

Revista A Verdade – Editora Gente de Propaganda Limitada – Trata-se de uma publicação bimestral da Grande Loja Maçônica do Estado de São Paulo (GLESP), em circulação desde os idos anos de 1983. É quase que fechada para a publicação de escritos de Maçons de outros Orientes ou Potências. Publica, essencialmente, textos dos e para os afiliados à GLESP [**71c**].

Revista O Prumo – Editora Cultural O Prumo S/C – fundada em 1970, deixou de circular no formato impresso, passando a circular somente no formato digital [**71d**], e acusada de vender e não entregar os livros ou produtos adquiridos.

No Distrito Federal circulam as Revistas "*Egrégora*" e "*Ao Zenyte*", sob os auspícios do Grande Oriente do Distrito Federal, com tiragens periódicas não regulares, e a Revista "*Entre Colunas*", editada pelo Irmão Fábio Márcio Bernabé, sem editora específica [**71e**], foca pouco em artigos e em escritos de cunho maçônico.

Editora Maçônica Cinzel – sediada em Belo Horizonte, é nova no mercado, edita um *Guia Maçônico* e é alvo de muitas críticas e reclamações na internet [**71f**].

O espaço seguinte é reservado para futuras indicações das demais editoras e publicações de Revistas e Guias Maçônicos não alcançada quando da pesquisa que ensejou a presente redação [**71g**], como é o caso da Revista C & M (Ciência e Maçonaria), editada pelo NP3-CEAM-UnB (Núcleo de Estudos e Pesquisas em Políticas Públicas, Governo e Gestão do Centro de Estudos Avançados Multidisciplinares da Universidade de Brasília), sendo a primeira revista acadêmico-científica brasileira com foco no estudo da Maçonaria, que ficou sem ser referenciada em nossas publicações anteriores.

A Revista C & M, de circulação semestral, tem como Editor-Chefe o nosso Irmão Kannyo Ismail, e a missão de democratizar a produção acadêmico-científica sobre Maçonaria e seu acesso. Sua finalidade declarada é a de publicar a produção multidisciplinar relacionada à Maçonaria, de especialistas, professores e alunos das diversas Universidades, na modalidade de artigos, presenças e ensaios. A revista também se declara aberta ao público maçônico em geral, desde que a publicação apresente conteúdo analítico-interpretativo revestido de rigor científico na área de estudos das ciências humanas e sociais.

8. AS EDITORAS NÃO MAÇÔNICAS E AS EDITORAS UNIVERSITÁRIAS

Dentre as principais editoras não maçônicas que publicam livros maçônicos listam-se: a Editora Escala, a Editora Landmark, a Editora Pensamento, a Universo dos Livros, a Editora Novo Século, a Editora Imago, a Editora Nova Fronteira e a Editora Planeta do Brasil [**72a**].

São editoras que primam pelo nome e publicam obras de autores consagrados (ou não) primando pelo rigor, imagem e conteúdo das obras publicadas, mas que não guardam e parecem não querer manter qualquer vínculo com a Ordem e com os seus propósitos. São editoras completamente descompromissadas com a Maçonaria e com os Maçons.

As editoras universitárias começaram a tomar corporação na década de 70 do século passado, dentro de um programa de estímulo à editoração universitária – somente entre os anos de 1985 e 1988 foram criadas dezenove editoras – e são hoje, mais de 30, ligadas às Universidades Federais e integrantes da Associação das Editoras Universitárias (UBE), e têm por atribuições editar e produzir publicações visando disseminar o saber gerado, difundir e preservar a memória e a produção acadêmica, e incentivar a divulgação da descoberta de novas produções acadêmicas, técnicas, artísticas e literárias [**73a**].

Entre as editoras universitárias mais conhecidas e atuantes estão as Editoras Universitárias de São Paulo, Santa Catarina, Rio Grande do Sul, Brasília, Paraíba, Espírito Santo, Bahia, Pernambuco, Paraíba e do Rio de Janeiro, respectivamente, EDUSP, UDESC, UFRGS, EDUNB, UFES, EDUFBA, UFRPE, UFPB e EDUERJ. Merecendo destaque especial as Editoras da Universidade de Passo Fundo (UPF), de Viçosa (UFV) e de Campinas (UNICAMP), por ofertar ao público maçom as obras *A Maçonaria Gaúcha no século XIX*, de Eliane Lucia Colussi; *O Poder da Maçonaria. A história de uma sociedade secreta no Brasil*, de Marco Morel e Françoise Jean de Oliveira Souza; *Luzes e Sombras: a ação da Maçonaria brasileira, 1870-1910*, e *Maçonaria, sociabilidade ilustrada e independência – Brasil 1790-1822*, de Alexandre Mansur Barata [**73b**].

Dito de outra forma, as Editoras Universitárias têm emprestado enorme contribuição à causa maçônica, revelando aspectos pouco conhecidos e pouco explorados pelos historiadores tradicionais da Ordem, portanto, inéditos para a historiografia tradicional e acadêmica, fazendo com que a História da Maçonaria seja contemplada nos estudos particulares dos alunos na Academia Universitária [**73c**].

Frederico Guilherme Costa – nosso Irmão – com seus estudos e a dissertação de mestrado em História, *"A Maçonaria e a Emancipação do Escravo"*, defendida na Universidade do Estado do Rio de Janeiro, em 1998 – de certa forma empenhou-se para que a História da Maçonaria tivesse cátedra na Universidade, mas foi o livro de Alexandre Mansur Barata, *"Luzes e sombras: a ação dos pedreiros-livres brasileiros (1879--1910)"*, dissertação de Mestrado, defendida na Universidade Federal Fluminense (Rio de Janeiro, 1992), elevado à condição de primeiro estudo acadêmico específico sobre a Maçonaria brasileira, que introduziu a Maçonaria na Universidade, de fato aconteceu, despertando o interesse de outros pesquisadores [**74a**].

A obra de Célia Maria Marinho de Azevedo – *"Maçonaria, Antirracismo e Cidadania: uma história de Lutas e Debates Transnacionais"* – igualmente, fruto de suas pesquisas universitárias, ombreia e é referenciada, hoje, em pesquisas acadêmicas com igual peso atribuído às obras de Eliane Lucia Colussi, Marco Morel e Alexandre Mansur Barata, para honra e fastos da Maçonaria Brasileira [**75a**].

A obra mais referenciada no momento (2017) continua sendo "A Maçonaria Gaúcha no século XIX", livro de Eliane Lúcia Colussi, que teve sua primeira edição em 1998, e desde então se tornou uma referência importante nos estudos sobre a Maçonaria Brasileira e Gaúcha.

9. O PAPEL DAS ACADEMIAS E DAS LOJAS UNIVERSITÁRIAS E DAS LOJAS DE PESQUISAS COMO FORMA E MEIO DE EXPRESSÃO LITERÁRIA MAÇÔNICA

Por certo comportaria escrever muitíssimas linhas a propósito do papel e função dos Maçons com assentos nas Academias Maçônicas de Letras, nas Lojas Universitárias e nas Lojas de Pesquisas na difusão da literatura maçônica no Brasil [**76a**].

Contudo, por não dispor de matéria-prima suficiente e adequada para suportar um entendimento basilar a este respeito, optamos pela omissão a qualquer referência neste sentido, até mesmo para não cometermos injustiças [**76b**].

No contexto atual e linha de raciocínio que viemos desenvolvendo, os Irmãos com assento nas Cadeiras das Academias Maçônicas de Letras, nas Lojas Universitárias ou Fraternidades Acadêmicas, e nas Lojas de Pesquisas, precisam não só assumir a relevância dos conhecimentos e saberes, mas se empenharem na divulgação da literatura, arte e cultura de Maçonaria às Lojas e Obreiros.

A observação, pertinente ou não, não cabe somente aos Irmãos com assentos nas Academias e Lojas de Pesquisas, mas aos Irmãos Maçons em geral, pois a todos está sendo o papel de cuidar e levar adiante a bandeira da cultura e da educação maçônica.

As Academias (bem como as Lojas Universitárias e as Lojas de Pesquisas) são laboratórios das letras, onde as pesquisas e as experiências com as palavras são exaustivamente processadas, e o seu campo de busca (objetivo principal) é a defesa e a construção do patrimônio linguístico, intelectual e cultural da Maçonaria. As Academias reúnem a "nata" do intelecto e do espírito maçônico para nos simbólicos "Jardins de Academus" discursar, estudar, aprender e ensinar, bem como cultuar a língua, formular "peças" de arquitetura e propagar a literatura maçônica, conforme sua especificidade e finalidade.

E em nota particular, me permitam dizer que me orgulho muitíssimo de pertencer aos Quadros de Sócios da Academia Maçônica de Letras do Distrito Federal, assim como me orgulho de ostentar diplomas, medalhas, comendas, estolas, colares e pelerines da Academia Taguatinguense de Letras; da Academia Petropolitana de Poesia Raul de Leoni [Petrópolis – RJ]; da Academia de Letras do Distrito Federal; da Academia Maçônica de Artes, Ciências e Letras do Grande Oriente do Brasil; da Academia de Letras, Ciências e Artes Maçônicas do Brasil [Maceió – AL]; de Membro Correspondente da Loja Maçônica "Fraternidade Brazileira de Estudos e Pesquisas" [Juiz de Fora – MG]; da Academia Maçônica de Letras do Recife [Recife – PE]; da Academia Maçônica de Letras da Paraíba [João Pessoa – PB]; da Academia Maçônica de Letras do Rio Grande do Sul, e de ex-Membro correspondente da ARLS Quatuor Coronati Lodge nº 2076 [Londres – Inglaterra], e de ser Presidente da Associação das Academias Brasileiras Maçônicas de Letras (AABML), embora me envergonhe de tampouco poder contribuir para o seu desenvolvimento particularizado.

A importância das Academias Maçônicas de Letras (e das Lojas Universitárias e de Pesquisas) repousa na produção do lastro cultural para elevo espiritual, moral e intelectual dos Maçons e no estabelecimento de uma cultura de Maçonaria unificada e na manifesta divulgação e propagação dos valores e princípios maçônicos.

Cabe-me aqui ressaltar que as Academias Maçônicas, Lojas de Pesquisas e Lojas Universitárias são as guardiãs das letras, das pesquisas e da renovação do patrimônio cultural e intelectual da Ordem Maçônica.

10. CONCLUSÃO

Reforçamos o entendimento já manifestado de que, todas as nossas ações maçônicas – acadêmicas ou não – estão a merecer considerações especiais, e ousaríamos colocar o dedo na ferida aberta para fazer sangrar até que as lições inacabadas das palestras acadêmicas somente para acadêmicos se transformem em palestras acadêmicas para Irmãos de Lojas, ou que os *papers* produzidos ou escritos para tais palavras sejam submetidos ao conhecimento dos Irmãos de Lojas e quiçá da maioria dos membros da sociedade em que os acadêmicos se inserem [**77a**].

Nesse sentido, pensamos, ademais, que os exercícios acadêmicos adquiririam mais lógica e melhoria, contemplariam as necessidades internas e tempos de estudos das milhares de Lojas Maçônicas que aguardam dos Irmãos acadêmicos um pronunciamento, seja qual for, em prol da cultura, da ciência e da arte maçônica a tantos, há muito propaladas e tão pouco vivenciadas [**77b**].

Acreditamos que todos os textos produzidos pelos acadêmicos, para divulgação em suas próprias academias, podem e mesmo devem reter e ser considerados intermediários ou "de passagem" conforme os gostos, as competências ou preenchimento das lacunas do conhecimento a que se propõe clarear. E aqui, vislumbramos um ponto que julgamos relevante, os textos e as suas referências – por exemplo, as que são citadas em notas de rodapé e bibliografia – poderão induzir à aquisição de livros, leituras complementares, e discussões e formulação de ideias e pensamentos, e, por fim, à passagem pelas bibliotecas ou à posse de livros e, ainda, à formação de uma biblioteca pessoal [**77c**].

Temos dito. E nos quedamos agradecidos se pudermos contar com a crítica e sugestões que nos encaminhem para o aprofundamento das questões apresentadas, e contribuições para a História da Literatura Maçônica que pretendemos elaborar, quando o GADU assim aconselhar [**78a**].

11. RESUMO. ABSTRACT. RESUMEN. RÉSUMÉ:

Viver a vida intelectual exige, em algum momento, abstração de si mesmo e do mundo, exige sacrifício pessoal, exige pensar, ponderar e agir. Procurou-se demonstrar nesta unidade, que a leitura, o fazer cultural e o fazer educacional ressentem-se de intelectuais orgânicos em quantidade e qualidade. Procurou-se demonstrar que à Maçonaria, no presente momento, falta-lhe ordenações pragmáticas, planejamento e propostas educacionais e culturais, e aos Maçons faltam-lhes a leitura pelo prazer da leitura, faltam-lhes a ideação iluminista que inspirou os Maçons às grandes realizações nos campos das artes, ciências e literatura. As formas e meios de expressão da cultura maçônica, tipicamente especulativa, exige que se faça alguma coisa e essa coisa bem que poderia começar pela instalação e pontos de cultura (bibliotecas) nas Lojas e Sedes dos poderes administrativos da Maçonaria.

Living the intellectual life requires, at some point, abstraction of oneself and the world, requires personal sacrifice, requires thinking, pondering and acting. In this unit we tried to demonstrate that reading, cultural doing and educational doing suffer from organic intellectuals in quantity and quality. It has been sought to demonstrate that Freemasonry at present lacks pragmatic ordinances, planning and educational and cultural proposals, and Freemasons lack reading for the pleasure of reading, they lack the Enlightenment ideation that inspired Masons to the great achievements in the fields of arts, science and literature. The forms and means of expression of the typically speculative Masonic culture requires that something be done, and this thing may well begin with the installation and cultural points (libraries) in the Lodges and Headquarters of the administrative powers of Freemasonry.

Vivir la vida intelectual requiere, en algún momento, la abstracción de uno mismo y del mundo, requiere un sacrificio personal, requiere pensar, reflexionar y actuar. En esta unidad tratamos de demostrar que la lectura, la cultura y la educación sufren de intelectuales orgánicos en cantidad y calidad. Se ha tratado de demostrar que la masonería en la actualidad carece de ordenanzas pragmáticas, planificación y propuestas educativas y culturales, y los masones carecen de lectura por el placer de la lectura, carecen de la ideación de la Ilustración que inspiró a los masones a los grandes Logros en los campos de las artes, la ciencia y la literatura. Las formas y medios de expresión de la cultura masónica típicamente especulativa requieren que se haga algo y esto puede comenzar con los puntos de instalación y culturales (bibliotecas) en las Logias y la Sede de los poderes administrativos de la masonería.

Vivre la vie intellectuelle nécessite, à un moment donné, une abstraction de soi-même et du monde, un sacrifice personnel, une réflexion, une réflexion et une action. Dans cette unité, nous avons essayé de démontrer que la lecture, la pratique culturelle et la pratique éducative souffrent d'intellectuels organiques en quantité et en qualité. On a cherché à démontrer que la franc-maçonnerie manque actuellement d'ordonnances pragmatiques, de planification, de propositions éducatives et culturelles, et que les francs-maçons manquent de lecture pour le plaisir de lire, ils n'ont pas l'idéation des Lumières qui a inspiré les maçons aux grandes réalisations dans les domaines des arts, des sciences et de la littérature. Les formes et les moyens d'expression de la culture maçonnique typiquement spéculative exigent que l'on agisse, ce qui pourrait bien commencer par l'installation et les points culturels (bibliothèques) dans les pavillons et les quartiers généraux des pouvoirs administratifs de la franc-maçonnerie.

12. REFERÊNCIAS BIBLIOGRÁFICAS

ADORNO, Theodor W. *et al. Dialética do Esclarecimento*. Rio de Janeiro: Zahar, 1985.

CARVALHO, José Murilo de. *Os bestializados*: o Rio de Janeiro e a República que não foi. 3. ed. São Paulo: Cia. das Letras, 2002.

CASSIRER, Ernst. *A Filosofia do Iluminismo*. 2. ed. Campinas: Unicamp, 1994.

CASTELLANI, José; CARVALHO, William Almeida de. *História do Grande Oriente do Brasil: a Maçonaria na História do Brasil*. Brasília/São Paulo: G.O.B./MADRAS, 2009.

FRIEIRO. Eduardo. *Os Livros Nossos Amigos*. 4. ed. Belo Horizonte: Coordenadoria de Cultura de Minas Gerais, 1980.

PORTELA, Eduardo (org.). *Reflexões sobre os Caminhos do Livro*. São Paulo: Moderna-UNESCO, 2003.

SCHNOEBELEN, William. *Maçonaria – do outro lado da luz*. 2. ed. Curitiba: Luz e Vida, 1997.

UNIDADE SETE

BIBLIOGRAFIA MAÇÔNICA*

1. PREÂMBULO

Pensamos que a Maçonaria poderia ser uma Instituição de Leitores, de bons e admiráveis leitores. Queríamos que a Maçonaria possuísse a sua própria Editora e editasse os livros do seu interesse. Machuca sabermos que as denominações católicas possuem suas Editoras. A Editora Vozes, dos Franciscanos, existe há mais de meio século. A FTD dos Irmãos Maristas. As Editoras Loyola, Santuário, Ave Maria, Paulus e Paulinas, pertencem aos segmentos católicos, e publicam para atendimento ao seu público alvo [**79a**]. As Igrejas de denominação evangélica também cuidam das suas Editoras confessionais, e a mais antiga delas, a Sociedade Bíblica do Brasil, é consagrada e respeitada, a ponto de publicar Bíblias que servem a católicos e evangélicos. Mais recentemente surgiu a Casa Publicadora Brasileira e a Mundo Cristão, cujas obras são por demais apreciadas. As Editoras de denominação Espírita também existem e são bastante ativas, a exemplo da EDICEL, IDE, FEB, Fonte Viva e outras, rivalizando com as editoras cristãs, superando em quantidade as publicações de cunho maçônico das inúmeras outras editoras [**80a**].

As Editoras maçônicas, ontem eram apenas cinco, hoje são três, e

* **Nota do Autor:** O conteúdo desta parte-unidade também pode ser encontrado, com modificações e acréscimos no livro Ideal Maçônico, uma publicação da Editora A Trolha, Londrina, 2019.

são em parte entidades ou empresas familiares, portanto, particulares, e parecem enfrentar sérios impasses na produção e distribuição dos livros e publicações maçônicas, ou trabalham com perspectivas e estratégias de que o mercado consumidor brasileiro não lhes é favorável ou interessante. O que talvez justifique o fato de não investirem em marketing e ampliação do mercado livreiro. Observem que não nos referimos a investir em pesquisas ou em escritores maçônicos [**81a**], embora necessário. Ademais, as duas maiores Editoras de livros maçônicos – A Gazeta Maçônica e A TROLHA – atuam de forma direta no relacionamento junto aos Maçons, à quase exceção dos livros da Madras, é tarefa árdua encontrar um livro da Editora "A TROLHA" e de "A Gazeta Maçônica" numa livraria ou loja de livros, mesmo nos grandes centros [**81b**].

Insistimos em dizer que o futuro da literatura maçônica repousa na formatação de uma programação de incentivo à pesquisa, escrita e publicação de livros; melhor aproveitamento e utilização de *papers* resultantes das atividades acadêmicas e culturais prevalecentes nas Lojas de Pesquisas; Academias e Grupos de Estudos Independentes, e, ainda, da segmentação setorial de uma cadeia de comercialização de livros e obras maçônicas [**82a**].

Dito de outra forma, e bem resumidamente, o futuro do ideário maçônico repousa nas mãos e mentes de muitos que ainda estão a imaginar como construir uma espécie de viaduto ligando o passado, o presente e o futuro da Ordem maçônica, mas que não sabem ou não descobriram que, necessariamente, esta obra passará por *esforço concentrado* para dar vida à literatura maçônica [**82b**].

A literatura e a cultura maçônica nacional estão a desafiar a intelectualidade e inteligência maçônica para a confecção de uma obra específica – uma enciclopédia, um catálogo ou um manual da arte, cultura e literatura maçônica brasileira – que possa representar o conjunto dos conhecimentos de Maçonaria dispersos no País [**83a**], os autores e as suas obras publicadas.

2. ASPECTOS A CONSIDERAR

Insistimos: uma obra que possa reunir trabalhos de referência e reflexões críticas sobre o papel da ciência, arte e literatura maçônica, autores e suas obras, e que possa constituir-se em fonte de consulta e em fascinante leitura para todos os que dedicam atenção às questões maçônicas [**84a**].

Há um caso a considerar, e pedimos sua especial atenção ao parágrafo seguinte.

Quem pretender pesquisar ou consultar obras ou artigos sobre Lojas Universitárias, por exemplo, irá constatar o vazio, a mais completa ausência de livros e de outras fontes temáticas em língua portuguesa para eventuais pesquisas. São raras ou inexistentes fontes materiais formais (escritas no formato de livro), e toda e qualquer busca há que concentrar-se, fundamentalmente, no livro de José Castellani, *História do Grande Oriente do Brasil: a Maçonaria na História do Brasil,* Brasília: GOB, 1993; e no artigo da lavra do Irmão Lucas Francisco Galdeano, Grão-Mestre GOB-DF [**85a**], disponível na internet[38]. O exemplo se repete na pesquisa de outras especificidades temáticas maçônicas.

3. LITERATURA E O ACERVO BIBLIOGRÁFICO (EXISTÊNCIA E FALTA DELES)

Segundo o Irmão Raimundo Rodrigues, *"a história da cultura maçônica no Brasil se divide em duas etapas bem distintas: antes de Xico Trolha – depois de Xico Trolha"*. Não discutiremos o ufanismo do autor, mas ele não deixa de ter razão, por um fato que é, com toda certeza, singular. Com a criação da Revista "A TROLHA" e, mais tarde, com a fundação da Editora Maçônica A TROLHA, permitiu-se, em larga

[38] Disponível em: http://www.freemasons-reemasonry.com/galdeano_maconaria_universitaria.html

escala, o surgimento de novos autores e ampliação do acervo cultural e literário maçônico brasileiro. E, particularmente, a circulação do pensamento fruto da inteligência maçônica.

A Revista "A TROLHA" completou recentemente quarenta e oito anos de existência (1971-2019). Há quatro décadas, a grande maioria dos brasileiros não tinha muito acesso aos autores e escritos maçônicos e a leitura das suas obras se circunscreviam a um círculo muito restrito. Portanto, a Raimundo Rodrigues assiste razão em apontar Xico Trolha como sendo um divisor de águas na história da literatura maçônica no Brasil [**86a**]. O fator mais relevante é que, mesmo com a existência de A TROLHA, e de outras Editoras Maçônicas e não maçônicas, o acervo bibliográfico continua fragmentado e disperso. Uma pequena, grande ou, simplesmente, uma História da Literatura Maçônica é algo ainda por acontecer no cenário cultural brasileiro. O mesmo vale para uma História da Cultura; História da Filosofia e ou uma História das Doutrinas Maçônicas. Nem mesmo um Dicionário de Maçonaria Brasileira existe [**86b**]. Este é um ponto em que estamos constantemente a insistir.

Essa realidade, contudo, não é nova. Ela existe desde muito. Esforçando-se para suprir essa lacuna, Nicola Aslan, no livro *"Pequenas Biografias de Grandes Maçons Brasileiros"* (1973), traçou o perfil político, artístico e literário de cerca de 60 Maçons que tiveram projeção na história nacional desde o reinado de D. João VI até a República [**86c**] e nós não dispomos de outros exemplos para citar.

Mais tarde, nos idos do ano de 1989, Morivalde Calvet Fagundes ofereceu aos Maçons o que ele próprio denominou de *"Subsídios para a história da literatura brasileira do século XIX"*, obra que veio a lume pela Editora da Universidade de Caxias dos Sul (EDUCS), e, em 1991, deu a conhecer a existência de uma obra bibliográfica complementar, *"Os Maçons: Vida e Obra"*, publicado pela Editora Aurora [**87a**]. E ficamos, assim, parados no tempo-espaço.

Nas obras referenciadas, os seus autores, Nicola Aslan, membro da Academia Maçônica de Letras, e Morivalde Calvet Fagundes, então Presidente da Academia Brasileira Maçônica de Letras, se esmeram para apresentar um escorço – mínimo, necessário – da abundância de livros maçônicos brasileiros até o ano de 1989 e da biografia de alguns Maçons ilustres até o ano de 1991. E ponto final [**87b**].

Afora essas poucas obras, o leitor que quiser se aprofundar terá que optar por seguir uma dessas três alternativas: se contentar com as obras dos Irmãos Nicola Aslan e Morivalde Calvet Fagundes; tentar cavoucar autores e obras maçônicas, por risco e conta própria; e ou, escrevinhar, de próprio punho, a história da literatura maçônica brasileira que almejar. Em qualquer das hipóteses, há um campo enorme em aberto à frente de quem se propuser em aventurar [**87c**].

Presentemente, temos e demonstramos, sempre que podemos, enorme carinho e afeição pelo trabalho do Irmão Milgar Camargos Loureiro e da cunhada Maria Aparecida Santos Soares, particularmente, pelo esforço homérico em catalogar e ordenar em livro, relacionar em vasto índice, os nomes, títulos e obras de cunho maçônicos em circulação no País. O livro *"Bibliografia Maçônica: citações bibliográficas"*, obra em quatro volumes, preenche, em grande parte, o imenso vazio da capitulação das obras maçônicas publicadas e de "peças de arquitetura" (trabalhos de Irmãos) em circulação em livros e revistas maçônicas no Brasil [**88a**].

Retornamos a teclar no ponto que nos parece essencial: a história da literatura brasileira que é riquíssima em obras, autores e escolas literárias, como vimos na parte especial[39], lamentavelmente, não recepcionou autores, obras, e nem mesmo referenciou a probabilidade de existência de uma história da literatura maçônica, passando ao largo de uma possível cultura de Maçonaria [**88b**].

Com este vasto campo aberto à frente, para uma possível escrita

[39] NB. A parte especial referida somente consta do livro Ideal Maçônico, Londrina: A TROLHA, 2019.

do pensamento e sentimento e dos feitos dos escritores maçônicos e de uma possível história da literatura maçônica no Brasil, poder-se-ia classificar os autores, a exemplo do que fez o escritor Morivalde Calvet Fagundes, nos seguintes eixos temáticos: História, Filosofia, Doutrina, Misticismo e Esoterismo, Simbolismo e Ritualística, e Artistas e Poetas [**88c**], ou, simplesmente, listar cronologicamente livros existentes, com a indicação de autoria, local de publicação, editora e data, nos termos da orientação da ABNT.

Um outro ponto a considerar passa pelo reconhecimento do esoterismo, misticismo, lendas e tradições maçôncias, como defendidos pelas Escolas relacionadas na unidade quatro. E ainda que reconheçamos a força valorativa das ideias iluministas, liberais e positivistas nos conteúdos e inspirações maçônicas, não podemos afirmar, a plenos pulmões, que a linha mestra da literatura maçônica seja, ou se deva, exclusivamente, às influências culturais advindas do Iluminismo, do Liberalismo e do Positivismo, enquanto variantes norteadoras do pensamento cultural [**89a**] e do cientificismo acadêmico-literário, pois advogamos o atendimento de que, no Brasil, a literatura e os autores maçônicos não se coadunam com essa ou aquela corrente de pensamento, transitando entre elas com muitíssima liberdade intelectual, chegando, inclusive, ao afrontamento de postulados fortemente consolidados de algumas delas [**89b**].

Falemos, de cultura da cultura, cultura de Maçonaria. Certo é que *"nenhuma cultura pode se desenvolver sem uma base social"* (GREENBERG, 2013:32), sendo certo, igualmente, que a base social para desenvolver uma cultura específica carece de formas de veiculação, ajustamento e consolidação que lhe empreste vida cultural. No caso, necessita de apoios de escritores, indicações livrescas, e editoras comprometidas e dedicadas. As editoras se apresentam, então, como corolário da ação cultural e se revestem de função essencial, desempenhando papel de relevo no estabelecimento da cultura. E dentre estas, listam-se as editoras de cunho exclusivamente maçônico [**90a**].

Contadas nos dedos de uma de nossas mãos, as editoras exclusivamente maçônicas não pugnam por linha ideológica definida, publicam por publicar. Falta o celebérrimo *imprimatur* e, neste sentido, as palavras do Monsenhor Hilário Pandolfo (1973), transcritas por Morivalde Calvet Fagundes (1989), permanecem válidas ao afirmar que *"muitos autores repetem-se e citam-se mutuamente, sem muita consequência e sem trazerem algo de novo; contribuem para a desinformação e, em sua bisonhice, alimentam um mercado de subliteratura"*, consolidando o pesadelo de um perpétuo passado e suas mesmices [**90b**]. Por outro lado, as editoras não exclusivamente maçônicas somente publicam obras que sejam do seu único e exclusivo interesse comercial ou mercadológico, via de regra, obras de autores estrangeiros já consagrados ou próximos da consagração, sem muitas preocupações com utopias e distopias maçônicas [**90c**].

Não volteremos a este tema, vez que abordagem referente às editoras não maçônicas escapa das nossas considerações, presentemente, embora não possamos deixar de apontar algumas considerações referentes às editoras universitárias, que são editoras não maçônicas, pois, de fato e de direito, uma nova luz na história da literatura maçônica emerge do segmento editorial e das editoras relacionadas às Universidades brasileiras, onde a participação de Maçons e da Maçonaria na História começa a despertar intereses e a fomentar estudos e pesquisas, enaltecendo um segmento do que se ousou denominar de "A Maçonaria na Universidade" [**91a**].

Fato é que as editoras universitárias têm impulsionando o surgimento de obras que se caracterizam como expressão do maçonismo acadêmico revestido do rigor científico. Essas editoras primam por publicar artigos científicos, teses de graduação, mestrado, doutorado e pós-doutorado, calcados em ampla fundamentação bibliográfica e documental, a par de uma competente análise crítica de todos os dados coletados, passando a se constituir em leitura obrigatória para todo aquele que pretender estudar os feitos históricos da Maçonaria e sociocultural dos Maçons [**91b**].

Ainda na perspectiva da produção bibliográfica, que possa consubstanciar a formação cultural do Maçom e emprestar subsídios para uma futura história da literatura maçônica, comporta, ainda, ofertar considerações e exortar por um posicionamento objetivo das Obediências Maçônicas, no sentido de fortalecer as colunas das "Lojas Universitárias", das "Lojas de Pesquisas" e das "Academias de Letras", para que estas possam desempenhar a promissora atividade de fomentadores de uma cultura de Maçonaria abrangente [**91c**].

4. SUBSÍDIOS PARA UM CATÁLOGO ASSISTEMÁTICO

As grandes bibliotecas possuem centenas de livros distribuídos por diversas estantes e todos devidamente catalogados, e que, à exceção dos livros de referências (dicionários, enciclopédias, catálogos e boletins bibliográficos) ficam fora do alcance do leitor (de forma que ele tem que pedir o livro que lhe interessa) carecendo consultar antes o catálogo ou fichário digital. Simulemos mentalmente uma visita à biblioteca, se não soubermos o nome do autor ou o título da obra de nosso interesse, dificilmente vamos poder encontrar os livros e menos ainda orientar e ajudar o atendente com as referências à sua localização. Só saber o assunto para iniciar a consulta não ajuda muito. Admitamos que se consiga localizar um ou outro livro do nosso interesse, mas, com certeza, a busca será árdua, trabalhosa e assistemática [**92a**].

De igual modo, grande parte do esforço do buscador de temas e assuntos maçônicos seria reduzida se dispusesse e tivesse ao seu alcance uma obra de citações bibliográficas ou um índice analítico com as informações bibliográficas indispensáveis e que lhe facultasse ter conhecimento (consciência) e multidimensionalidade das obras e autores do seu interesse. É isto que estamos propondo neste tópico, como já o fizemos em outros escritos.

Subsídios são informações que poderão ser coletadas para a pesquisa para a formação de um catálogo da literatura maçônica, sem que se tenha definido um formato específico, daí dizer-se assistemático. Um ponto de partida poderia vir a ser constituído, inicialmente, pelas obras e autores indicados a seguir, à guisa de exemplo [**92b**]. Todas as obras e autores relacionados não passam de sugestões para que se conheça alguns desses autores e respectivas obras.

A Igreja e o Estado, obra da lavra de Joaquim Saldanha Marinho, que usou o pseudônimo de Ganganelli. Originalmente editado em quatro volumes, ressalta o papel da Maçonaria e dos Maçons na chamada Questão Religiosa que envolveu a Igreja, o Estado e a Maçonaria, com acerbas críticas à Igreja. Joaquim Saldanha Marinho – O Ganganelli – pernambucano de Olinda (1816-1895), jornalista, sociólogo, político, escritor, advogado e Grão-Mestre da Maçonaria (Vale dos Beneditinos), teve papel destacado na Questão religiosa, publicando vários artigos em jornais (do Commércio) sob o pseudônimo de Ganganelli. Além da obra A Igreja e o Estado, relaciona-se: Os Actos do Papado (1874); Decadência do Papado (1874); Propaganda Episcopal (1874); e outras de cunho maçônico e da questão Igreja-Estado e Maçonaria [**92c**].

História da Maçonaria no Brasil, de Manoel Arão, obra editada originalmente em 1926, em dois volumes. Manoel Arão (1876-1930). Jornalista, Teatrólogo, Poeta e Escritor. Homem de letras, colaborou com diversos jornais entre 1893 e 1901. Escreveu inúmeros livros: romances, poesia, prosa e história. Batizado Manoel Arão de Oliveira Campos[40]. Nasceu em Afogados da Ingazeira (PE). Na Maçonaria, foi iniciado na Loja Maçônica Cavaleiros da Cruz, em 24 de junho de 1904,

---

[40] BARBOSA, Virginia. Manoel Arão. Pesquisa Escolar Online. Fundação Joaquim Nabuco, Recife. Disponível em: http://basilio.fundaj.gov.br/pesquisaescolar/. Acesso em: 14 jun. 2016.

galgou todos os graus filosóficos, chegando ao grau 33. É o patrono da cadeira nº 13 da *Academia Maçônica de Letras de Olinda*. Também exerceu os cargos de secretário e presidente da Academia Pernambucana de Letras, onde foi eleito em 22 de fevereiro de 1909. Dirigiu o jornal *Arquivo Maçônico*, no início do século XX; e dirigiu a gazeta diária *Comércio do Recife*, quando deixou o *Diário de Pernambuco*. Atualmente, a Madras Editora detém os direitos autorais da obra *A Legenda e a História na Maçonaria*, sendo sua edição mais recente a do ano 2004 [**91d**]. Os seus livros maçônicos são: *A Maçonaria e sua missão social* (1907); e *Liturgia Maçônica* (1915), esta, resultado de uma tese apresentada no Congresso Maçônico do Rio de Janeiro, em 1915. *A Legenda e a História na Maçonaria*: publicado no Recife (PE), em 1919. E *História da Maçonaria no Brasil: desde os tempos coloniais até nossos dias*, publicada no Recife em 1926. Esta obra, uma das mais antigas e completas sobre os primórdios da Maçonaria no Brasil [**92d**].

Pequena Enciclopédia de Maçonaria, de Octaviano de Menezes Bastos, editado pelo Jornal – O Malhete, 1952, obra em 2 volumes. Octaviano de Menezes Bastos (1879-1952). Autor da obra "Pequena Enciclopédia Maçônica", primeira obra em língua portuguesa, contendo explicação dos símbolos, doutrinas e legislação maçônica voltada aos Maçons brasileiros. Fundador da Liga Maçônica contra o Confessionário (1905); Associação Dramática de Propaganda e Beneficência Maçônica e da Liga Moral de Resistência (1909); do Curso de Estudos e Cultura Maçônica (1936); e do Capítulo Rosa Cruz "Salvador", da Loja de Perfeição "Marquês de Abrantes", do Consistório "Balduino II". Fundador dos Jornais: Prancha Maçônica; O Templário; Voz de Hiram; Folha de Acácia, e da Revista "Oedipus". E autor das seguintes obras: O Triângulo e a Tiara; O México e o Papado; O Maçom e o Seminarista; Rito Brasileiro; O Templo e o Universo; Livro Maçônico do Centenário e O Clericalismo. Confeccionou os Rituais de Abertura e Encerramento de Loja (1917); Rituais do Rito Brasileiro – Aprendiz;

Cavaleiro do Rito de Paladino do Dever; Apóstolo do Bem Público; Servidor da Ordem, Trabalho do Conclave, Sagração e Instalação de Oficinas; Declaração Matrimonial; Juramento Rosa Cruciana; Rituais de Exclusão da Ordem e o Ritual de Sessão Fúnebre. E foi, ainda, Instrutor do Curso de Estudos e Cultura Maçônica; e Deão do Instituto Maçônico de Cultura e Mérito [**92e**].

Pequenas biografias de grandes Maçons brasileiros, de Nicola Aslan, da Editora Maçônica, 1973. Nicola Aslan (1906-1980). Uma vida dedicada à cultura maçônica. Além do pioneirismo, foi um dos mais eruditos entre os escritores maçônicos brasileiros, em que pese ter nascido na Grécia, Ilha de Chios, Arquipélago do Mar Egeu, chegou ao Brasil com 23 anos de idade. A esta altura já falava o grego, o francês, o italiano, o inglês e o turco. Aos 50 anos de idade foi iniciado na Loja Evolução nº 2 de Niterói, atingindo o 33º Grau do Rito Escocês Antigo e Aceito. Em 24 anos de intensa atividade dentro da Ordem, deixou vários livros publicados. Percorreu várias Lojas fazendo conferências, pronunciando palestras, recebendo vários títulos honoríficos e diplomas, tendo ocupado a cadeira nº 6 da Academia Maçônica de Letras, no Rio de Janeiro, da qual foi também fundador. Também foi um dos fundadores da Academia Brasileira Maçônica de Letras, ocupando a cadeira 38. Exerceu vários cargos importantes nas administrações das Lojas a que pertenceu, bem como na Alta Administração da Obediência – Grande Oriente do Brasil – sempre em funções ligadas à cultura e ao ensino maçônico.

Segue a relação de suas obras que vieram a público, em ordem cronológica de edição: História da Maçonaria, Cronologia, Documentos (Ensaio) (1959); Estudos Maçônicos sobre Simbolismo (1969); Pequenas Biografias de Grandes Maçons Brasileiros (1973); O Enigma da Gênese da Maçonaria Especulativa (estudo publicado pela Revista Eclesiástica Brasileira) (1973), republicado em "Formação Histórica da Maçonaria" 1º Volume – págs. 24 a 53. (Anais do 1º Congresso Internacional de História e Geografia) Rio de Janeiro – 19 a 21 de março de 1981; Grande Dicionário Enciclopédico de Maçonaria e Simbologia (4 vol.) (1974-1976); Biografia de Joaquim Gonçalves Ledo (Subsídios) (2 vol.) (1973); Comentários ao Ritual do Aprendiz-Maçom: vade--mécum iniciático (1975); O Livro do Cavaleiro Rosa-Cruz (1977); Instruções para Loja de Perfeição (o Grau 4º) 1979; Instruções para Loja de Perfeição (Graus 5º ao 14º), 1980; Instruções para Capítulos (Graus 15º ao 18º), 1984; Instruções para Conselhos de Kadosh (Graus 19º ao 30º), 1984; Uma Radioscopia da Maçonaria (1979); A Maçonaria Operativa (1979); História Geral da Maçonaria – Período Operativo (1979); História Geral da Maçonaria (Fastos da Maçonaria Brasileira), 1979; Landmarques e outros problemas maçônicos, 1979. Dentre os seus livros, o meu preferido é "Comentários ao Ritual de Comentários ao Ritual do Aprendiz-Maçom: vade-mécum iniciático (1975), de onde extraio um simples trecho, que diz muito: *"O Maçom e, em particular, os Veneráveis Mestres terão um vade-mécum seguro para se orientarem a si próprios e orientarem os OObr∴ das LLoj∴"*.

Nicola Aslan escreveu e publicou ainda vários artigos em revistas e boletins maçônicos, entre os quais destacam-se: Boletim dos Corpos Filosóficos da Maçonaria Escocesa do Estado do Rio de Janeiro; Boletim da Águia Branca e Negra; Boletim do Supremo Conselho para o Rito Escocês Antigo e Aceito do Rio de Janeiro. Como dito, foi um pioneiro, escreveu sobre Maçonaria em um momento em que poucos ousavam escrever. A crítica que se revela hoje ao seu nome e obras, não faz jus ao momento histórico e condicionantes culturais em que escreveu suas obras, e nem se compara ao momento histórico vivido por Xico Trolha e José Castellani, aqui considerados como "divisores de água" na literatura e cultura maçônica [**92f**].

Vade-Mécum do simbolismo maçônico, de Rizzardo Da Camino, obra publicada pela Editora Madras, 1983. Rizzardo Da Camino (1918-2007). Jornalista. Advogado e Escritor. Autor de diversos livros, a exemplo de: Maçonaria além dos véus; Vade-Mécum do Simbolismo Maçônico; O Ápice da Pirâmide; Breviário Maçônico; Simbolismo do Primeiro Grau: Aprendiz; Simbolismo do Segundo Grau: Companheiro; Simbolismo do Terceiro Grau: Mestre; Ópera Maçônica: a flauta mágica W. A. Mozart; A Origem de Tudo; A Corrente de Fraternidade; O Mestrado Maçônico; Rito Escocês Antigo e Aceito 1º ao 33º; A Pedra Bruta; O Delta Luminoso; A Cadeia de União; O Aprendizado Maçônico; Lendas Maçônicas; As 63 Parábolas do Divino Mestre Jesus; Kadosch; Jacques de Molay: Os Templários; Dicionário Maçônico; A Maçonaria Mística, os Graus Inefáveis; Introdução à Maçonaria: História; Introdução à Maçonaria: Filosofia; Introdução à Maçonaria: Doutrina; os Painéis da Loja de Aprendiz; A Maçonaria Operativa; Serei um Vencedor; e São Jorge – O Santo Universal, e outros. Nasceu em Garibaldi (RS). Foi iniciado na Maçonaria na Loja Electra nº 21, jurisdicionada à Grande Loja do Rio Grande do Sul, em 1946. Atingiu o 33º Grau do Rito Escocês Antigo e Aceito. Foi um dos fundadores da Academia Maçônica de Letras e membro da Loja Fraternidade Brazileira de Estudos e Pesquisas, e da Loja Fraternidade nº 100, do Rio de Janeiro. Possui mais de 40 obras publicadas, além de maçônicas, espiritualistas e jurídicas. As suas obras, presentemente, sendo republicadas pela Editora maçônica A TROLHA, com o expresso consentimento do nosso Irmão Paulo Cícero da Camino, seu filho e herdeiro [**92g**].

Subsídios para a história da literatura maçônica brasileira (Séc. XIX), de Morivalde C. Fagundes. Publicada pela Editora da Universidade de Caxias do Sul (EDUCS), 1989. Morivalde Calvet Fagundes (1912-2000). Militar. Fundador da Academia Brasileira Maçônica de Letras, a primeira no gênero no mundo. Seus livros maçônicos: A Maçonaria e as Forças Secretas a Revolução (1976); A Maçonaria – Espírito e Realidade (1982); Uma Visão Dialética da Maçonaria Brasileira (1985), "Rocha Negra, a Legendária" (1989); O livro Literatura Maçônica Brasileira e sua Análise, ao que tudo indica, não veio a lume. O livro

"Subsídios para a história da literatura maçônica brasileira (Séc. XIX) encontrava-se no prelo quando do seu passamento. Natural de Porto Alegre, iniciou a sua carreira literária em 1935, publicando no semanário Correio de São Leopoldo. Seu primeiro livro "Lobo da Costa – biografia de um poeta" apareceu em 1954. Foi iniciado na Loja Bento Gonçalves de Porto Alegre, jurisdicionada à Grande Loja do Rio Grande do Sul, em 09 de março de 1945. Redator-Chefe da Revista Astréa. Prestou em vida relevantes serviços à cultura e literatura maçônica, e após seu passamento, continua sendo considerado nome de relevo no cenário nacional maçônico [**92i**]. Tem publicado outros 9 livros de cunho não maçônico, dentre os quais destaco o livro A Bandeira do Brasil como Símbolo Supremo da Pátria (1985). Assinalo a existência de mais de 250 artigos sobre Maçonaria publicados em revistas e jornais maçônicos.

Galeria de Maçons Famosos, trata-se do vigésimo primeiro livro de Xico Trolha, obra essa publicada em 1998. Francisco de Assis Carvalho – Assis Carvalho – Xico Trolha (1934-2002), Fundador da Revista Maçônica "A TROLHA", cujo primeiro número circulou em 10-04-1971. Fundador da Editora Maçônica A TROLHA (1984), escreveu cerca de 32 livros, o primeiro deles – "*Cargos em Loja*" – veio a lume em 1985. Prestou um enorme contributo à cultura, literatura, artes e à Maçonaria Brasileira. Natural de Assis (SP), Xico Trolha iniciou-se na literatura e cultura maçônica com um certo retardo, concluiu o 2º Grau em 1965 e somente passou a dedicar-se à literatura em 1994. A sua ascensão meteórica no mundo da cultura maçônica deve-se ao seu próprio esforço – ele soube fazer-se, e assim se fez – podendo e devendo ser recomendado como modelo de Maçom e de construtor da arte, ciência e literatura maçônica no Brasil. A Xico Trolha, rendo mil e uma homenagens. Infelizmente, não posso usar de todo o espaço de que disponho para exaltar seu nome e suas realizações culturais [**92j**]. Xico Trolha foi Iniciado em 27 de novembro de 1965, na Loja Ciência e Trabalho, Oriente de Rolândia (PR), elevado e exaltado na

Loja Estrela do Norte II, de Mandaguari, ascendeu ao Grau 33 em 1979. Pertenceu ao Quadro de Obreiros de inúmeras Lojas como membro efetivo, fundador, benemérito, honorário e tornou-se membro da maioria das Academias de Letras e Centros de Estudos e Pesquisas Maçônicas. Empresta seu nome ao Centro de Estudos Maçônicos "Assis de Carvalho", de João Pessoa (PB), à ARLS Francisco de Assis Carvalho nº 26, no Oriente de Ponta Porã, à Biblioteca Maçônica do Grande Oriente Independente de Pernambuco e Logradouro Público ou Próprio Municipal Francisco de Assis Carvalho (Xico Trolha), em Ribeirão Preto (SP) [**92h**].

Os Maçons que fizeram a História do Brasil, de José Castellani, editado pela A Gazeta Maçônica, 1973. José Castellani (1937-2004). Médico oftalmologista, Historiador, Jornalista e Escritor. Autor de uma extensa obra de livros maçônicos, cuja obras iniciais – "*A Civilização Hebraica e sua Influência no Mundo Atual*" e "*A Ciência Maçônica e as Antigas Civilizações*" – datam de 1977. O seu segundo livro, "*São Paulo na Década de 30*" é de 1978; "*A Maçonaria e sua Política Secreta*" de 1981. Desta última data até o seu passamento, escreveu outras 57 obras maçônicas e teve participação em outras 16 obras, com outros autores, que protegeu ou ajudou a projetar no universo literário maçônico. Incansável trabalhador em prol da Educação e Cultura Maçônicas ocupou os mais altos postos da Ordem, nesta área, em São Paulo e no Brasil; criando e reformulando o pensamento e as atitudes de uma época e influenciando toda uma geração com sua forma de agir e pensar. A Castellani cabe o mérito de ser o divisor de águas na literatura maçônica. Natural de Araraquara (SP). Iniciado na Maçonaria em 9 de novembro de 1965 na Loja Comércio e Ciências em São Paulo, Grande Oriente de São Paulo, tendo atingindo o 33º Grau do Rito Escocês Antigo e Aceito. É o escritor maçônico mais lido do Brasil. A sua obra "*História do Grande Oriente do Brasil. A Maçonaria na História do Brasil*", publicada sob os auspícios do GOB, em 1993, e a edição ampliada e revista por William de Almeida

Carvalho, publicada sob a égide da Madras Editora, em 2009, figura como leitura obrigatória de todo Maçom leitor [**92i**].

Filosofia da Maçonaria Simbólica, de Raimundo Rodrigues, obra publicada em três volumes entre 1999 e 2001, pela editora A TROLHA. Raimundo Rodrigues, nome literário de Raimundo Acreano Rodrigues de Albuquerque (1919-2010). Professor e Jornalista, natural de Tarauacá (AC), iniciado na Loja 1º de Janeiro 113 (GLESP), colaborou com diversos artigos nos Livros Cadernos de Pesquisas Maçônicas, e depois passou a dedicar-se à filosofia maçônica, ofertando à comunidade, os seguintes livros: A Filosofia da Maçonaria Simbólica; Visão Filosófica da Arte Real; Na Busca de Novos Caminhos da Doutrinação Maçônica; Cartilha do Rito Escocês; Amizade e Justiça; A Maçonaria e o Hábito da Virtude. Todos editados pela A TROLHA [**92j**].

Maçons e Maçonaria, obra de Frederico Guilherme Costa, editada pela A TROLHA em 2004. Frederico Guilherme Costa (1946-2015), Advogado, Mestre em História e Escritor maçônico. É baiano de Salvador. O seu contributo à cultura e literatura maçônica passa pelos seguintes livros: Maçons e Maçonaria: uma análise; A Maçonaria na Universidade; Maçonaria Concreta; Maçonaria: um estudo da sua história; Ensaios Maçônicos; Breves ensaios sobre a história da Maçonaria Brasileira; A Maçonaria e a República; A Maçonaria e a Emancipação do Escravo; A Maçonaria Dissecada; Questões Controvertidas da Arte Real; e à parceria com José Castellani, o livro O Rito Moderno: a verdade revelada. Todos editados pela A TROLHA. Frederico Guilherme Costa, a quem voltaremos a nos referir neste caderno disciplinar do curso de pós-graduação em História da Maçonaria, foi o primeiro a planejar e ministrar um curso de extensão universitária em História da Maçonaria. O Curso de Introdução à História da Maçonaria teve lugar na Universidade do Estado do Rio de Janeiro – UERJ – a partir de agosto do ano de 1992 [**92k**].

***O Typhis Pernambucano* – 1824**, coletânea organizada pelo historiador Vamireh Chacon, transformado em livro, reúne artigos escritos por Frei Caneca no contexto da Confederação do Equador. *O Typhis Pernambucano* era a designação do Jornal político fundado e dirigido por Frei Joaquim do Amor Divino Caneca. Frei Caneca como era mais conhecido. Frei Caneca frequentou a Academia Literária do Paraíso, uma associação de ilustrados em que se lia e discutia obras científicas, políticas e filosóficas, algumas proibidas pela Coroa, na época em que ganhavam destaque, em Pernambuco, as primeiras Lojas maçônicas que se tornariam ponto de reunião de interessados em tomar conhecimento e em discutir as ideias liberais propagadas pela Revolução Francesa. Pagou com a vida o preço da liberdade e entrou para a história maçônica e do Brasil como mártir [**92l**].

A Maçonaria na Independência do Brasil, de autoria dos Irmãos historiadores paulistas Manoel Rodrigues e Tito Lívio Ferreira, editado pela Gráfica Biblos Ltda.-Editora, 1972, obra em 2 volumes. Obra única no gênero sob o ponto de vista informativo, rigorosamente documentada, o livro esclarece, orienta e explica os acontecimentos políticos dirigidos e realizados pela Maçonaria desde a Independência dos Estados Unidos da América, passando pela Inconfidência Mineira, a Revolução Francesa e a Independência do Brasil que o foco central da obra. [**92m**].

A Maçonaria e a Grandeza do Brasil: verdades que os livros ocultam e destruições de mentiras que eles divulgam, de Arcy Tenório d'Albuquerque, publicado pela editora Aurora, 1973 em dois volumes. Esta obra retrata os seguintes tópicos, por relevância: Inconfidência Mineira, Sociedades Secretas, Revoluções de Pernambuco, Manifesto Maçônico, O Fico e a Independência do Brasil. ***Arcy Tenório*** – é autor dos livros 100 Benfeitores da Humanidade; O que é Maçonaria; A Maçonaria e a Inconfidência Mineira [**92n**].

Bibliografia Maçônica: citações bibliográficas, de Milgar Camargos Loureiro e Maria Aparecida Santos Soares, editado sob os auspícios dos autores, 2010-2012, obra em 4 volumes. A obra apresenta um apanhado temático (índice analítico) dos trabalhos sobre Maçonaria dos Escritores e Articulistas brasileiros [**92o**]. O autor, Maçom, reside em Viçosa, Minas Gerais.

A Maçonaria Gaúcha no Século XIX (5ª ed., 2003), livro escrito por Eliane Lúcia Colussi, retrata a presença da Maçonaria no Rio Grande do Sul na segunda metade do século XIX, e sua provável influência na formação de um tipo particular de cultura política. A obra, resultado de extraordinária pesquisa acadêmica, se apresenta bem fundamentado e recheado de fontes documentais sobre a História da Maçonaria no Brasil [**92p**]. Eliane Lúcia Colussi é graduada em História pela Universidade de Passo Fundo, Mestra e Doutora em História pela Pontifícia Universidade Católica do Rio Grande do Sul. Especialista em Maçonaria e autora do livro "A Maçonaria Brasileira no Século XIX", publicado em 2002, pela Editora Saraiva.

Maçonaria, Sociabilidade Ilustrada & Independência do Brasil (1790-1822), obra de Alexandre Mansur Barata, publicada em 2006, pela Universidade Federal de Juiz de Fora e a Editora Annablume. O livro analisa a inserção e a trajetória da Maçonaria e dos Maçons no Brasil, especialmente no Rio de Janeiro, em fins do século XVIII. Alexandre Mansur Barata é Professor do Departamento de História do Instituto de Ciências Humanas da Universidade Federal de Juiz de Fora (MG), doutor em História pela Universidade Estadual de Campinas (UNICAMP) e autor do livro "Luzes e Sombras: a ação da Maçonaria brasileira (1870-1910). Não é Maçom [**92q**].

Particularmente, queremos continuar devedores de informações bibliográficas abalizadas sobre os escritores **ARCY TENÓRIO DE ALBUQUERQUE** e, ainda, **JOAQUIM GERVÁSIO DE FIGUEIREDO**. Dois nomes, dois personagens que contribuíram para o elevo da cultura e da literatura maçônica, mas que hoje dificilmente encontra-se informações sobre suas vidas e obras, nem mesmo na maior enciclopédia do mundo: a Wikipédia [**92r**].

Por certo, haveremos de encerrar aqui. A relação de obras e autores que poderíamos citar é imensa, e a rigor, haveríamos de catalogar todas as obras de cunho maçônico, seja de autores Maçons e não Maçons, e as obras que de uma forma ou de outra faça referência à atuação e presença da Maçonaria na literatura nacional. Tarefa que, infelizmente, não é propósito apresentar nesta obra.

Devemos esclarecer que o objetivo específico deste tópico é apontar para a existência de uma vastíssima obra literária sobre a Maçonaria no Brasil, e que mais dia, menos dia, precisará ser catalogada e editada para conhecimento público. E parafraseando as palavras de D. João VI ao seu filho, mais tarde, D. Pedro I, diria: "Maçons, escrevam a história da literatura brasileira, antes que um aventureiro a escreva" [**92s**].

Elaborar um catálogo sistemático pode ser o nosso grandioso desafio, destarte, alguns autores Maçons e suas obras, a começar [**92c**] por nomes como Joaquim Saldanha Marinho, Manoel Arão, Octaviano de Menezes Bastos, Nicola Aslan, Arcy Tenório d'Albuquerque, Joaquim Gervásio de Figueiredo, Rizzardo Da Camino, Morivalde Calvet Fagundes, Assis Carvalho, José Castellani, Raimundo Rodrigues e Frederico Guilherme Costa, representando todos os demais autores que estão a merecer brevíssimas considerações, por seus ofícios em prol da arte e da cultura de Maçonaria.

OUTROS PERSONAGENS

Em outra parte, quando tratamos de cultura de Maçonaria, citamos os nomes dos autores mais destacados da nova geração, e dos autores que prometem ser novas perspectivas para a Cultura de Maçonaria, e dos autores (não Maçons) acadêmicos, aqui agrupados e apresentados em ordem alfabética [para não indicar preferências]. São eles: Álvaro de Queiroz; Ambrósio Peters; Antônio do Carmo Ferreira; Armando Righetto; Carlos Brasílio Conte; Breno Trautwein; Denizart Silveira de Oliveira Filho; Derly Halfeld Alves; Descartes de Souza Teixeira; Heinz Roland Jakobi; João Alves da Silva; João Ferreira Durão; João Francisco Guimarães; João Nery Guimarães; Joaquim da Silva Pires; José Schlosser; Marcelo Linhares; Marcos Santiago; Mário Name; Octacílio Schuler Sobrinho; Oswaldo Ortega; Sebastião Dodel dos Santos; Theobaldo Varoli Filho; Wagner Veneziani Costa; Waldemar Sansão; Walter Pacheco Jr.; William Dálbio de Almeida Carvalho; e Z. Rodrix [**93a**].

E as promessas de um futuro brilhante repousam com uma novíssima geração de autores onde situam-se: Dangler Travassos Guimarães; Fernandes César Gregório; Francisco Paulo Trautwein; Gilson da Silveira Pinto; Hailton Meira da Silva; Hélio Pereira Leite; J. B. Louro; José Anselmo Cícero de Sá; Kennyo Ismail; Luiz Gonzaga da Rocha; Luiz Vitório Cichoski; Paulo Antônio Outeiro Hernandes; e Ubirajara de Souza Filho [**93b**]. Fora do circuito de escritores maçônicos iniciados brilham os nomes de Alexandre Mansur Barata; Célia Maria Marinho de Azevedo; Eliane Lucia Colussi; e Marcos Morel e Françoise Jean de Oliveira Souza [**93c**].

5. A LITERATURA ANTIMAÇÔNICA

Reputo, por relevante, a transcrição, ainda que sintética, do pensamento do escritor e pensador francês Jérôme Rousse-Lacordaire, dominicano e doutor em teologia, diretor da prestigiada biblioteca du Saulchoir, especialista em esoterismo e franco-Maçonaria francesa, no livro "Antimaçonismo:

> *"Se não é tão antigo como a franco-Maçonaria, o antimaçonismo remonta, no entanto, ao período anterior ao nascimento do que se convencionou chamar "Maçonaria especulativa" (ou "moderna").*

(...)

Embora já tenha três séculos de existência, a franco-Maçonaria moderna não se tornou, aos olhos dos antimaçons, uma velha ridícula, com os seus aventais e adorno de outras épocas" (ROUSSE-LACORDAIRE, 1999).

Não sei e não imagino querer saber aonde o autor pretendia chegar ou se buscava alcançar alguém em nome da Ordem que criticava, ou se rendia homenagens, mas ele não deixa de ter lá suas razões e fundamentos. De fato, parece que a Maçonaria perdeu o charme e encanto aos olhos dos seus críticos e detratores e, quiçá, dos próprios Maçons na atualidade. Não imaginem que estou criando passagens ou cultivando fronteiras para cultivar um mundo de livros, escritas e autores antimaçons como condição essencial para a constituição de uma cultura (específica) de Maçonaria. Penso, contudo, que os livros antimaçônicos mudam a forma como enxergaremos certas questões que no cotidiano passam despercebidas.

Sem referendar as obras do antimaçonismo mundial do primeiro século da Maçonaria Moderna, comportaria clarear que a literatura antimaçônica é oriunda, via de regra, de ex-Maçons e de autores religiosos ou comprometidos com as religiões, o que explica o fato de se encontrar relacionada aos aspectos relativos aos conflitos entre a Maçonaria e a Igreja. A literatura antimaçônica no Brasil teve em Gustavo Barroso e em Boaventura Kloppenburg, seus principais expoentes [**94a**].

Ainda segundo Rousse-Lacordaire, quem se interessa pela história complexa do antimaçonismo verifica rapidamente [**94b**] que:

> *"Franco-Maçonaria e antimaçonismo estão ligados. Não apenas porque, de forma evidente, é preciso uma Maçonaria para que exista um antimaçonismo, ou ainda porque o antimaçonismo evolui com a Maçonaria, mas também a própria Maçonaria se transforma, reagindo aos ataques dos seus adversários"* (ROUSSE-LACORDAIRE, 1999).

Na mesma linha de entendimento, agora segundo Eliane Colussi, as obras antimaçônicas lhe foram de grande utilidade, servindo de contraponto aos prováveis exageros cometidos em nome do comprometimento ou engajamento maçônico, permitindo que pudesse construir hipóteses sobre a presença da Maçonaria no Rio Grande do Sul. E de forma concorde com Rousse-Lacordaire adverte, com todas as letras, citando Ferrer Benimeli (1991, p. 85-89), Gustavo Barroso (1939, vol. 3) e Boaventura Kloppenburg (1956) [**94c**]:

> *"(...) e é conveniente que se de antemão, a literatura antimaçônica não se constituiu exatamente no âmbito da história da Maçonaria, mas utilizou como recurso de convencimento ao seu público aspectos da história da instituição. Além disso, cabe destacar que, apesar de toda uma forte tradição desse tipo de literatura, sobretudo na Europa do século XIX, no Brasil, suas repercussões não foram quantitativamente importantes[41].*
>
> *Mesmo assim, dois nomes tornaram-se expressão do antimaçonismo no país: Gustavo Barroso, que explica na sua principal obra sobre a presença maçônica na história brasileira a partir de seus posicionamentos antissemitas[42], e Boaventura Kloppenburg, padre e depois bispo católico, identificado pelos próprios Maçons como seu inimigo permanente e que fez do combate à Maçonaria o principal tema de suas publicações[43]".*

Ainda em relação à literatura antimaçônica, além dos autores citados: José Antônio Ferrer Benimeli, Gustavo Barroso e Boaventura Kloppenburg, destaca-se os nomes de Giovanni Caprile e Valério Alberton, com a obra *"Maçonaria e Igreja Católica: ontem, hoje e amanhã"*, São Paulo: Paulinas, 1983. Mas como bem assinala Colussi, as suas repercussões não foram quantitativamente importantes [**94d**].

---

[41] Ferrer Benimeli, op. cit.

[42] Gustavo Barroso. História secreta do Brasil. São Paulo: Companhia Editora Nacional, 1939. v. 3.

[43] KLOPPENBURG, Boaventura. A Maçonaria no Brasil: orientação para os Católicos. Rio de Janeiro: Vozes, 1956.

A ação antimaçônica causou furor nas hostes maçônicas em ondas sucessivas, com maior ou menor intensidade, até recentemente. A primeira onda de ativistas e de atividades antimaçônicas passou, obrigando a Ordem a promover alterações em palavras de passes e senhas maçônicas, a segunda onda passou, sem ferir os fundamentos ou alcançar as estruturas da Ordem. A terceira e atual onda também passará, e com muito menos desgastes [**95a**].

A atual onda antimaçônica vigente teve suas origens nos Estados Unidos em meados do século XX, formada quase que majoritariamente por fundamentalistas religiosos ou ex-Maçons que enveredam por críticas à Maçonaria, apontando esta como sendo "anticristã" ou politicamente "revolucionária". Muitos religiosos e parte do público evangélico, a partir dos seus pastores e pregações antimaçônicas, sabem da existência de personagens como Pat Robertson (conhecido por suas afirmações polêmicas sobre vários temas), David Bay e William Schnoebelen (cristãos fundamentalistas estadunidenses), Edward Decker e John Ankerberg, que são os mais expressivos expoentes da antimaçonaria religiosa norte-americana [**95b**].

O livro *"Maçonaria – do outro lado da luz"*, publicado pela Editora Luz e Vida, vendeu bem no Brasil. Teve sucessivas edições em língua portuguesa. Fez e continua fazendo estragos. O autor tece elogios e agradece pela inspiração recebida de Edward Decker, e declara que o propósito do livro é falar "a verdade em amor" (Ef. 4.15), para que muitos sejam trazidos das trevas para a luz. Mas mente e falta com a verdade, apontando fatos maçônicos que, com certeza, não são praticados nem no Brasil nem nos Estados Unidos [**96a**] e, quiçá, em parte alguma do mundo e, mesmo assim, não deixa de ser um livro interessante.

Recomendamos aos Maçons, entretanto, que, se puderem, adquiram e tenham o livro de William Schnoebelen em sua estante, pois, na tentativa de provar fatos inexistentes, poder-se-á aproveitar algumas verdades e obter-se conhecimentos, ou como disse Eliane Colussi, pode-se "construir hipóteses" sobre a benemerência que a presença da Maçonaria proporciona aos cidadãos, em todas as partes do mundo [**97a**].

6. CONCLUSÃO

Depois do esvaziamento das ideias e concepções que nos são próprias e convenientes para recomendar a estruturação de um arcabouço literário subsidiário para constituição de um catálogo tipo *"vade mécum"* de cultura maçônica e de história da literatura, o que havia por dizer foi dito, ou melhor, escrito. E assim feito, transfere-se o pensamento interno para a coletividade, para o social, esperando o resultado que dele florescer [**98a**].

Disse e reafirmo o entendimento de que o futuro da literatura maçônica repousa na formatação de uma programação de incentivo à pesquisa, escrita e publicação de livros; melhor aproveitamento e utilização de *papers* resultantes das atividades acadêmicas e culturais prevalecentes nas Lojas de Pesquisas; e da segmentação setorial de uma cadeia de comercialização de livros e obras maçônicas [**98b**].

Insisto no argumento de que os textos produzidos pelos acadêmicos para divulgação em suas próprias academias, podem e mesmo devem reter e ser considerados intermediários ou "de passagem" conforme os gostos, as competências ou preenchimento das lacunas do conhecimento a que se propõe clarear [**98c**].

Ainda na perspectiva da produção bibliográfica que possa consubstanciar a formação cultural do Maçom e emprestar subsídios para uma futura história da literatura maçônica, comporta, ainda, ofertar considerações e exortar por um posicionamento objetivo das Obediências Maçônicas, no sentido de fortalecer as colunas das "Lojas Universitárias", das "Lojas de Pesquisas" e das "Academias de Letras", para que estas possam desempenhar a promissora atividade de fomentadores de uma cultura de Maçonaria abrangente [**99a**].

À guisa de conclusão, e para de fato concluir, queremos reforçar o entendimento de que *"a superioridade do homem está no saber"*, e como dito alhures, "Cultura maçônica não é passatempo nem exibicionismo. É obrigação" [**100a**].

Gilberti Craidy Cury (Presidente da Sociedade Brasileira de Programação Neurolinguística), na apresentação do livro de Richard Bandler[44] professa que "poderíamos pensar em nossos conhecimentos como que divididos em três áreas: a primeira seria a área das coisas que você sabe que sabe, a segunda, a das coisas que você sabe que não sabe e, por fim, a área das coisas que você não sabe que não sabe". Para exemplificar, tomemos o termo "antimaçonismo", imaginando que se insira, naturalmente, na área das coisas sobre Maçonaria que você sabe que sabe, mas, se não souber, ele vai, automaticamente, para a área das coisas que você sabe que não sabe, ou para a área das coisas que você não sabe que não sabe. Assim, intelectualmente pensando, poderíamos ter uma visão mais ampla das nossas necessidades de alinhar ideias e pensamentos a propósito dos saberes maçônicos incorporados, objetivados e os institucionalizados.

E assim proclamando, queremos chamar a atenção para a leitura de pelo menos cinco obras de referência, duas delas de caráter universal – *Encyclopaedia of Freemasonry* – de autoria de Mackey, e *"De um antigo e famoso documento da Maçonaria Operativa – Notas de Estudos – O Manuscrito Regius"*, de Ricardo S. R. Nascimento. As demais obras são: *"História do Grande Oriente do Brasil: a Maçonaria no História do Brasil"*, de autoria de José Castellani e William Almeida Carvalho: *"Arquivos Secretos do Vaticano e a franco-Maçonaria: história de uma condenação pontifícia"*, de José A. Ferrer Benimeli; e, por fim, *"A Maçonaria gaúcha no século XIX"*, de Eliane Lucia Colussi, que deve ser de leitura obrigatória, assim como são as leituras dos nossos Rituais [**100b**].

---

[44] Richard Brandler. Usando sua mente: as coisas que você não sabe que sabe, 10ª ed., São Paulo, Summus, 1987.

Queiram-me bem e perdoem-me os excessos cometidos em nome e por amor à Maçonaria.

13. RESUMO. ABSTRACT. RESUMEN. RÉSUMÉ:

A Maçonaria tem muito a oferecer aos Maçons, e os Maçons precisam aprender a exigir da Maçonaria (por seus condutores) para que façam prevalecer o cumprimento da obrigação moral em instruir e educar os Maçons para o seu próprio elevo e o elevo da sociedade dentro do postulado de tornar feliz a humanidade pelo aperfeiçoamento dos costumes. A educação maçônica é um processo contínuo, não pode e não deve sofrer solução de continuidade. A formação do Maçom é uma responsabilidade das Lojas, da Ordem e dos seus Dirigentes. A cultura de Maçonaria é algo mínimo que se pode exigir aos Maçons. Com base em todos os argumentos e problemática expostas, esta sétima parte teve o objetivo de aprofundar a questão da leitura e da bibliografia maçônica, apontando cominhos e indicando rumos.

Freemasonry has much to offer Freemasons, and Freemasons must learn to require Freemasonry (by their conductors) to enforce the moral obligation to instruct and educate Freemasons for their own elevation and the elevation of society within the world. postulate of making humanity happy by the perfection of customs. Masonic education is a continuous process cannot and should not undergo continuity solution. The formation of the Freemason is the responsibility of the lodges, the Order and their leaders. The culture of Freemasonry is something minimal that can be required of Freemasons. Based on all the arguments and problematics exposed, this seventh part aimed to deepen the question of Masonic reading and bibliography, pointing cumin and indicating directions.

La masonería tiene mucho que ofrecer a los masones, y los masones deben aprender a exigir la masonería (por parte de sus directores) para hacer cumplir la obligación moral de instruir y educar a los masones para su propia elevación y la elevación de la sociedad en el mundo. postulado de hacer feliz a la humanidad por la perfección de las costumbres. La educación masónica es un proceso continuo que no puede ni debe someterse a una solución de continuidad. La formación del masón es responsabilidad de las logias, la Orden y sus líderes. La cultura de la masonería es algo mínimo que se puede exigir a los masones. Sobre la base de todos los argumentos y las problemáticas expuestas, esta séptima parte tuvo como objetivo profundizar la cuestión de la lectura y la bibliografía masónicas, señalando el comino e indicando las direcciones.

La franc-maçonnerie a beaucoup à offrir aux francs-maçons, et les francs-maçons doivent apprendre à exiger de la franc-maçonnerie (de la part de leurs chefs) qu'ils imposent l'obligation morale d'instruire et d'éduquer les francs-maçons pour leur propre élévation et l'élévation de la société dans le monde. Postulat de rendre l'humanité heureuse par la perfection des coutumes. L'éducation maçonnique est un processus continu qui ne peut et ne doit pas faire l'objet d'une solution de continuité. La formation du franc-maçon est la responsabilité des loges, de l'ordre et de leurs chefs. La culture de la franc-maçonnerie est quelque chose de minimal que l'on peut exiger des francs-maçons. Sur la base de tous les arguments et problématiques exposés, cette septième partie visait à approfondir la question de la lecture maçonnique et de la bibliographie, en indiquant le cumin et en indiquant les directions.

REFERÊNCIAS

BARROSO, Gustavo. *História Secreta do Brasil*. Rio de Janeiro: Civilização Brasileira, 1937.

BENIMELI, José A. Ferrer. *Arquivos Secretos do Vaticano e a franco-Maçonaria:* história de uma condenação pontifícia. São Paulo: Madras, 2007.

COLUSSI, Eliane Lucia. *A Maçonaria gaúcha no século XIX*. 3. ed. Passo Fundo: UFP, 2003.

GREENBERG, Clement. *Arte e Cultura*. São Paulo: Cosac Naif, 2013.

KLOPPENBURG, Boaventura. *A Maçonaria no Brasil*. Petrópolis: Vozes, 1961.

ROUSSE-LACORDAIRE, Jérôme. *Antimaçonismo*. Portugal: Hugin, 1999. Coleção b.a–ba.

SCHNOEBELEN. William. *A Maçonaria*: do outro lado da luz. 2. ed. Curitiba: Luz e Vida, 1997. ISBN 8886113344

PARA (NÃO) FINALIZAR

O título, para não finalizar, é oportuno para justificar a continuidade extensiva que se atribui à unidade inicial, Parte Um, e a razão da presença das Partes (Dois e Três) que se acresceu com o decorrer dos dias e diante da possibilidade de transformar em livro o conteúdo original. Dos sete módulos que compõem a Parte Um, três serviram de esteio para o livro Ideal Maçônico que veio à luz recentemente. Estes conteúdos, em que pese terem sido publicados, são partes originais e integram o presente escrito, sem os quais a proposta de Cultura de Maçonaria: um caminho, ficaria desfigurada. Dito isto, cabe explicitar, por dever de consciência, como tudo começou, a partir de uma conversação informal sobre pedagogia educacional maçônica.

A idealização de uma proposta educacional para os Maçons filiados às Lojas do Grande Oriente do Distrito Federal, nasceu de conversas informais consultivas e organizacionais sobre o que se fazia antes, onde cada expositor apresentava o tema ao próprio entendimento dos seus conhecimentos e, por vezes, completamente alheado aos temas e subtemas programáticos, quando não desligado do compromisso com o conteúdo objeto da programação. Por sugestão do Irmão Reginaldo Gusmão de Albuquerque, pensou-se em uma composição que, de certa forma, engessasse o expositor, induzindo-o mentalmente a pensar, planejar e executar antes de expor o assunto à luz dos seus conhecimentos, obrigando-o a seguir o caminho delineado para uma proposta formativa e educativa permanente aos interesses do GODF e dos presentes aos módulos mensais.

Assim, nasceu este livro, atento aos conteúdos da disciplina que me cabe ministrar no módulo inicial de cada ciclo de estudos. Manterei as palavras escritas em 2016, quando, pela primeira vez, os sete conteúdos iniciais foram impressos e distribuídos aos presentes, esperando que os demais ministradores dos módulos seguintes fizessem o mesmo, escrevessem e disponibilizassem os seus textos aos alunos. Sonho à parte que resta, ainda, por se concretizar. A parte seguinte é a original, que se reaproveita, quando o livro se formou com o acréscimo das Partes Dois e Três.

Particularmente, sou imensamente grato à atual Administração do Grande Oriente do Distrito Federal, que ousou me conduzir à condição de Secretário de Educação e Cultura, proporcionando oportunidade de pensar e dar novo rumo às atividades culturais que são marcas registradas dos Irmãos Lucas Galdeano e Reginaldo Gusmão de Albuquerque, Grão-Mestre e Grão-Mestre Adjunto, respectivamente, na atual gestão (2014-2019) administrativa do GODF.

Sob o manto mecenas (protetor) de suas respectivas orientações educativas e culturais, encetamos a ideia de reformular os fundamentos do Curso de Formação Básica Maçônica, e ao assumir a condução do processo administrativo do Curso, assumindo a correlata missão de ministrar o seu primeiro módulo – Introdução à Maçonaria – sentimos necessidade de elaborar o presente conteúdo. E assim o fizemos, e agora parece que chegamos ao fim. Digo parece, porque com a confecção do conteúdo e a sua apresentação no momento oportuno, começo o meu desembarque – da condução docente – embora saiba que continuarei como administrador e espectador das demais atividades pedagógicas, mas na plateia, convencido de que, a partir deste ponto em que desembarco, outros condutores estão a postos a guiar o rumo dos buscadores dos conhecimentos, saberes e mistérios da Ordem Maçônica e de si próprios.

Nestas páginas, passamos por paragens as mais diversas, desde que nos apresentou a ideia básica do que seja a literatura maçônica nacional, aos argumentos necessários para que pudéssemos num curto espaço de tempo de quinze dias corridos, entender os vieses da literatura maçônica em seu próprio processo evolutivo, superar as nossas próprias visualidades intelectuais, restritivas em vários aspectos, e vim a oferecer aos participantes do Curso Básico de Formação Maçônica, esta pequena contribuição, agora transformada em obra escrita, sujeita a críticas e aperfeiçoamentos futuros.

Foram ao longo dessa viagem, sete paradas em sete estações específicas, particularmente, focadas em livros, leituras, cultura, cultura de Maçonaria, e fundamentos básicos ou essenciais, e necessários a que nos propomos – uma iniciação à Maçonaria – e creio que logramos êxitos. A obra e a crítica são suas, caro leitor.

Por tudo somos gratos e agradecidos estamos por entender que a cultura de Maçonaria se fortalece. Com esse fortalecimento, os Maçons, a Maçonaria, e o Grande Oriente do Distrito Federal, igualmente, se fortalecem.

Obrigado e até os nossos próximos Encontros.

Luiz Gonzaga da Rocha
Secretário de Educação e Cultura
Grande Oriente do Distrito Federal

Parte 2

Antologia de Ensaios

ANTOLOGIA DE ENSAIOS

1. APRESENTAÇÃO

Antologia de Ensaios propõe-se ser uma pausa para reflexão sobre arte, cultura, formação e afirmação de vivência maçônica. Este capítulo reúne textos esparsos escritos antes da concepção de "Ensaios de Arte, Ciência e Literatura Maçônica" e deste volume de "Cultura de Maçonaria, um caminho". Os cinco textos selecionados e submetidos à leitura apontam na direção do que viriam a ser essas duas obras. São textos de antes mesmo da idealização do Curso Básico de Formação Maçônica instituído especialmente para a formação cultural e intelectual dos Maçons brasilienses.

O presente capítulo foi organizado com o intuito de oferecer uma seleção de ensaios em matéria de cultura, educação, leituras, livros e instantes outros relacionados a quem esteja interessado em chegar a um conhecimento confiável, mais e mais detalhado em matéria de educação e formação maçônica.

A seleção e a disposição dos textos não observam padronização cronológica nem contextualização predefinida, entretanto, em sua seleção, procuram demonstrar o valor do capital cultural maçônico sob três aspectos: o saber incorporado, o saber objetivado e o saber institucionalizado. Esses três estágios dos saberes serão especificados no capítulo seguinte, particularmente, em passagens críticas e em nossa cultura, para reforçar o entendimento ou argumento de que, para quem não tem nada, não é verdade que qualquer coisa serve.

Contudo, é preciso render a esses textos a condição de precursores de dois livros: Ensaios de Arte, Ciência e Literatura Maçônicas, com aplicação no Curso de Pós-Graduação em História da Maçonaria, e o presente livro, Cultura de Maçonaria: um caminho, com aplicação no Curso Básico de Formação Maçônica, com aplicação no Grande Oriente do Distrito Federal.

Dessa forma, Antologia de Ensaios dirá ao leitor como pensar cultura de Maçonaria e como, a partir de leituras específicas, se apropriar de conhecimentos, como fomentar a disseminação de experiências interativas nos diversos campos de atuação do Maçom e da Maçonaria, fazendo valer a máxima do "Aprendei e Ensinai".

2. A VIDA E O TRABALHO INTELECTUAL

Ao inserir estes cinco textos para completar esta obra, imagino que não saiba o leitor o que nos conduziu até aqui, e quero lhes revelar, com todas as letras, com toda propriedade e sinceridade: o dever-obrigação de uma vida e trabalho intelectual pensado para o estudante, o leitor e à posteridade.

Este livro, atesto primeiramente, devemo-lo aos nossos alunos, àqueles a quem, no decorrer das atividades no Curso Básico de Formação Maçônica, anseiam por um texto que lhes possa servir de arrimo para estudos complementares. É principalmente por isso que neste livro insistimos em completar o texto original, assentado em sete módulos (dedicados aos Aprendizes), com os cinco módulos (dedicados aos Companheiros) e com os três módulos terminais (dedicados aos Mestres), ainda que o livro, em seu todo, pertença ao leitor, ao buscador, àquele que almejar conhecer, independentemente de graus na escalada da vida maçônica.

Atesto, igualmente, que nos move o profundo interesse por propagar a cultura de Maçonaria aos quatro ventos ou quadrantes das Lojas de Aprendiz, difundir ideias, pensamentos e assim poder contribuir com a formação de todos aqueles que almejarem penetrar no conhecimento das coisas de Maçonaria com os olhos de ver e ouvidos de ouvir, com a mente aberta para a informação que de tão velha se tornou desconhecida, e no dia em que estivermos seguros de não podermos mais ser interrogados a respeito do que ignoramos, então encerraremos nossa caminhada e deixaremos ao lado a tola necessidade de continuar aprendendo e ensinando, ainda que passando por cima daquela antiga regra que aconselha a persistir na condição de Eterno Aprendiz.

Mas por que esse interesse quase obsessivo em transformar em livro o que muito bem poderia ser simples "Apontamentos" ou "Notas de Estudos"? Respondo com poucas letras, a necessidade de contribuir com o crescimento individual e coletivo dos Maçons. Vencer as barreiras da ignorância mental. Elevar a cultura de Maçonaria ao patamar que nos for possível elevar. Estimular os estudos e os escritos sobre Maçonaria. Acompanhar e crescer junto com o Leitor na caminhada das afirmações dos conhecimentos e saberes das coisas de Maçonaria.

E como dizia o nosso Irmão Goethe[45], é bom que se aprenda a fazer a coisa mais insignificante da maneira mais grandiosa, pois quanto mais um homem se aproxima de suas metas, mais crescem as dificuldades, e, por isso, a obrigação de nos dedicar, no devido tempo e lugar, ao sacrifício necessário da dedicação aos estudos, ao aprendizado e ao ensino. Em outras palavras, é preciso que nos esforcemos para compreender tudo o que possa ser compreendido, com o objetivo de conseguir ofertar alguma coisa que possa contribuir para o nosso próprio crescimento na vida e no trabalho intelectual, e os livros, reporto-me agora a Steiner[46], são a chave de acesso para nos tornarmos melhores.

3. RUMO AOS TEXTOS

Os pensamentos e ideias expressas em cada um dos textos que

---

[45] Johan Wolfgang von Goethe (1749-1832)

[46] STEINER. George. Aqueles que queimaram livros. 2ª ed. Belo Horizonte: Ayné, 2018.

compõem esta Parte Dois, são estaques, ainda que se comuniquem de certa forma, com o ideal proposto, que é o de: elevar a cultura de Maçonaria, fortalecer a Educação Maçônica e contribuir para o Aperfeiçoamento Intelectual dos Maçons. Acho que eles falarão à "Razão" ou "Intelecção" do leitor.

O Autor

UNIDADE OITO

PONTOS DE CULTURA

A arte de ler, compreensão e a incorporação da leitura, e a constituição da cultura intelectual no momento atual, especialmente a cultura maçônica, passa necessariamente pela leitura de revistas e de livros maçônicos, sem prejuízo da leitura de outros tipos de magazines, livros e jornais. A Maçonaria, não podemos nos distanciar desse norte, é um sistema e uma escola de moral e ética, filosofia social e espiritual, revelados por alegorias e ensinados por símbolos, guiando seus adeptos à prática e ao aperfeiçoamento dos costumes e à prática dos mais elevados deveres do homem: retidão e perfeição. Conhecer-se a si próprio, amar e instruir seus semelhantes é a regra áurea.

Para mais além do título, este artigo objetiva: construir uma ponte para o futuro que está a exigir do Maçom uma educação formal em níveis quantitativos e qualitativos sem precedentes; interligar as atividades maçônicas e os afazeres dos Maçons com a leitura de artigos, periódicos, revistas e livros maçônicos; incrementar a cultura maçônica, fomentar a busca pelo conhecimento e motivar a paixão pelos livros e pela arte da leitura; ofertar subsídios para superação das deficiências de políticas culturais e aprofundamento das relações institucionais que sustentam a formação intelectual dos Maçons; e, por fim, apoiar e propagar o fazer cultural daqueles que promovem o desenvolvimento de materiais educativos e formativos [livros, revistas e jornais] maçônicos em seus diferentes suportes e formatos. Defendo a tese de que a Loja pode se transformar num espaço de reflexão permanente.

Sabidamente, o potencial de criatividade do Maçom brasileiro é imenso e um programa, por exemplo, de estabelecimento de bibliotecas nas sedes das Obediências e nas Lojas Maçônicas, e de acervos particulares, ou mesmo o estabelecimento de um programa de incentivo à leitura e de incentivo à apresentação de resenhas de livros e comentários de obras e de artigos maçônicos em Sessões de Lojas, muito poderá contribuir para que os Maçons, em tornando-se conhecedores e leitores críticos desses produtos, possam laborar para a elevação e melhoria do nível cultural dentro e fora da Ordem.

O momento contemporâneo demanda o estabelecimento de uma política de informação e de formação de bases culturais para os Maçons. Esta política não deverá estar centrada apenas nas parcas informações estabelecidas nos rituais e nas leituras em Lojas a título de instruções, mas na criação de uma infraestrutura que permita ao Maçom ter acesso à informação e ser estimulado à sua produção em todos os níveis de conhecimento e espaços culturais. Em suma, pugna-se por uma política básica e fundamental para a geração e compartilhamento de conhecimentos maçônicos.

Para tanto, lançamos um desafio. O desafio da luta pela valorização da cultura maçônica, com a criação de "Pontos de Cultura" nas sedes das Obediências, em Lojas e na residência de cada Irmão. Entendo que a nossa sensação de realidade maçônica esteja assentada no fato de dividirmos o nosso mundo com o mundo dos outros e que a cultura possibilita o quase impossível: participar das experiências de cada um, e, simultaneamente, conviver e observá-los individualmente. Um perpétuo diálogo com a experiência humana.

Para melhor compreender o enfoque do desafio lançado, é importante levar em conta que este enfoque está intimamente integrado à existência e circulação de vastíssimo material escrito por Maçons para Maçons, afinal, são incontáveis as publicações de livros, artigos e revistas sobre Maçonaria no Brasil e no exterior. Nos parece relevante assinalar, para início de assunto e levantamento de premissas básicas, nomes de revistas e editoras voltadas para uma clientela específica: Os Maçons.

Para conhecimento do leitor citarei nomes de editoras maçônicas [e não maçônicas] mais conhecidas do grande público maçônico. São elas: A TROLHA, A Gazeta Maçônica, Madras, Pensamento, Planeta, O Prumo, Landmark, Record, Nova Fronteira, Ícone, Arte Nova, Universo dos Livros, e a Editora Annablume. Cada uma com dezenas de títulos publicados, e foco, ainda, as Revistas Maçônicas: "A TROLHA", Universo Maçônico, O Prumo, Arte Real, Engenho e Arte, Astrea, Consciência, A Verdade, Mundo Maçônico, Egrégora e Ao Zenith, dentre outras.

Entendo que neste universo cultural, a não aquisição de versões impressas de periódicos e de livros maçônicos; a não leitura dos livros e revistas e a não leitura de informativos e de artigos disponibilizados na infraestrutura de comunicação digital; o distanciamento dos elementos culturais maçônicos correlatos em rituais, eventos e sessões maçônicas; e o não desenvolvimento do conhecimento necessário para a compreensão da razão de ser da Ordem e do papel do Maçom na sociedade, demanda ações pontuais e precisam ser atacados de forma global com a superação de seus mecanismos catalisadores e implantação de "Pontos de Cultura" mínimos.

Como resultado dessa reflexão apresento propostas que espero sejam avaliadas e devidamente implementadas no momento e contexto oportuno, embora entenda, como tudo indica, que o problema do desafio da luta pela cultura seja bem mais complexo e que a solução não esteja, isoladamente, na leitura de livros e revistas maçônicas. Estou plenamente convencido de que o primeiro passo possa ser o passo de estimular a leitura individual e a adoção de ações de integração da cultural individual com os meios disponibilizados pela Ordem e Lojas para o fortalecimento do hábito da leitura. De sorte que são três as propostas que apresento à consideração do leitor: fomento da cultura e valorização da leitura de livros e revistas maçônicas; democratização do acesso à leitura com o estabelecimento de "Pontos de Cultura" em Lojas e Sede das Obediências; e compartilhamento do conhecimento adquirido entre Irmãos e Lojas.

No primeiro plano são dois os aspectos a serem considerados: o fomento à cultura e a valorização da leitura. O hábito e a prática cultural da leitura, da aquisição de livros, e a assinatura de revistas de cunho maçônicos, práticas que segundo observo são muito pouco utilizadas individualmente e/ou pelo coletivo quando em Loja. Sei, e entendo, que para quem não teve contato direto com a cultura do papel e da escrita, a leitura de revistas e de livros, não fará falta, nem será tido como sinônimo de conhecimento e nem mesmo representará qualquer tipo de utilidade. Neste caso, pouco importa se custe R$ 5,00 ou R$ 50,00, em ambos os casos, os livros e revistas não serão acessados, não pelo preço de cada obra, mas por problema de não valorização da obra ou da leitura.

A valorização da leitura poderá acontecer a partir do engajamento de Irmãos, Obediências e Lojas em campanhas de aquisição, formação de acervo, campanhas de incentivos à leitura, distribuição e empréstimos de periódicos e livros entre Obreiros. Não se pode relevar que a elevação da cultura maçônica resultará na qualificação do Maçom, e Maçons bem preparados e/ou capacitados para a reflexão sobre objetos, história e filosofia da Ordem serão Maçons aptos a defenderem e auxiliarem na manutenção do organismo maçônico como um todo. Assim, a leitura há que ser [re]colocada como prioridade na evolução cultural do Maçom e Ordem Maçônica.

O outro aspecto que precisa ser cuidadosamente considerado no estudo da proposta é aquele que trata da democratização do acesso à leitura. E esta democratização passa pelo estabelecimento de "Pontos de Cultura" em Lojas e Sede das Obediências. Este é um ponto que exige consideração especial por levar em conta primeiro o custo do livro no Brasil, as dificuldades para criação de bibliotecas, e, por fim, o interesse nos Maçons, Lojas e Obediências no fomento à acessibilidade à cultura pela leitura.

Na linha da oferta e da busca pela cultura é fácil dizer que o livro no Brasil é muito caro. De fato, o preço do livro em magazines é quase o dobro dos preços praticados na Europa e nos Estados Unidos, mas vale observar que o brasileiro lê pouco, digo que lê um livro e meio por ano, em média, enquanto naqueles países a média de leitura ultrapassa quatro ou cinco livros por ano. A questão, então, reside na baixa demanda na aquisição de livros e revistas, o que força a tiragens de edições com números reduzidos, onerando o custo. Adita-se a este fator, a inexistência de pontos de distribuição fora dos grandes centros populacionais. A solução passa, em nosso entender, por ampliar o universo de leitores/ consumidores de livros e revistas maçônicas. Se o universo de leitores aumentar, o preço tenderá a diminuir.

Esta linha se associa a outra, igualmente crítica: a colocação de livros em espaços que possam ser disponibilizados aos Maçons para consulta não é prioridade dos dirigentes maçônicos. Assim, sem uma política que incentive e facilite a leitura, o círculo se fecha, e cada vez menos Maçons ascendem ao patamar de leitores e de compradores de livros. A criação de centros culturais e biblioteca nas sedes estaduais das Obediências e em Lojas é uma política que precisa ser posta em prática. O caráter excludente não fica bem e a Maçonaria não passaria para a condição de Entidade responsável pelo Maçom de amanhã.

O terceiro aspecto a considerar é o do compartilhamento de livros e revistas em Lojas ou entres Irmãos, para leitura semanal. Desta forma, e para que o conhecimento adquirido entre Irmãos passe a ser compartilhado, as Lojas e Obediências estão sendo convocadas a promover seminários, tempo de estudos, quartos de hora, encontros culturais, e concursos literários com edições de livros com os melhores trabalhos de Irmãos, como premiação.

A conclusão é elucidativa: o Maçom lê pouco e a crise da falta de leitura é gravíssima. A atualidade dos computadores e das suas múltiplas variações e formas de acessibilidade ao conhecimento universal pelos Smartphones, Ipads e outras formas de interação conduzem os leitores ao mundo dos *e-books* e das informações digitais *online*. Mas para quem não teve em sua formação intelectual contato direto com a cultura do papel e da escrita, os livros e revistas, digitais ou não, parecem coisa ficcional. Creio que tudo poderia melhorar se as Lojas e as Obediências estimulassem a leitura e a busca pelo conhecimento maçônico, ou se adquirissem livros e revistas para empréstimos entre Irmãos e se dedicassem à montagem de bibliotecas especializadas em assuntos/temas maçônicos.

Carrego comigo o sentimento que há muito por fazer no campo da cultura maçônica. A Ordem é responsável pelo padrão cultural que o Maçom ostenta. O desafio da responsabilidade pesa sobre cada um de nós. Esse desafio – enorme e preocupante – consiste em garantir o acesso ao livro e às revistas maçônicas como instrumentos insubstituíveis ao acesso à informação, cultura, conhecimento e pensamento da ordem.

Por fim, tudo indica que o problema do desafio da luta pela cultura é mais complexo e que a solução passa, isoladamente, pela leitura de revistas e livros maçônicos. Mas entendemos que o primeiro passo passa pelo estímulo à leitura em conjunto com ações de integração com os meios disponibilizados pela Ordem às Lojas no fortalecimento do hábito da leitura.

Em suma é o que pensamos e imaginamos para superação dos óbices e concretização da "regra áurea": instruir-se e instruir seus semelhantes.

UNIDADE NOVE

MAÇOM E MAÇONARIA

PREÂMBULO

Sabe o Grande Arquiteto do Universo quanto papel e tinta já foram utilizados para traçar e apontar o perfil do Maçom e da Maçonaria. E mesmo as mentes mais aguçadas parece não se darem conta de que o retrato falado do Maçom pouco condiz com o arcabouço idealizado como justo e perfeito. Como o assunto admite variegadas considerações, assumo o risco de traçar estas linhas e submetê-las à consideração dos Irmãos leitores.

Neste artigo, pretendo abordar três tópicos. Primeiro buscarei conceituar Maçom e Maçonaria. Depois, apresentarei considerações sobre a função, missão e liderança, do Maçom e da Maçonaria na sociedade. E, por fim, algumas sugestões para formação e desenvolvimento da massa crítica maçônica institucional, apontando a necessidade peremptória da educação maçônica como esteio de uma Maçonaria forte.

MAÇOM E MAÇONARIA

Imagino que a indagação mais interior formulada por um não Maçom e até mesmo por muitos Maçons, seja sobre os conceitos de Maçom e Maçonaria. Procurando fugir dos conceitos usuais e que se alteram em cada fração de tempo, quero reafirmar um conceito antigo, onde se diz, com todas as letras, que *a Maçonaria é um terreno mental onde se defrontam todas as opiniões, todas as crenças, todas as ideias sérias e de boa fé para discussão pacífica, e de cujo combate fraternal resulte novas verdades a juntarem-se às já descobertas, contribuindo, assim, para o incremento do espírito humano, e para renascer o bem-estar da humanidade* [Chainé d'Union, 1889]. Nesse contexto, o Maçom seria o ente/agente dessa conceituação e, filosoficamente, seria um crente desse *estado de espírito*. Por outro lado, os nossos rituais definem Maçonaria como sendo *uma Instituição que tem por objetivo tornar feliz a Humanidade pelo amor, pelo aperfeiçoamento dos costumes, pela tolerância, pela igualdade, e pelo respeito à autoridade e à religião de cada um*. Neste conceito, o Maçom seria, simplesmente, o membro da Ordem maçônica, seja ele ativo ou inativo, regular ou irregular, enfim, quero dizer: Maçom é o homem Iniciado na Ordem Maçônica.

Manoel Arão [História da Maçonaria no Brasil, p. 7], consubstanciando o pensamento de muitos livres-pensadores, externou, desde meados da década de vinte do século passado, que o conceito de Maçonaria, e, por extensão, o conceito de Maçom, não pode ter uma fórmula precisa de definição, por *encerrar, em si, o princípio de perfeição absoluta que se contém no ente preexistente e fora do círculo dos nossos próprios conhecimentos e do conceito moral em que somos aptos a definir.* Entendendo que *a ideia de Maçom e de Maçonaria transcendia a nossa própria contingência que, por sua própria natureza, põe um limite nas relações de indivíduos a fenômenos* de Maçons e Maçonaria.

Esse agregado filosófico conduz a Fichte [Filosofia da Maçonaria, p. 73-74], quando este, instruindo a Konstant, frisou que a Maçonaria existe em razão de si mesma, e que esta deve ser como é, parte constituinte do absoluto; proclamando o entendimento de que *a Ordem dos Maçons existe para manter, para conservar a Maçonaria*. Entendendo que a expressão *Maçonaria indica a associação, e esta não pode ser considerada fim a si própria, mas apenas meio, pois que a associação, para o fim prefixado, é apenas meio e não pode ser como é, no momento, em sentido absoluto, mas apenas sob as condições de determinada situação no mundo*. O Maçom no emaranhado filosófico-conceitual é o indivíduo que se dispõe a integrar a grande coligação universal que é a Maçonaria.

Ainda, a título de mero esclarecimento, o conceito de Maçom pode ser compreendido em contextos ou planos diversos, e aqui quero focar o plano semântico [aquele onde os signos são conceituados com base em um contexto determinado = maçom nominal] e pragmático [que materializa o relacionamento que se estabelece entre o signo e seus utentes = maçom real], para conceituar o Maçom como alguém que foi iniciado em Loja regular, justa e perfeita. Parafraseando Assis Carvalho [Xico Trolha], Antônio do Carmo Ferreira [Do Carmo] e outros, conceituarei Maçonaria como "*Centro de União dos Maçons*".

MISSÃO E LIDERANÇA

Como é por todos sabido, a Maçonaria enquanto Organização de Construtores Sociais exerceu forte influência na evolução dos povos civilizados, e no presente momento, assiste pacífica e silenciosamente, a falência do tecido social que lhe fornece o principal instrumento de sua ação social: o Maçom. Adianto que a missão e a liderança da Maçonaria e dos Maçons no processamento histórico do evoluir da Humanidade são incontestes e indescritíveis. Neste artigo, pretendo considerar, discutir e apresentar meus argumentos em três cenários.

Preliminarmente, quero apresentar e externar o entendimento de que a Maçonaria nasceu para auxiliar os homens a viverem em harmonia; serem bons e honrados; acreditarem em Deus como Ser Supremo, Poderoso, Criador de todas as coisas; combaterem, sem tréguas, o fanatismo, a superstição, os vícios e a ignorância em todas as suas formas, e ainda, para lutarem contra o nepotismo, o sectarismo e o despotismo; respeitarem as religiões, seus dogmas, doutrinas e princípios; emitirem, livremente, opiniões e permitirem que todos sejam livres e vivam em igualdade e fraternidade, independentemente de cor, credo religioso, condição socioeconômica e posicionamento político-ideológico. Enfim, livres e de bons costumes para poderem se aproximar de Deus e com Ele serem Um e Único.

Em segundo plano, dizer que os dois pilares fundamentais que sustentam a Maçonaria são a Missão e a Liderança. Quando estes dois pilares são robustos, a Instituição normalmente vai bem. Quando um dos dois pilares tem problemas, a Instituição vai mal, e quando os dois pilares têm problemas, a Instituição corre sérios riscos de abatimento de colunas.

No primeiro cenário, entendo ser preciso considerar a função do Maçom e da Maçonaria na sociedade. Para tanto vou apontar como objetivo da Maçonaria e do Maçom, como sendo a evolução da espécie humana e a promoção do bem-estar social da humanidade pelo aperfeiçoamento dos costumes, pela prática desinteressada dos regramentos éticos e morais, e pela investigação da verdade de forma consciente e incondicional. Neste cenário, a Maçonaria pugna pelo aperfeiçoamento permanente do Maçom e, antes de tudo, pelo exercício das práticas consubstanciadas na tríade Liberdade, Igualdade e Fraternidade para o aperfeiçoamento da Humanidade.

No segundo cenário, entendo ser necessário que o próprio Maçom esteja atento e compreenda que convive em um mundo globalizado e permanentemente sacudido por correntes de inovações científicas, tecnológicas, sociais, culturais e econômicas, diferenciadas por blocos ou segmentos estruturais e conjunturais, e que essas mutações transformadoras do tecido social estão a exigir do Maçom e da Maçonaria, como dos homens e das organizações sociais, adaptação, capacitação, conhecimentos especiais, acesso aos estoques de saberes, e construção de perspectivas de futuro, se não quiserem ficar no meio do caminho na longa marcha em busca do aperfeiçoamento humano. Para tanto, o Maçom deve estar cônscio dos seus direitos, deveres e das ações a serem implementadas pela Maçonaria.

No terceiro cenário, é necessário que o Maçom tenha a compreensão da totalidade da obra maçônica em curso, em suas grandes linhas pelo menos. Essa compreensão permitirá cooperar inteligentemente com a obra, seja no contexto atual, seja na construção de cenários futuristas. Importa fazer recordar, agora, que o Maçom, na conformidade do artigo primeiro da primeira edição das Constituições Maçônicas, *está obrigado, em virtude do seu título, a obedecer a lei moral; e se compreender bem a arte, não será nunca um estúpido ateu, nem um antirreligioso libertino*, precisando, ainda, demonstrar seu amor pela Maçonaria [e o amor é ainda a maior das coisas do mundo] e profundo interesse pelas "coisas" da Ordem; demonstrar interesse e dedicação ao estudo da História da Maçonaria e análise do seu processo evolutivo; paciência na busca dos saberes indicados para a construção do conhecimento; devotamento ao magistério e instrução aos menos favorecidos pela compreensão do pensamento ideológico concebido; tolerância e respeito ao pensamento e ideias adversas e contraditórias; e, adaptação aos novos paradigmas da sociedade tecnológica.

Quero, agora, fazer reportagem ao filósofo Aristóteles, ao místico H. Spencer Lewis, e ao estadista Mikhail Gorbachev, que em momentos distintos proclamaram: *tudo tem sua função, e é a excelência dessa função que constitui sua maior virtude; o homem está aqui para aprender;* e *as revoluções modernas se farão com as forças das ideias e não mais com as armas*. O grande desafio maçônico que se apresenta, no momento, é o da superação dos cenários apresentados, e resposta a esse desafio é à educação. Entendo a educação como pilar necessário à formação do homem Maçom, e creio que a educação e o conhecimento da verdade conduzem à reflexão, e esta, por sua vez, aponta as imperfeições à nossa volta e conduz à compreensão da necessidade de mudança de paradigmas, e, consequentemente, à necessidade de aperfeiçoamento e de progresso na senda da evolução humana. Em outras palavras, a ascese humana passa pela formação de massa crítica rumo à perfeição, e a razão da existência humana aqui na Terra é a busca da perfeição, e o ideal humano é tornar-se perfeito, assim como o GADU é perfeito.

OUTROS ENFOQUES

Me curvo à ideia de que a busca da perfeição e da existência de um mundo melhor, dirigido por homens iniciados, pode muito bem representar uma utopia, mas sendo este o plano de evolução social, cultural e política da Maçonaria, e sendo esse entendimento no sentido de que os Maçons assumam os destinos das sociedades, aos Maçons impõe-se, antes e depois de toda e qualquer consideração, serem conhecedores e partícipes desse ideal, e para tanto requer-se que sejam incorruptíveis, instruídos, livres-pensadores e excelentes formadores de opiniões, ou seja, verdadeiros construtores sociais e instrumento adequado para efetivar as transformações sociais requeridas, e, ainda, que sejam capazes de aperfeiçoar-se, de instruir-se e disciplinar-se constantemente na Arte Real, sem prejuízo da conveniência de conviverem harmoniosamente com centenas de milhares de seres díspares, e que possam, a despeito de todas as dificuldades, ser destacados por palavras, obras e exemplos de vida, e, sobremodo, que ostentem, sem envergonhamento, o lema mais sagrado da Ordem Maçônica: Liberdade, Igualdade e Fraternidade.

Assim, urge apontar, pelo menos, três enfoques distintos. Primeiro. Só se pode almejar uma Maçonaria forte se as Lojas estiverem igualmente fortalecidas. Isto significa que é inútil tentar fortalecer a Maçonaria sem o fortalecimento das Lojas. Segundo, é inútil tentar aumentar o número de obreiros nas Lojas, se o potencial de conhecimentos intelectuais, potencialidades e criatividade dos Maçons for abaixo da crítica. Isto significa dizer que o fortalecimento da Ordem dependerá mais de Maçons sábios, criativos e conhecedores da missão e liderança da Maçonaria do que de pessoas brilhantes. Julgo que o acesso ao conhecimento numa sociedade com baixa criatividade tende a travar ou limitar a produção de novas ideias. Terceiro. Só se pode almejar uma Maçonaria forte se as Lojas forem fortes e se a criatividade dos Maçons for suficientemente alta. Isto significa que é inútil tentar apropriar-se de saberes e conhecimentos sem estimular o crescimento da criatividade.

Portanto, nada é mais urgente do que a necessidade de apropriação de conhecimentos e disseminação de experiências interativas nos diversos campos de atuação do Maçom e da Maçonaria. Nada mais certo, por outro lado, que a capacidade dos Maçons em promoverem e concretizarem, presentemente, este salto cultural que colocará a Ordem dos Maçons no primeiro degrau da promoção dos seus sublimes ideais. Depressa: Aprendei e Ensinai.

RESUMO

Resumidamente, o presente artigo procurou mostrar que Maçons e Maçonaria, embora partes integrantes de um mesmo contexto estrutural e conjuntural, são estruturas distintas no processo de transformação da sociedade, sugerindo que Maçons e Maçonaria possuem atuação destacada e concentrada nas dimensões regionais, institucionais e individuais. O artigo apresentou uma abordagem conceitual diferenciada, sem confrontação ou desqualificação dos conceitos consagrados pelos usos e costumes. Considerou a função do Maçom e da Maçonaria na sociedade, apontando o papel do Maçom como ente/agente de transformação social, indicando que este necessita apropriar-se do conhecimento maçônico e de outros saberes planetizados. Por fim, apresentou propostas/sugestões para formação de massa crítica no seio da Maçonaria, associando a necessidade de apropriação de conhecimentos, chamando a atenção, não obstante, para o fato de que até mesmo para apropriar o conhecimento gerado alhures, é preciso estar preparado para tal mister. E, à guisa de conclusão, assinala como urgente a necessidade de se cuidar da educação do Maçom, sem que se seja, obrigatoriamente, livresco e repetitivo. Trata-se, portanto, e antes de qualquer coisa, de um modo todo especial de ser e de fazer, em face da Maçonaria.

UNIDADE DEZ

POR UM NOVO MODELO DE EDUCAÇÃO MAÇÔNICA

PREÂMBULO

Se acolhi ou não a provocação para escrever um texto para a Revista Universo Maçônico em um curto espaço de tempo, não sei, mas aqui se delineiam as primeiras linhas de um texto sobre tolerância, esperança maçônica, prática das virtudes, Mestres dos Templos, Maçons, Maçonaria e Educação Maçônica, num mesmo conceito de espaço e tempo.

DELINEADOS CONCEITOS

O entendimento sobre tolerância vem de Voltaire [Francois-Marie Arouet 1694-1778], particularizado pela perspicácia e espiritualidade na defesa das liberdades civis e do otimismo que exala de todos os seus escritos. Voltaire, que em idade provecta assentou-se no topo da Coluna do Norte de um templo maçônico, brindou os Maçons [e ao mundo] com a obra "Tratado sobre a Tolerância" [1763] que revela, dois séculos e meio depois, reflexão atualíssima sobre o sistema judiciário, responsabilidade dos juízes e os efeitos perversos que as leis podem ter sobre os cidadãos. E nos brindou, ainda, em 1759, com outra obra fantástica: "Cândido ou o Otimista", leitura perfeita para superação das adversidades da vida cotidiana. Obras que as bibliotecas maçônicas precisam conhecer.

Sobre a esperança, essa crença emocional que permeia o imaginário de todas as mentes humanas, ouso dizer que seja o veículo-motor das nossas boas ações em busca da perfeição humana em meio às turbulências da vida que tendem a fazer florescer nossas tendências irracionais e desordenadas, e que nos impedem de crescer como pessoas altruístas, desprendidas e fraternas. Maçonicamente, a esperança é o anseio ou expectativa gerada pela iniciação de um novo renascer, é a força do espírito, que ampara e anima os Maçons nas dificuldades encontradas no caminhar da vida. A luz da esperança é um farol que se eterniza nos milhares de desejos que sobem ao infinito enquanto atua para mudar as realidades das pessoas no presente. Fé, Esperança e Caridade fazem parte do luzeiro maçônico.

E se tudo isto pode parecer bonito ou adequado aos nossos interesses, por outro lado, não podemos ignorar que todas as descrições criadas pela mente têm suas limitações como todas as demais coisas que constituem o Universo manifestado. Dito de outra forma, não se pode exagerar e esperar algo além do possível. Milagres não se materializam por acaso. Se realmente somos membros da Sociedade Maçônica Universal, precisamos desenvolver a percepção da unidade para mostrar ao mundo um exemplo diferente e superar qualquer tendência pessoal por divisão ou aversão e fundamentalismo entre os Maçons.

Por isso temos que saber que a tolerância, respeito mútuo, amor ao próximo são tão importantes quanto os preceitos de liberdade, igualdade e fraternidade, e um e outro precisam da contrapartida adversa, a parte contrária, o algo adjacente e/ou complementar para o exercício da ação inteligente do homem iniciado Maçom. Imagine um jardim que tenha uma única flor ou uma orquestra de apenas um instrumento. Pode parecer difícil enquadrar esse entendimento do oposto em nossas vidas, mas a verdade é que a unidade só é compreendida por efeito do seu oposto, sem este ela torna-se idêntica ao todo, sem sentido inteligível. Portanto, a perfeição do Universo Maçônico é a perfeição na variedade e harmonia das partes inter-relacionadas que constituem o Todo, um Todo maior e mais harmonioso.

John Algeo [vice-presidente da Sociedade Teosófica] usou certa feita uma expressão que gosto muito e que reproduzo aqui. Disse ele:

> *"Nós, seres humanos, somos como sobreviventes de um naufrágio e estamos comprimidos num bote salva-vidas, arremessado daqui para lá, no tormentoso oceano da existência. E quais são nossas opções?".*

E prossegue:

> *"Podemos, em desespero, agarrar-nos uns aos outros, sem esperança de resgate e apenas aguardar o fim inevitável. Ou podemos trabalhar juntos e elaborar um plano para chegarmos à praia com segurança".*

Meus Irmãos, a Maçonaria propaga que é na Terra, a única instituição capaz de levar o homem ao domínio da paz, da ordem e da felicidade. Ensina que em seu seio não existem desejos nem interesses pessoais a satisfazer, e a ambição se circunscreve aos limites das necessidades da fraternidade. Que bonito. Isto quer dizer que devemos trabalhar juntos e elaborar um plano para chegarmos à praia com segurança. E aqui, forçosamente, se concentram as ideias esposadas nos parágrafos antecedentes sobre tolerância, esperança e virtudes à luz da cultura maçônica.

Isto nos conduz a outro ponto: a prática das virtudes ou a reflexão sobre o comportamento humano. Nos sábios ensinamentos da Ordem, *"A virtude é uma disposição da alma que nos induz à prática do Bem"* ou uma disposição habitual para o bem, para o que é justo. Ora, embora os homens resistam em só reconhecer suas virtudes em suas ações, as virtudes não são, nunca foram e, acredito, nunca serão, propriedades das ações particulares, mas algo mais amplo e universal ao largo das de ações individuais, como traço igual e concreto, como imaginava Aristóteles, a virtude é uma constituição geral do homem que transcende a ação particular.

Os Pais da Maçonaria Moderna em suas virtuoses concepções do arcabouço filosófico, histórico, ideológico, cultural, moral, intelectual e espiritual, não se furtaram de aquilatar tudo que do melhor e mais tradicional existisse em cada parte do Akasha Universal para emprestar à Ordem uma condição excepcional: a de antiguíssima ordem detentora de elevados "saberes" e "conhecimentos" universais. Tudo para que nós, os Maçons do presente, possamos degustar dos seus ensinamentos e nos aproximarmos da fonte pura da Verdade, instruindo-nos, não só pelas sábias lições dos Mestres, como, principalmente, pelo exercício da meditação.

Pensar é reinar. Se o Maçom soubesse da força interior que um processo de autoexame e de autoconhecimento pode proporcionar, não se demoraria em despir-se das roupas velhas e dos seus sentimentos para usar uma roupagem nova e dispor da faculdade de conhecer a verdade e de se libertar do jugo cultural que refreia a maioria das suas ações. Pensar por si mesmo é a grande arte dos iniciados. Oswaldo Wirth proclamou certa feita aos Iniciados:

> *"Ao iniciar-vos em seus mistérios, a Maçonaria convida-vos a vos tornardes homens de elite, sábios ou pensadores, erguidos acima da massa que não pensa. Não pensar, é consentir em ser dominado, conduzido, dirigido e tratado demasiadas vezes como bestas de carga. É por suas faculdades intelectuais que o homem distingue-se do bruto – o pensamento torna-o livre: dá-lhe o império do mundo – Pensar é reinar"* [WIRTH, la franc-maçonnerie rendue intelligible à ses adeptes – L'apprenti – Le Symbolisme – 1962].

A frase *"Conhece-te a ti mesmo"*, que foi colocada no Templo de Apolo, em Delfos, varou os séculos com a finalidade de alertar os homens para a necessidade do autoconhecimento. Os filósofos gregos acreditavam que o objetivo mais elevado do ser humano era conhecer a si próprio. Era saber a sua origem, quem ele era e qual a sua destinação futura, pois a vida somente teria uma razão de ser quando examinada e bem conhecida [CAMARGO, Educação dos Sentimentos, 2013]. A obra magna do Maçom é conhecer-se a si mesmo, chegar a ser o que quer ser, superar-se a si mesmo, aperfeiçoar-se. Em suma, alcançar a estatura do homem perfeito, transmutando-se de pedras mortas em pedras vivas.

Tendo discorrido sobre a tolerância, dado que a Ordem inscreveu solenemente nas suas Constituições, o respeito a todas as crenças e a todas as ideias e a todas as opiniões, e sobre o Amor ao Próximo, a que denomino lei do progresso humano, porque harmoniza os povos, aproxima os homens e se constitui na lei de bondade. Creio que não precisar insistir nestes pontos doravante.

Creio que antes de pensar na integração do conteúdo e caminhar para uma conclusão, resta-nos discorrer sobre os Mestres do Templo. Quem são eles e como vieram a contribuir até se constituírem em Mestres dos Templos Maçônicos? Difícil explicar. Importa dizer que do Grau de Aprendiz ao Grau de Grande Inspetor Geral da Ordem, do Rito Escocês Antigo e Aceito, listam-se tantos nomes que torna impossível uma nominação mais ampla nesta curta reflexão. Entretanto, para representar o universo dos Mestres e de seus ensinamentos, referencio: Aristóteles, Buda, Confúcio, El Morya, Hermes Trismegistus, Jesus, Koot Hoomi, Lutero, Maomé, Pitágoras, Platão, Saint German, Salomão, Sócrates, Zaratustra, por falarem uma mesma linguagem – a linguagem do amor ao próximo. Mas aqui também ousaria dizer que os Mestres dos Templos são os Maçons, Eu e Você, que, independente da escalada de Graus, Ritos e Obediências, fazemos a Maçonaria ser o que ela é presentemente.

Se bem observar, o título desse novo escrito denomina-se *por um novo modelo de educação maçônica*, e não sei se fui bem-sucedido na missão, mas se me perguntarem qual o magno objetivo da Maçonaria, responderei, sem titubear: o aprimoramento da humanidade pelo aperfeiçoamento dos costumes. E, obviamente, esse nobre propósito só poderá ser atingido pela constante e perseverante pesquisa da verdade e prudente, porém firme, difusão dos ensinamentos maçônicos.

Um novo modelo de educação maçônica, salvo melhor juízo, passa pelo entendimento de que as Lojas precisam se readequar à realidade dos nossos dias, e se preparar para o acasalamento dos velhos conhecimentos com as novas tecnologias virtuais e achados culturais recentes. A Ordem não precisa se desfazer de nada, não precisa se reinventar, mas apenas investir e incorporar "o novo" na disseminação da sua fantástica tradição cultural. Simples assim.

A educação do homem iniciado Maçom é um direito e norma perpetuados, é um dever das Lojas e dos Mestres das Lojas e estes, *"se conhecem"* e estimam aqueles que, *"se procura a si mesmo"* ao precisarem ser mais bem instruídos, educados e preparados para a arte real por aqueles que por modéstia [natural ou adquirida] se deliciam em honrar com "saberes" aqueles que, sem alarde, queiram elevar-se acima de si mesmos, e "reconheçam" que precisam elevar-se pelas qualidades morais, intelectuais, permitindo a inversão do dito esotérico: *"quando o aprendiz estiver pronto, o mestre aparecerá"*, pois *"O Mestre que estará a postos quando o discípulo Dele precisar"*.

CONCLUSÃO

À guisa de conclusão ouso dizer que aos aprendizes, e todos nós eternos aprendizes, foi proporcionada a ambrosia da Esperança de uma Nova Ordem Maçônica por intermédio de um novo modelo de educação. Disciplina, Perseverança e União, de um lado, e Sabedoria, Tolerância e Desprendimento, por outro lado, são palavras que combinam e se completam perfeitamente duas a duas para o exercício final: "o que não queres para ti, não queiras para os outros".

A Maçonaria do futuro depende da Maçonaria do presente. Cumpramos o nosso dever para com os Aprendizes. Educar é um ato de amor para com cada um dos Irmãos. Aprendizes! Prestem atenção:

> *"Em matéria de saber, a qualidade supera a quantidade. Sabei pouco, mas esse pouco sabei-o bem. Aprendei, principalmente a distinguir o real do aparente. Não vos deixeis apegar às palavras, às expressões, por mais belas que pareçam; esforçai-vos, sempre, em discernir aquilo que é inexplicável, intraduzível, a Ideia Princípio, o fundo, o espírito: sempre, mal e imperfeitamente interpretados nas frases mais buriladas. E deste modo, unicamente por este meio, que afastarei as trevas do mundo profano e atingireis a clarividência dos Iniciados".*

Neste mesmo diapasão, há cem anos já dizia Mackey:

> *"Nenhum Maçom consegue chegar, em nossos dias, a uma situação mais ou menos notável dentro da Fraternidade se não for suficientemente instruído. Se os seus estudos se limitarem ao que ensinam as sumárias instruções da Loja, não lhe será possível apreciar com exatidão os fins e a natureza da Maçonaria como ciência especulativa. As instruções não passam do esqueleto da ciência maçônica. Os músculos, os nervos e os vasos sanguíneos, que devem animar este esqueleto sem vida e dar-lhes beleza, saúde e vigor, estão contidos nos comentários dessas instruções que o estudo e as pesquisas dos escritores maçônicos proporcionam ao estudioso em Maçonaria".*

UNIDADE ONZE

ROMPENDO O SILÊNCIO

A transmissão do conhecimento iniciático e da tradição maçônica indivíduo a indivíduo – do mestre ao ouvido do discípulo – numa sociedade assaltada pela ciência e estigmatizada pelo materialismo consumista, é algo incomum, ou mesmo praticamente impossível, dada a escassez de mestres da tradição, pobreza dos rituais e práticas amorfas dos princípios maçônicos *intra e extra corporis*. Cada Maçom, Loja, rito e potência é, como já disse alhures, um universo à parte no contexto da universalidade maçônica. Assim, o conhecimento e a tradição se esvaem à medida em que Maçons, sem mestres da tradição como guias, aprendem e conhecem cada vez menos do muito que deveriam conhecer e aprender. Toda cultura tem mitos e histórias e também limites.

Reconheço que existe [existiu e existirá] em sessões de Lojas, reuniões de potências e encontros de Maçons: momentos marcantes; discursos arrazoados; conversações edificantes; eloquentes argumentos expositivos; criteriosas seleções e arranjos de frases e palavras na exposição de temas sobre o fausto maçônico; chamamentos à ordem; e, ou mesmo, conscienciosa reflexão formativa e instrutiva, e, também, muito bê-á-bá e riquíssimo nhém-nhém-nhém. De igual modo, não posso deixar de reconhecer que no hiperespaço da Maçonaria moderna, existe [existiu e existirá] Maçons comprometidos com a erudição e com a tradição. Por outro lado, não posso desconhecer que circula em livros, revistas, na imprensa maçônica e na rede mundial de computadores: bons artigos; leituras prazerosas; estudos de casos, ou mesmo publicações de palestras e diálogos que merecem nosso respeito, admiração e sincero reconhecimento. Mas isto, forçosamente, não supre a lacuna da instrução maçônica em Loja e nem mesmo contribui para o desenvolvimento coletivo dos membros da Arte Real.

Ser e ter mestres instruídos nos mistérios maçônicos em Lojas pode ser considerado uma dádiva do Grande Arquiteto do Universo, vez que todo e qualquer esforço para constituir e formar mestres é como, guardadas as devidas proporções, voar sem ter asas, e a tarefa, em si, é como um inexperiente aprendiz pilotando um avião de grande porte. Para formar mestres da tradição ou ensinar a voar sem asas é preciso muita paciência e investimentos socioculturais-investigativos, portanto, muito difícil. No segundo caso, sem levar em conta as dificuldades do voo, o aprendiz precisa imprimir um impulso inicial muito forte para fazer o avião decolar e um freio especial para fazê-lo pousar com tranquilidade e firmeza na pista do conhecimento maçônico. E é de se considerar, ainda, os passageiros, que selecionados a dedo entre os iniciados, serão pouquíssimos, vez que nem todos demonstram interesse em embarcar em aventuras, e outros nem mesmo conseguem embarcar e por isso não alçam voo. Como no processo de seleção genética de Darwin, só uns poucos passam de uma a outra dimensão. Talvez, por isso, seja necessário pensar um Projeto Manhattan para a Maçonaria.

A ideia de um Projeto Manhattan para a Maçonaria pode, a princípio, não merecer melhor acolhida por conta do nome e da resposta que o mundo conheceu em Alamogordo, Hiroshima e Nagasaki, mas o nome é o que menos importa. Importante mesmo é a possibilidade de poder avaliar a inexistência e a não formação de mestres da tradição no plano macro e no plano micro. Avaliar, por exemplo, o ponto de *"perdas e ganhos"* com o entra-e-sai de Maçons na Ordem, e neste particular valeria a pena discutir até mesmo as tentativas de minimizar a questão sem valer-se de reducionismos tipo: *"a Maçonaria não entrou nele; não era talhado para a Ordem; não era um bom Maçom, etc., e reticências"*, ou mesmo, analisar por que quando retornam são glamorosamente acolhidos com galanteios e ou encômios. Mas, retornando ao tema central, acredito que a grande contribuição desse projeto seria poder [re]pensar e [re]formular as bases do pensamento maçônico e as estruturas da Maçonaria para adaptá-la à era pós-moderna e da "revolução humana" em face das conquistas científicas.

À primeira vista, pensar em reforma da Maçonaria para torná-la pós-moderna pode, igualmente, não soar muito satisfatoriamente aos ouvidos dos Irmãos mais conservadores, ou mesmo para os que consideram as muitas questões paralelas a serem resolvidas antes da batida final de malhete. Para o historiador John J. Robinson, *"uma das mais fortes discordâncias entre os Maçons de hoje é a questão da mudança"* [*A Senda de um Peregrino*, p. 159]. Entrementes, acreditando na capacidade evolutiva da Ordem e na ascese do homem iniciado Maçom, considero que as questões tidas por paralelas poderão servir como variáveis ocultas ao projeto, ou podem, francamente falando, ser deixadas ao largo, para que os eventos a serem discutidos sejam garantia ou passagem somente de ida para uma Maçonaria nacional, efetivamente, pós-moderna. O fato é que vivemos um cenário que pode transformar a franco-Maçonaria para além das nossas vontades, mesmo que muitos prefiram a rotina e as regras doutrinárias de 1717.

Abro um parêntese para trazer à colação o pensamento de três homens que me inspiraram a escrever este artigo. Primeiro, rendo homenagens ao professor Michio Kaku, que com sua magistral obra "Visões do Futuro" demonstra que *"nenhuma pessoa sozinha pode forjar o futuro"*. Depois, a Frei Beto, que com muita propriedade aponta que *"a vida é um jogo de sobrevivência"* e que *"entre milhões de espermatozoides em busca de aconchego do óvulo, um o consegue. Este um é você, sou eu, e todos os bilhões de habitantes deste planeta. Todos nós sorteados pela loteria biológica"* [Frei Beto, *A morte não manda aviso*, *in* Correio Braziliense, 05/06/09, p. 19]. E, por fim, a Darwin, que se manifestou dizendo:

"Acreditando como eu acredito que o homem num futuro distante será uma criatura muito mais perfeita do que é hoje, é intolerável pensar que ele e todos os outros seres conscientes estão condenados à total extinção depois de um progresso tão lento e persistente" [Rothman, Tony, citando Charles Darwin, *in* Revista Discovery, julho de 1987, p. 87]. E, por óbvio, ao registro mental, impressionante, do desaparecimento do avião A330-200 da Air France, em 31/05/2009, e aos 228 passageiros do voo AF-447 [Rio de Janeiro/Paris]. Fecho parênteses.

Hoje, a hipótese atômica retornou à cena e a ameaça da bomba nuclear tornou-se novamente uma realidade assustadora, e entre as várias e fascinantes excussões de que o futuro nos poderá reservar, a bomba estará presente. E muitas das Instituições socioculturais, como a Maçonaria, ausentes. Não me assusta a ideia de cidades superpovoadas, ameaças hiperespaciais, seres alienígenas, internet quântica, identidades culturais estranhas e diferentes em ambientes plenos de dualidades, filhos cibernéticos, cyborgs, livros e leituras em telas multidimensionais, realidades virtuais, espaços ultraglobalizados ou outras conquistas científicas, sociais e culturais nos anos vindouros. Assusta-me pensar na não inserção da Ordem Maçônica, ou da Ordem Rosacruz, Sociedade Teosófica e outras no mesmo naipe no contexto do futuro desenhado pela ciência, quaisquer que sejam as evoluções que os dias futuros nos reservem. Dói só de imaginar que nós, Maçons da atualidade, selecionados pela loteria genética e pelo processo iniciático não estejamos preparando o futuro da ordem; não estejamos preparando nosso próprio futuro; não estejamos caminhando na estrada referida por Darwin para um amanhã diferenciado, sendo por isso intolerável pensar que depois do lento progresso, pelo qual passamos nestes últimos trezentos anos, estejamos condenados à extinção, por omissão minha, ou sua, isto é, nossa.

Irmãos! Uma nova década, a terceira do século XXI, anuncia seus resplendores sem trombetas apocalípticas. Estejamos alertas. Saiamos do casulo e proporcionemos à sociedade a felicidade que tantos almejam. Façamos tudo o que pudermos fazer enquanto temos tempo. Falar menos, fazer mais pelo futuro da Instituição pode ser o mote. A retomada da luta pelo aperfeiçoamento dos costumes é uma regra que pode passar de uma a outra década, como tem sido feito nestes três últimos séculos. As nossas leis morais, costumes e tradições, e a ética maçônica são regras que em oposição ao desregramento dos costumes e à crise ética, e à soma dos prazeres físicos e consumeristas, podem ser reconduzidas às décadas seguintes. Os princípios da fraternidade e do amor universal aos nossos Irmãos também podem passar incólumes de uma a outras décadas. Mas, precisamos repensar suas práticas e aplicações às realidades diferentes à nossa na atualidade.

E, quantos de nós nos apercebemos que estamos vivendo uma época de transformações na Maçonaria e na sociedade como um todo? Alguns dirão que não somos obrigados a redefinir nosso papel social, outros dirão que em time que está ganhando não se mexe, ou que não sofremos perseguições [à exceção, em alguns casos, pelos próprios Maçons. Casos há em que nossos maiores inimigos são os nossos próprios Irmãos dentro da Ordem] de qualquer natureza, portanto, não temos que ter motivos para preocupações. Reconheço que não somos privados de uma vida digna e que partilhamos de uma existência plena de bens infinitos tais como: liberdade, igualdade, fraternidade, sabedoria, altruísmo e espiritualidade. Mas reconheço e proclamo que precisamos compartilhar com os menos afortunados ou com a sociedade na divina proporção das nossas capacidades, os bens infinitos de que dispomos. Reconheço e proclamo que o destino humano continua fadado a ser fruto do livre-arbítrio de alguns, por isso, temos que decidir em que medidas e proporções queremos projetar nossa Ordem e moldar o nosso futuro.

Irmãos! *Creatio ex nihilo*. Nada se cria do nada. Tudo o que existe, em algum momento, foi pensado e criado por alguém e transformado por outros. A nossa Ordem, creio eu, precisa estabelecer novo marco, novo recomeço, nova postura frente à sociedade profana. A minha proposta é o estabelecimento de um Projeto para [re]pensar a Maçonaria e [re]inseri-la no contexto da nova Ordem Mundial e este projeto denominei *"Projeto Manhattan para a Maçonaria"*. O meu Irmão com a palavra.

UNIDADE DOZE

SER MAÇOM E SER LEITOR

PREÂMBULO

O Título "Ser Maçom e Ser Leitor" não é uma mera provocação, mas um desafio aos Maçons brasileiros. Estamos em meados do primeiro mês do ano de 2013. Acabo de retornar de merecidos banhos de sol nas costas do Nordeste brasileiro, e me acomete o desejo de escrever algo sobre Maçonaria para os Maçons. É o primeiro artigo do ano, depois de um ano em que escrevi muito pouco. O ano de 2012 por muitas razões foi atípico: primeiro por privar meus Irmãos e leitores habituais e depois por me privar da evolução intelectual que me proporciona a escrita. Sei que o leitor pode estranhar, mas este é um pedido de desculpas por minha ausência nas páginas da Revista "A TROLHA".

Ser Maçom é um atributo especial do indivíduo que almeja evoluir intelectual e culturalmente. Ser Maçom é ser um indivíduo abnegado à causa e aos preceitos da Maçonaria. Ser Maçom é, sobretudo, ser sábio, Irmão dos Irmãos e amigo do conhecimento. Ser Maçom, em resumo, é ser capaz de construir amizades e de se relacionar fraternalmente com todos os homens. Ser Leitor é ser um Maçom Especial. Não existe incompatibilidade em ser Maçom e ser Leitor.

Em verdade, escrevo estas primeiras linhas para dizer que me preocupa saber ou imaginar saber que parcela significativa dos Maçons, homens bem-sucedidos em seus afazeres e labores fora da Maçonaria, não valorizam o prazer das "viagens" que a leitura pode proporcionar.

Voltaire[47] já a seu tempo dizia que "lê-se muito pouco", e hoje, "entre os que desejam se instruir, a maioria lê muito mal" [FAGUET, 2009].

A conclusão é elucidativa: o Maçom lê pouco e a crise da falta de leitura é gravíssima. A ignorância é a mãe de todos os vícios, diz um velho provérbio português.

Em tese, ninguém precisa morrer de paixão pelos livros, mas "quantos homens já iniciaram uma nova era em suas vidas depois de ler um livro[48]". E o digo por experiência própria. Eu, pessoalmente, passei a enxergar o mundo com outros olhos quando li o livro "A Lei do Triunfo" de Napoleon Hill[49], lá pelos idos anos de 1969. Um livro do tipo autoajuda que ainda hoje se encontra disponibilizado nas livrarias. Li o livro outras vezes e guardo um exemplar, com muito carinho, entre tantos livros e autores que passei a apreciar.

SER MAÇOM E SER LEITOR

Ser Maçom e ser Leitor é um distintivo de orgulho para as Lojas. Com o Maçom e Leitor de Livros nascem bons trabalhos em Loja, o que engrandece a todos. Com ele brota o incentivo ao hábito da leitura, a divulgação de títulos e a propagação de livros entre Irmãos, o que contribui para despertar a consciência maçônica para a escrita de artigos e de livros. Artigos e livros maçônicos são alimentos para a Alma Maçônica. E aqui poderia referenciar outros tipos de leitura, a dos *e-books* (por exemplo), de Jornais, Revistas e de outras publicações na tecnologia "OCR[50]" disponibilizados nos Ipads, Smartphones, Tablets

[47] François-Marie Arouet (1694-1778), escritor e filósofo iluminista francês.

[48] Henry David Thoreau (1817-1862), pensador, poeta, historiador e filósofo estadunidense.

[49] Napoleon Hill (1883-1970), americano criador do conceito Master Mind (Treinamento de Alta Performance) e como aplicá-lo. A primeira versão do livro é de 1929. O exemplar lido é de 1955 e encontrava-se disponibilizado na Biblioteca Pública Municipal de Pesqueira.

[50] OCR é um acrônimo para o inglês *Optical Character Recognition*, é uma tecnologia para reconhecer caracteres a partir de um arquivo de imagem ou mapa de bits sejam eles escritos a mão, datilografados ou impressos. Dessa forma, através do OCR é possível obter um arquivo de texto editável por um computador.

e em outros instrumentos de acesso aos livros digitalizados, mas este será um tema para nossos encontros futuros.

Monteiro Lobato apreciava dizer e dizia com maestria que "um país se faz com homens e livros". Eu ainda ponho muita fé nessa frase, embora em certos momentos possa ser levado a acreditar que na Maçonaria e entre Maçons a leitura seja um objetivo muito distante de ser alcançado. O tema que exploro neste artigo não é novo, em artigos escritos no passado já explorei esse mesmo tema para firmar entendimento e tentar achar a razão pela qual os maçons não gostam de ler. Assim, batendo numa mesma tecla, me ombreei a outros escritores que antes seguiram na mesma variante. Destaco, pelo pioneirismo nessa variante, os nomes dos Irmãos Kurt Prober, João Alves da Silva, Breno Trautwein, Osvaldo Ortega, Raimundo Rodrigues e, na atualidade, Antonio do Carmo Ferreira. Este, um arrojado empreendedor cultural e ardente defensor da educação nacional.

Irmãos! Leiam. Leiam e Leiam. Leiam o que lhe agradar ler. A importância da leitura não reside na obra que se lê, mas na leitura em si mesma. O importante é valorizar a leitura, e pouco importa que a cultura advinda da leitura seja de livros de autoajuda, *best-sellers*, esotéricos, místicos, literatura, biografia, história ou filosofia. Não importa o que se leia, até mesmo por que não propomos seja o Irmão um intelectual-elitista, mas que seja um leitor. Na verdade, não importa se o Irmão é intelectual ou não, se o livro é de qualidade ou não, o que se deseja é que o Irmão seja um leitor. Que a Ordem Maçônica seja uma associação de leitores.

O livro é o caminho. A arte de ler, a compreensão e a incorporação da leitura, e a constituição da cultura intelectual maçônica passa necessariamente pela leitura de livros, revistas e artigos maçônicos, sem prejuízo da leitura de outras obras. Não podemos nos distanciar desse norte. A Maçonaria é um sistema e uma escola de moral e ética, filosofia social e espiritual mesclada de alegorias e símbolos, que conduz ao aperfeiçoamento dos costumes e à prática dos mais elevados deveres do homem: retidão e perfeição. Conhecer-se a si próprio, amar e instruir seus semelhantes é regra de ouro na Maçonaria.

CONCLUSÃO

Antes de concluir, almejo deixar evidenciado concordância com o entendimento esposado por Sérgio Machado[51], editor e ex-presidente do Sindicato Nacional dos Escritores de Livros, quando disse que "o hábito de leitura de um povo", e do Maçom em particular, ainda que existam outros fundamentos, "se apoia em três pilares: educação, renda e tempo disponível". Contudo, sem adentrar nos pilares indicados, não podemos relevar que as Lojas, por seus Presidentes e Oficiais, precisam provocar o despertar dos seus afiliados à prática da leitura dentro e fora dos Templos, exigindo bons trabalhos de graus e impondo a política obrigatória dos "Quartos-de-Hora" e do "Tempo de Estudo" em cada sessão maçônica, cumprindo e fazendo cumprir fielmente o Ritual estabelecido para o Rito e Grau.

E, para finalizar, estou a recomendar a aquisição e leitura do livro *"A Mitologia das Sociedades Secretas"* de autoria de J. M. Roberts. Livro de um historiador graduado com "G" maiúsculo. Um show.

REFERÊNCIAS

FAGUET, Émile. A Arte de Ler. Rio de Janeiro: Casa da Palavra, 2009.

LINDOSO, Felipe. O Brasil pode ser um país de Leitores? Política para a cultura/ Política para o livro. São Paulo: Summus, 2004.

ROBERTS, J. M. A Mitologia das Sociedades Secretas, São Paulo: Madras, 2012.

SILVEIRA, Júlio; RIBAS, Martha (org). A Paixão pelos Livros. Rio de Janeiro: Casa da Palavra, 2004.

---

[51] Sérgio Machado, *in* LINDOSO, 2004, p. 13.

Parte 3

Portal para o Futuro

PORTAL PARA O FUTURO

1. PREÂMBULO

O ano de 2017 assinalou os festejos dos trezentos anos do estabelecimento da Maçonaria Moderna – a nossa atual Maçonaria – e a data de 24 de junho, por menos simbólica que possa parecer, foi celebrada em diversas partes do mundo por centenas de milhares de Maçons e estará a merecer especial atenção no ano de 2022, mais precisamente no sábado, dia 28 de maio, em alusão ao 28 de maio de 1822, quando reunidos em assembleia presidida pelo Venerável da Loja Commercio e Artes, João Mendes Vianna, o Irmão Graccho, teve lugar a criação do Grande Oriente do Brasil, formalmente instalado a 21 de junho, data próxima ao dia dos festejos de São João Batista. Nesta data de 28 de maio de 2022, o povo maçom brasileiro vai celebrar a fundação do Grande Oriente Brasiliano – a jardineira da Maçonaria no Brasil – e do atual Grande Oriente do Brasil, sua denominação atual.

Estas excepcionais datas assinalam acontecimentos que marcaram (e marcarão) de forma indelével as centenas de anos de uma entidade que presenciou momentos determinantes, e por vezes dramáticos, da história mundial e brasileira, merecendo o respeito e a admiração internacional, impondo desafios fundamentais nas constantes batalhas intelectuais por sua defesa e manutenção, isto para que a percepção da Ordem pela Sociedade e pelo Estado mantenham-se inatacáveis.

A Maçonaria brasileira iniciou seu percurso histórico quebrando paradigmas, começou iniciando e transformando D. Pedro de Alcântara, Príncipe Regente do Brasil, em Aprendiz, conferindo-lhe em seguida os graus de Companheiro e de Mestre Maçom e, depois, empossando-o no

Grão-Mestre da Maçonaria do Brasil; promovendo ações políticas como a Independência do País; assumindo os ônus e os bônus decorrentes.

2. QUEBRANDO PARADIGMAS

Diante dessas assertivas maçônicas, o primado da consciência intelectual chama-nos à reflexão para alteração de paradigma, necessária, em decorrência de um passado histórico-filosófico-doutrinário jamais questionado com vigor à luz da razão iluminista; aceitamos tudo sem maiores discussões e reproduzimos os feitos gloriosos – à exaustão – como verdades insofismáveis, quando os fatos, dados, números, e nomes muitas vezes são incompatíveis com a realidade facto-histórica. Essa é a realidade em que vivemos, aceitamos que assim seja, desde, pelo menos, o momento em que pedimos filiação à Ordem, e com ela e seus paradigmas somos condicionados a viver, ainda que possamos pensar diferente.

Não estamos cogitando em incentivar rebeldia no interior da Ordem, mas a Maçonaria e os Maçons, em nome dos postulados maçônicos, são detentores de inúmeros paradigmas que precisam ser quebrados, virar a Ordem de ponta-cabeça para que se possa estabelecer realidades mais próximas aos Maçons atuais e das gerações futuras que conduzirão os destinos da Ordem nas décadas seguintes (2030/2050), sem as incongruências do passado que nos agrilhoa. A Ordem Maçônica talvez esteja a esperar muito dos Maçons no momento presente.

Desnecessário, sabemos, tentar explicitar o conceito de paradigma, mas não conseguimos resistir, por entender que os paradigmas governam a vida de milhões de Maçons – homens de inteligência superior, mas que se deixam submeter para ou por pertencer à Ordem – demonstrando que não somos tão inteligentes como pensamos que somos; demonstrando que deveríamos saber coisas diferentes do que sabemos e que não sabemos de coisas que deveríamos saber. Então, conceituar é exigência para evitar que algumas coisas fiquem em suspenso por séculos, afetando por décadas e décadas sucessivas levas de Maçons.

Conceitualmente, segundo os autores do filme "*Quem Somos Nós?*", um filme (2004)[52] de William Arntz, Betsy Chasse, com Marlee Matlin, Barry Newman, Elaine Hendrix, e Armin Shimerman, destacamos:

> *"Um paradigma é como uma teoria, mas um pouco diferente. Uma teoria, como a de Darwin sobre a evolução, é uma ideia que procura explicar o funcionamento de alguma coisa. Ela deve ser testada, provada ou negada, apoiada ou contestada por meio de experimentação e reflexão. Um paradigma, por outro lado, é um conjunto de premissas implícitas que não se pretende testar; na verdade, são essencialmente inconscientes. São partes do nosso modus operandi como indivíduo, como cientista ou como sociedade"* (ARNTZ, CHASSE, VICENTE, 2004).

Neste diapasão, os paradigmas maçônicos podem ser vistos e entendidos como sistemas inconsistentes (ainda que alguns sejam consistentes) de crenças, que englobam e deságuam em ritos e graus, potências e obediências, Lojas e Maçons, transbordando para aspectos sociais (família e amizades), culturais (artes, ciências e literatura), sistemas econômicos e religiosos diversos. Mas não basta apontar ou quebrar os paradigmas maçônicos, necessário encontrar "substitutos" ou mesmo estabelecer "novos paradigmas", para que os Maçons não percam a consciência e o espírito de que são Maçons, legítimos herdeiros e depositários, conscientes dos seus deveres e obrigações.

A disposição em enfrentar esse tema espinhoso nasceu da vontade livre e consciente de apresentar e trazer à discussão, de forma aberta e transparente, nos módulos que compõem a presente unidade. No primeiro módulo, a ideia central é propor o estabelecimento de pontes para o futuro, assentado no saber maçônico já incorporado (ou no que nós sabemos que sabemos); no módulo seguinte, em passagens críticas, a ideia foi apresentar para discussão o saber maçônico objetivado trazen-

---

52 O filme documentário "Quem Somos Nós?" traz à baila, paradigmas sobre o pensamento sobre quem somos nós à luz da física quântica. A nossa abordagem, contudo, é endereçada à Maçonaria e aos Maçons.

do à baila os saberes que não sabemos sobre as perspectivas e cenários futuros para a Ordem e os Maçons; e, por fim, no terceiro tópico, "nosso futuro", discutir, assentado no saber a ser institucionalizado, argumentos, ideias e propostas sobre o que nós não sabemos que não sabemos, com o intuito de demonstrar o cabedal cultural dos Maçons e o repositório cultural da Maçonaria, e preparar o caminho para o futuro da Ordem para as décadas de 2030/2050.

3. NOSSO DESAFIO

Os tempos são difíceis, o sabemos bem, os presentes textos, imaginados e compostos em cenários e perspectivas para a Maçonaria no ano 2050, é, em verdade, um exercício de futurologia e reúne prospecção e perspectiva para a Maçonaria brasileira tendo como referencial inicial o ano de 2017.

Em suma, não sabemos o que o futuro nos reserva, mas cada um de nós pode preparar-se melhor para estar mais bem posicionado para as oportunidades que surgirão, e a nossa ignorância de tudo aquilo que não sabemos que não sabemos, não será empecilho para decompor e desvendar o problema que nos apresente no momento adequado. Como quer que abracemos o momento presente escreveremos o futuro, e por mais que pareça ser o momento presente insignificante, amanhã poderá acabar por revelar não ser tão insignificante como possamos imaginar.

O mundo pós-2017, se não for um mundo novo, é um mundo em contínua e acelerada construção no que tange a avanços e conquistas sociais; um mundo onde os conhecimentos do passado só poderão ser úteis aos homens que acumularam expertises culturais diversas e fizerem uso adequado da inteligência na solução dos conflitos das incertezas críticas com responsabilidade e planejamento, ferramentas e práticas de gestão integradas em que a Maçonaria precisa evoluir.

Prossigamos.

UNIDADE TREZE

JANELAS PARA O FUTURO: O QUE SABEMOS QUE SABEMOS

1. POR ONDE COMEÇAR?

A Academia Maçônica de Letras do Distrito Federal patrocinou em Brasília, há quase três décadas, o Congresso *"A Maçonaria de Ontem e do Amanhã"*, reunindo significativa representatividade de Maçons de todo o Brasil para debater um mesmo tema na sua modalidade temática principal: *"o papel da Maçonaria brasileira no passado, e o seu programa de ação para o futuro, com base nos fatos do presente e na antevisão das perspectivas do futuro próximo"*. Abrindo espaços para apresentações e discussões da temática em submodalidades[53] complementares.

A primeira submodalidade (Tema I) teve por ponto fulcral *"o papel da Maçonaria no Brasil, sua representação e significado nos dois últimos séculos"*, e como variante, cinco subtemas: Atuação da Maçonaria brasileira nas letras, nas artes, nas ciências, na tecnologia e sua influência na decisão das grandes questões de interesse da nacionalidade; a sintonia da Maçonaria brasileira com os movimentos psicossociais das comunidades brasileiras; lições que a história da Maçonaria nos oferece, no Brasil e no mundo, através dos tempos, em prol dos ideais de liberdade,

[53] Submodalidades são aspectos do tema principal que são usados para dividir a temática, permitindo mudança de foco no assunto, sem se afastar do conteúdo principal.

igualdade e fraternidade; a Maçonaria e sua formação histórica, social, política e administrativa; e fatos e vultos da Maçonaria, no Brasil e no mundo, motivadores, estimuladores do aprimoramento moral, social, cívico e intelectual dos Obreiros da Arte Real.

Na segunda submodalidade (Tema II), um pouco mais complexo, se propunha discutir *"a visão das perspectivas de um futuro imediato e mediato ante as transformações e movimentos psicossociais, econômicos, filosóficos, políticos, científicos e tecnológicos que vêm ocorrendo, no Brasil e no mundo; a sintonia da Ordem Maçônica com essas realidades e o programa ideal maçônico no Brasil, para o próximo decênio, em preparação ao ingresso no terceiro milênio"*, temática que restou distribuída em vinte e dois subtemas, no formato perguntas direcionadas, com o intuito de obtenção de respostas, na seguinte ordem:

> *É eficiente, justa e correta a política e os métodos vigentes de seleção e iniciação de novos Maçons?*
>
> *A estrutura e a política administrativa da Maçonaria brasileira – do GOB e SGL – estão adequadas às técnicas modernas da psicologia de grupo, dos princípios técnicos e científicos do planejamento, da direção, da avaliação e da comunicação?*
>
> *Está a Maçonaria brasileira a carecer de uma reforma interior e em seus quadros sociais? Em caso positivo, que política deveria ser adotada visando a reciclagem, a adaptação e a motivação dos obreiros fora de sintonia ou considerados deficientes ou adormecidos?*
>
> *Os aprendizes, companheiros e mestres estão tendo um aprendizado adequado, nos seus princípios de estudos? Se negativo, que política deveria ser adotada a fim de que os aprendizes, os companheiros e os mestres alcancem os seus graus com um elevado nível de aprendizado e saber?*
>
> *A existência de mais de uma corrente de pensamento e de atividade maçônica tem prejudicado a imagem e a ação da Maçonaria, como um todo, no Brasil? Em caso positivo, que passos preliminares deveriam*

ser adotados visando uma unificação do pensamento e de trabalho maçônico no Brasil?

Num programa visando o fortalecimento da família, bem como a defesa dos interesses nacionais e em favor do bem-estar comunitário brasileiro, que temas seriam mais oportunos para serem focalizados e debatidos em cursos, palestras, ciclos de palestras, seminários etc.? E que outras iniciativas seriam oportunas, visando alcançar os mesmos objetivos?

A formação de Bibliotecas, com assuntos maçônicos e civis, nas sedes dos Orientes estaduais e nas Lojas, com empréstimos de livros aos obreiros e seus familiares, teria influência no aprimoramento intelectual e moral e nos propósitos de integração e congraçamento da família maçônica? Se positivo, como fazer?

Qual seria o melhor plano para o resgate da memória maçônica brasileira, a fim de servir de lembrança permanente e estímulo aos obreiros de hoje e às gerações futuras?

Com vistas à ilustração intelectual e ao congraçamento social dos maçons e familiares, que tipo de promoções culturais, sociais, recreativas e esportivas seriam aconselháveis e viáveis de execução? Nas promoções literárias e artísticas, como poderiam ser valorizados os fatos e os vultos da Maçonaria?

Que política deve ser adotada visando impedir a publicação e a leitura de livros pseudomaçônicos? Qual a fórmula mais eficiente de uma política editorial inteligente, objetivando a seleção, a edição e a reedição de peças, cursos e livros de interesse maçônico?

Quais as grandes questões que mereceriam um cuidado e zelo maiores para um programa de estudo e defesa dos grandes interesses nacionais e do bem-estar do brasileiro?

Os rituais do Simbolismo, seu conteúdo e seus ensinamentos históricos e práticos, atendem aos princípios de uniformidade e aos anseios de participação e aprendizado do obreiro em Loja? Que sugestões seriam oportunas?

Que política seria mais adequada e exequível para: 1) fortalecimento da família; 2) catequização e orientação dos jovens; 3) prevenção contra vícios; 4) preservação da saúde do mundo maçônico; 5) realizações de um programa, por menor que seja, de assistência aos menos favorecidos?

Que política seria a mais inteligente e eficaz visando uma influência mais efetiva da Maçonaria nas administrações municipais, estaduais e federal, através dos irmãos políticos, objetivando o bem-estar do povo e o freamento dos vícios políticos, entre os quais a mentira e a corrupção, dentro dos postulados maçônicos de preservação dos reais valores morais do homem?

Que política e que programa de trabalho seriam mais adequados visando uma maior integração das cunhadas e sobrinhos na vida maçônica?

Que política, quais os instrumentos e que programa de ação seriam aconselháveis visando uma maior e efetiva assistência e promoção socioeconômica às viúvas e filhos órfãos de Maçons que foram para o Oriente Eterno?

Que estratégia econômico-financeira deve ser adotada nas administrações das Lojas e dos Orientes estaduais visando tornar a instituição forte economicamente, a fim de que, com os recursos disponíveis, possa praticar a beneficência entre os Irmãos e familiares e as comunidades de um modo geral?

Qual o nível de carência de assistência médico-ambulatorial dos Irmãos e seus familiares? Se for revelada carência, que política deve ser adotada?

E com relação ao ensino de 1º e 2º graus? Se existe carência, quais as recomendações para a solução dos casos de filhos e filhas de Maçons?

Como combater, a partir do mundo maçônico, as tendências aos vícios do fumo, da bebida e outros, a violência, a sexualidade, a corrupção e outros males que afetam moralmente a sociedade moderna?

Que política inteligente, no campo da comunicação social, deve ser adotada visando a divulgação da doutrina maçônica e do marketing de imagem da Sublime Ordem?

Que outras ideias podem ser lembradas visando uma ação da Ordem Maçônica com vistas à realização dos seus objetivos, neste ciclo histórico de um decênio que antecede ao Ano 2000?

Com todo o respeito e sem qualquer tom de crítica, fácil verificar que a propositura do Congresso, à luz do temário proposto, projetou as perspectivas de futuro para um decênio à frente, objetivando situar esse futuro até o final da última década do século XX. Dito de outro modo, o amanhã perquirido e a que se propunha prospectar seria o cenário de até somente o limiar do ano 2000. Percebe-se, por evidente, que esse horizonte já resta superado há quase duas décadas. O que não invalida nem ofusca o brilho dos expositores; a força dos debates; e os louros do Congresso, embora a perspectiva de análise exija atualizadas contextualidades.

Talvez possa parecer mesquinhez intelectual afirmar que os saberes delineados para o Congresso sejam ou foram tudo aquilo que sabemos que sabemos ou que sabíamos até aquele precioso momento (1989), e que não precisamos saber mais do que sabemos ou sabíamos. Talvez seja muita pretensão propor ir mais longe, marchando mais à frente do horizonte do ano 2000, já superado, para alcançarmos e iluminar nossos olhos e mentes com o distante ano 2050. Não sei, mas o que nos impede de pensar e de investir nesta aventura e nesta linha de tirocínio? Admitido essa proposta, retornamos ao ponto inicial: por onde começar?

3.1 QUEM NÃO SABE PARA AONDE VAI, QUALQUER CAMINHO SERVE!

Esse famoso dito popular representado no diálogo da estória de Alice no país das maravilhas, é retratado em um trecho que Alice, perdida, encontra o Gato em cima de uma árvore. Ao vê-lo, pergunta: – O senhor pode me ajudar? Diz Alice. – Claro. Responde o Gato. –

Para onde vai essa estrada? – Para aonde você quer ir? – Eu não sei. Estou perdida. Então, o gato diz: – Para quem não sabe para aonde vai, qualquer caminho serve.

Imagino que todos conhecem esse relato da estória de Alice no país das maravilhas. Sem sombra de dúvidas trata-se de uma das obras literárias mais conhecidas no mundo inteiro. Walt Disney é o responsável pela popularização da obra do magistral romancista, poeta e matemático britânico Charles Lutwidge Dodgson, ou Lewis Carrol, assim como Walt Disney, também nosso Irmão. O dito popular também relembra a lição de Sêneca, de 20 séculos, "*Se um homem não sabe para que porto se dirige, nenhum vento lhe será favorável*".

Contudo, está na hora de quebrar esse paradigma. As pessoas e as instituições podem (e devem) elaborar o seu planejamento estratégico de vida e de atuação, e através deles conhecer mais sobre si mesmo e sobre os seus objetivos de vida e sobre seu futuro, sobre sua missão, e a partir daí desenvolver programas que possibilitem o desenvolvimento de competências que favoreçam o atingimento das suas metas pessoais e institucionais. Para tanto, se faz necessário fixar o rumo a seguir e planejar o futuro levando em conta, entre outros aspectos, os Maçons, o espírito da Maçonaria, seus propósitos e objetivos, e, sobretudo, buscando fazer com que a Maçonaria não seja mera Instituição, nem o Maçom mero objeto, mas agente de transformação da História da Humanidade neste Terceiro Milênio.

Coaches do mundo inteiro ensinam aos seus coachees que se sabendo para onde se quer ir ou chegar, tudo fica mais fácil, vez que todos os outros passos podem ser definidos de antemão, desde a melhor alternativa de rota, o que e como levar a bagagem, a velocidade a ser desenvolvida, o momento no qual se deve dar mais atenção ao percurso. O planejamento estratégico, então, se apresenta como um verdadeiro plano de voo com direito a ponto de partida e de chegada e inclusive com direito a mudanças de rota para atingir, mais seguramente, o seu ponto de destino.

Definindo objetivos, especificando ações, estabelecendo premissas, etapas e prazos, o planejamento para o futuro da Ordem tomará forma, e os Maçons pertencentes aos quadros de obreiros do Grande Oriente do Brasil, das Sereníssimas Grandes Lojas e dos Grandes Orientes Confederados à COMAB, nem mesmo precisam acertar o passo para marchar para o futuro rumo aos anos 2030 e 2050, exceto se entenderem que a suas Lojas ou Obediência caminhará sozinha, de forma independente ao encontro do futuro.

3.2 ENTÃO, VAMOS!

Todos nós, Maçons e não Maçons, deveríamos saber, em resposta aos nossos conhecimentos[54], que existe (e existirá) sempre a presunção em continuarmos reproduzindo aquilo que já foi aprendido, por conta da tradição (*sub specie aeternitatis*) e modelagem de transmissão do patrimônio cultural. Em tese, estamos (e estaremos) a caminhar por pontes que foram construídas para que pudéssemos transitar do passado para o presente e do presente para o futuro com a bagagem dos nossos conhecimentos e experiências.

Aliás, vale tentar firmar o entendimento de que todos nós sabemos que sabemos algo ou alguma "coisa" sobre "coisas" e sobre pessoas, ritos e rituais, doutrina, história e filosofia relacionados à Maçonaria, mas nunca ou quase nunca nos aventuramos a transitar, sozinhos, pelas áreas cinzentas e desconhecidas e sobre o que nos une e nos separa quando o assunto diz (ou disser) respeito ao futuro da Ordem, ou a particularidades como ações e pensamentos dos dirigentes da Ordem

[54] O conhecimento maçônico é a compreensão inteligível da realidade adquirida através da trajetória individual em confrontação com a realidade dos diversos saberes maçônicos.

ou dos Maçons, em particular, e é neste ponto que vale a pena abrir a guarda para antecipar que as possíveis soluções e entendimentos de alguns dos nossos mais cruciantes problemas e dúvidas residem justamente na área das "coisas" e dos saberes maçônicos que sabemos que não sabemos, e, particularmente, na área das "coisas" que não sabemos que não sabemos.

Por óbvio, muitos são os pensamentos, ideias e reflexões que se revestem de uma qualidade peculiar desejável à exposição, análise e consideração, seja por refletir luz e provocar sentimentos, seja por ser uma espécie de poder que se percebe e que se sente, e que produz instantaneamente um estímulo interior para a reflexão. E uma vez que não podemos tratar de todas as coisas que nos inspiram neste articulado. Precisamos fazer escolhas, por opção ou aleatórias, mas escolhas já que o nosso passado indica que são muitíssimas as coisas que sabemos que sabemos, e elas, por seu turno, representam toda a memória do nosso passado maçônico. As nossas escolhas, invariavelmente, recaem sobre as coisas que sabemos que sabemos.

Para finalizar e sinalizar nossa escolha temática, escolhemos abordar um único assunto nesta unidade – *formas de apropriação da realidade maçônica através do conhecimento das "coisas" de Maçonaria* – e sempre que possível, na primeira pessoa (a que fala) ou segunda pessoa do plural (a quem se fala), esperando que o esforço valha a pena e que possa servir de alavanca para abrir as janelas e as portas do intelecto para a realidade e tomada de consciência para a importância da leitura dos temas e assuntos maçônicos, abrindo janelas e portais para o futuro.

3.3 FORMAS DE APROPRIAÇÃO DA REALIDADE MAÇÔNICA

Compreender a realidade maçônica hoje parece ser o desafio primeiro a ser superado. Fato é que para que haja apropriação de algo, precisamos primeiramente querer a apropriação desse algo, precisamos, portanto, compreender o que esse algo representa e significa, para que a promoção de apropriação seja completa e possa aparecer em nossa mente, como o fruto maduro da nossa percepção, do nosso desejo, a governar nosso pensamento e a conduzir procedimentos preconizados, dentro e fora das Lojas e Sessões maçônicas. Infelizmente, ou felizmente, é só a nossa consciência[55] que pode criar essa realidade, de modo que é só por nosso livre-arbítrio que podemos absolver, compreender, viver e modificar o estado mental/intelectual personificado que temos da Maçonaria. Por fim, só podemos mudar a realidade se tivermos plena consciência do que essa realidade representa e do que precisa ser mudado.

Os conhecimentos e os saberes da realidade maçônica e das demais "coisas" de Maçonaria são apresentados aos Maçons, em doses ou poções homeopáticas, particularizados, fragmentados e separados do sujeito conhecedor, só podendo ser adquirido num tempo e espaço posterior da transmissão. Foge à regra, talvez, os saberes, conhecimentos e informações capituladas em obras impressas e midiáticas, que são, igualmente, adquiridos em tempo e espaço distintos de Maçons e aglomerados de Maçons em suas Oficinas ou fora delas.

Ingressando diretamente no foco da questão, existem duas formas de apropriação da realidade pelo conhecimento: uma, através da investigação direta da realidade; e outra, através da exposição dos conhecimentos já produzidos e apresentados por seus autores (LUCKESI, 1994:124). Ou seja, se pode apropriar do conhecimento a partir da investigação direta e a partir da exposição do conhecimento efetivada por outros. As formas de apropriação direta e indireta são, igualmente, válidas à aprendizagem e à apropriação da realidade do conhecimento maçônico.

---

[55] O nosso subconsciente é inacessível à nossa consciência. Não podemos penetrar nesse domínio. Se por algum motivo penetramos nele, então, o dado ou informação acessada do subconsciente se torna consciente.

Se pararmos para pensar na vastidão dos conhecimentos e dos saberes maçônicos disponibilizados ao longo dos três, quatro ou cinco séculos, por certo, cem mil livros não bastarão para ser o ponto de encontro e de união de todos os saberes e conhecimentos maçônicos já incorporados à realidade, embora sirvam para condensar experiências, orientar, formar e educar mentes à apropriação desses valores intelectivos com o objetivo de ser trampolim do salto para o futuro e fonte de elevação cultural dos Maçons.

Apropriar-se dos conhecimentos e dos saberes maçônicos significa querer ler, saber ler e querer entender os saberes que se encontram expostos. Apropriar-se do conhecimento é querer e saber avaliar o patrimônio que foi produzido ao longo de três ou mais séculos e da sua aplicação à realidade formativa-educacional do Maçom, servindo-se do acervo cultural como fonte de iluminação da realidade e da vontade individual como razão para a apropriação dos saberes das coisas de Maçonaria.

Estamos, exatamente, no início do século XXI e nos encontramos no promontório das duas décadas iniciais do Terceiro Milênio. Então, cabe perguntar por que deveríamos permanecer estático, olhando para o passado, sem focar no presente ou no futuro da Ordem? Por que não deveríamos nos assemelhar com o deus Janus? Uma face voltada para o passado e a outra para o futuro, uma face fechando a porta do passado e a outra abrindo a porta do futuro, e isto é válido, para, se é que estamos querendo atravessar a barreira do tempo rumo ao futuro. Projetar o futuro é o grande desafio, e projetar o futuro é encarar o passado, sentindo e vivendo o presente e projetando o futuro. "*Projetar o futuro é encarar o passado e moldar o amanhã*", como nos diz Daniela Klaiman – especialista em futuro.

O passo a ser dado, em seguida, é na direção do perfeito entendimento das coisas de Maçonaria. Para tanto, precisamos compreender o que é a Maçonaria e entender que a convergência dos elementos provenientes dos saberes e conhecimentos já consolidados (fruto dos séculos passados) aliado ao conhecimento e informação divergente (presente) poderão nos conduzir ao entendimento de que os moinhos de vento maçônicos do futuro carecerão de novos e mais elementos estruturantes que sem contradições reúnam, desenvolvam e consolidem a realidade nova, redesenhem o próprio futuro da Ordem e definam o papel e função do Maçom na sociedade interna e externa, afastando o misoneísmo e o espírito da rotina que recusa o progresso e tem horror ao que é novo, no caso de entendimento em contrário prevalecerá sempre a percepção em continuar a fazer aquilo que foi aprendido como resposta a nossos conhecimentos já incorporados.

4. JANELAS PARA O FUTURO

Vamos, então, procurar entender como funciona cada uma das formas de apropriação da realidade através do conhecimento particularizado ou generalizado da Ordem e, mais adiante, tratar da escrita a partir do conhecimento gerenciado. A proposta sob análise é válida para a obtenção do conhecimento de nós mesmos (o Eu Indivíduo[56]) embora tenha por foco o conhecimento maçônico em sua premissa, o cuidar e o conhecer a Arte Real.

Na forma de apropriação do conhecimento direto da realidade (método de investigação), o conhecimento decorre do esforço (sujeito do conhecimento) que se esforça para obter o entendimento adequado da realidade, procurando ter em mente não tomar a parte pelo todo, não tomar o particular pelo universal, e não esquecer que o passado se faz presente em qualquer situação ou objeto do conhecimento. O conhecimento assim produzido será sempre uma manifestação bem

---

56 Em momentos de dúvida, quando seus pensamentos, seus sentimentos e sua imaginação trabalhar em silêncio, recorde-se de "conhecer-se a si mesmo" ou do visite o Interior da Terra e lá encontrarás o VITRIOL.

próxima da verdadeira realidade ou um novo entendimento da realidade que possibilitará ações práticas com um elevado nível de adequação à necessária sobrevida da Ordem, desenvolvimento do Maçom e o avanço da humanidade.

Na forma de apropriação indireta da realidade (método de exposição), o conhecimento decorre do esforço do Maçom (sujeito do conhecimento) em expor os conceitos que conseguiu formular sobre a realidade investigada. Então, a partir da expressão pensada da realidade exposta pelo investigador, pode-se assimilar o conteúdo da realidade exposta na expectativa de entender-se essa realidade e apropriamento desse conhecimento, ou seja, o conhecimento decorre da exposição do investigador ao investigado. De modo que, o que se aprende em eventos do tipo congressos, seminários, exposições, *workshops*, reuniões maçônicas, em textos, livros ou artigos literários e midiáticos produzidos por terceiros. A apropriação do conhecimento pela forma indireta, embora não substitua a realidade, se concretiza como sendo um meio eficiente pelo qual pode-se adentrar em muitos dos "segredos" e mistérios da Ordem, e se caracteriza como elementos intermediários entre o sujeito do conhecimento (os Maçons) e a realidade. Afinal, como bem disse Luckesi, "temos que admitir com muita clareza que a maior parte do conhecimento que cada um de nós detém foi adquirida a partir da exposição de algum pensador ou professor" (LUCKESI, 1994:129).

De sorte que, a ponte para o futuro que almejamos construir, seja para 2030, para 2050, ou para mais adiante, se fará pela apropriação da realidade e dos saberes e conhecimentos das coisas focadas, não sendo relevante indagar se alicerçada e construída pela incorporação direta ou indireta da realidade, todas elas válidas, desde que seja vivenciada pelo intelecto e visões do futuro.

Já ouvi ou li em algum lugar, livro ou autor, que o conhecimento humano duplica a cada dez anos, que nas últimas décadas foi gerado mais conhecimento científico do que em toda a história da humanidade, que a capacidade dos computadores atuais é duplicada a cada 18 meses, que a internet das coisas duplica a cada ano, que os Smartphones conectam milhares de pessoas simultaneamente, e que a cada dia fica mais difícil, senão impossível, acompanhar a instantaneidade dos fatos, acontecimentos e geração de novos conhecimentos, o que é uma realidade sentida e palpável. Destarte, como assinala João Guilherme, *dizer que estamos vivendo uma revolução silenciosa é chover no molhado*. A moderna historiografia maçônica muito tem sido beneficiada, porque a explosão das comunicações abriu novas e fascinantes possibilidades de pesquisas. Não apenas por descobrir novas fontes, mas, principalmente, por permitir que novas cabeças, com ideias frescas e livres de noções preconcebidas, chegassem a outras conclusões que não as ortodoxas e, principalmente, conseguissem estabelecer associações originais entre fatos antes aparentemente isolados, desconexos ou tidos até então como irrelevantes (GUILHERME, 2012: 21-22).

O futuro, que nos fará mais humanos, reclama por nossa presença consciente e identificado com as mudanças que estão ocorrendo à nossa volta, nos interesses da Maçonaria Universal e dos Maçons em particular.

5. CONCLUSÃO

Desde que nasceu a Maçonaria Moderna, há cerca de três séculos, se tem avolumado os escritos e mais escritos sobre suas origens, regras e fundamentos ético-culturais. E não será agora que vamos propor que seja diferente, mas, como resposta a todos os conhecimentos acumulados, resta a percepção de que estamos reproduzindo (fazendo aquilo) que desde muito se fazia desde os nossos mais remotos antepassados, quando tudo fazia ou havia sentido, e que hoje nos afasta da realidade e do cotidiano pela repetição e ação rotineira de velhos e combalidos argumentos.

O ponto essencial – formas de apropriação do conhecimento

maçônico – seguindo a regra de Luckesi, reproduziu o entendimento de que existem duas formas bastante comuns de apropriação do conhecimento: as formas de apropriação direta e indireta. Na apropriação direta, o sujeito se apropria cognitivamente da realidade através do enfrentamento direto com o mundo exterior ou com o objeto a ser conhecido. Neste tipo de apropriação da realidade não há alguém ou algum meio que ensine ao sujeito. Ele a desvenda. Na apropriação indireta a compreensão da realidade feita por intermédio de um conhecimento já produzido por outro sujeito. A apropriação do conhecimento se dá, então, por intermédio de um mediador que diz que a realidade é assim, apresentando os argumentos para provar tal afirmação.

Colocar a palavra certa no lugar certo é algo raro de conseguir, disse certa feita Mark Twain, mas o difícil mesmo é compreender o que não se conhece, pois conhecer é ter uma visão ampla do conjunto, e de situar as suas partes de uma maneira ordenada. E isto, de uma forma ou de outra, é o que temos feito até aqui. O que podemos destacar de tudo o que já discutimos até aqui? Creio poder apontar em duas palavras: precisamos conhecer.

7. RESUMO. ABSTRACT. RESUMEN. RÉSUMÉ:

A proposta desta unidade, desde o início, foi de (re)colocar a educação maçônica em perspectiva com desdobramento mnemônico para o aprofundamento do processo de produção e socialização do conhecimento na constituição de uma nova cultura. As premissas apresentadas objetivaram abrir novos horizontes, sem se perder de vista o vínculo com o passado da Ordem e priorizar a construção do conhecimento. O que sabemos, e com o que sabemos, pecisamos atuar para que a Maçonaria não seja depósito de gentes ou as pessoas meros objetos institucionais, mas agentes de transformação social no desiderato de promoção do aperfeiçoamento dos costumes.

The purpose of this unit, from the beginning, was to (re) put Masonic education in perspective with mnemonic unfolding to deepen the process of knowledge production and socialization in the constitution of a new culture. The premises presented aimed to open new horizons, without losing sight of the link with the Order's past and prioritize the construction of knowledge. What we know, and with what we know, we must act to ensure that Freemasonry is not a deposit of people or people as mere institutional objects, but agents of social transformation in the desire to promote the improvement of customs.

El propósito de esta unidad, desde el principio, fue (re) poner la educación masónica en perspectiva con un despliegue mnemónico para profundizar el proceso de producción de conocimiento y socialización en la constitución de una nueva cultura. Las premisas presentadas tenían como objetivo abrir nuevos horizontes, sin perder de vista el vínculo con el pasado de la Orden y priorizar la construcción del conocimiento. Lo que sabemos, y con lo que sabemos, debemos actuar para garantizar que la masonería no sea un depósito de personas o personas como simples objetos institucionales, sino agentes de transformación social en el deseo de promover la mejora de los costumbres.

Le but de cette unité, depuis le début, était de (re) mettre l'éducation maçonnique en perspective avec le développement mnémonique pour approfondir le processus de production de connaissances et la socialisation dans la constitution d'une nouvelle culture. Les locaux présentés visaient à ouvrir de nouveaux horizons, sans perdre de vue le lien avec le passé de l'Ordre et à donner la priorité à la construction du savoir. Ce que nous savons et avec ce que nous savons, nous devons agir pour que la franc-maçonnerie ne soit pas un gisement de personnes ou de personnes considérées comme de simples objets institutionnels, mais des agents de transformation sociale dans le désir de promouvoir l'amélioration des coutumes.

REFERÊNCIAS BIBLIOGRÁFICAS

ARNTZ, William *et al. Quem Somos Nós? A descoberta das infinitas possibilidades de alterar a realidade diária.* Rio de Janeiro: Prestígio, 2007.

BOURDIEU. *Escritos de Educação.* 16. ed. Petrópolis: Vozes, 2015.

BANDLER, Richard. *Usando sua mente*: as coisas que você não sabe que não sabe. 10. ed. São Paulo: Summus, 1987.

FOULCAULT, Michel. *A hermenêutica do sujeito*: curso dado no Collège de France (1981-1982). 3. ed. São Paulo: Martins Fontes, 2010.

KAKU, Michio. *Visões do Futuro*: como a ciência revolucionaria o século XXI. Rio de Janeiro: Rocco, 2001.

LUCKESI, Cipriano Carlos. *Filosofia da Educação.* São Paulo: Cortez, 1994.

RIBEIRO, João Guilherme C. *O nosso lado da escada*: história, prática e fags sobre os graus capitulares do Rito de York. Rio de Janeiro: Edição do Autor, 2012.

UNIDADE QUATORZE

PASSAGENS CRÍTICAS: O QUE SABEMOS QUE NÃO SABEMOS

"Para saber que nós sabemos o que nós sabemos, e para saber que nós não sabemos o que nós não sabemos, isso é o conhecimento verdadeiro" (Confúcio)

"Só sei que nada sei" (Sócrates)

1. PREÂMBULO

Vemos que a necessidade de ocuparmos com a problemática maçônica das coisas que sabemos que não sabemos aponta para diversas passagens críticas e a muitas reflexões interiores, e, de novo, paramos para fazer escolhas, na tentativa de ocuparmos das coisas dos outros (dos Maçons e da Maçonaria) como se tudo fosse o bem mais relevante de que se possa dispor neste momento. A necessidade de ordenação das ideias, organizar os assuntos, não incidir nas mesmices de sempre, selecionar palavras e assumir responsabilidades por nossos pensamentos, se impõe, por necessário, vez que não podemos tratar de todos os assuntos e temas ao mesmo tempo neste espaço capitular. Então, entre os muito temas que despontaram, somente quatro serão objetos de nossas considerações: Choque de Gerações, Evasão dos Membros da Maçonaria, Discriminações Maçônicas e Preparando o Futuro.

Esse efeito de seleção e apreciação de tópicos objeto de nossas considerações desnuda-nos a alma e revela nossa preferência íntima, onde pensar, refletir e escrever se torna, no contexto, um imperativo maçônico, quando em verdade estamos à procura de novos conhecimentos e informações que nos ajudem a descobrir, e a selecionar, quais as coisas que sabemos que não sabemos, para mais adiante alcançar a realidade das coisas que não sabemos que não sabemos. E dentre as coisas que sabemos, selecionar, ainda, o que deve ser apresentado à consideração dos Irmãos e dos Leitores que estão alocados fora das hostes maçônicas.

Todos os seres humanos, dizia Aristóteles em sua Metafísica, possuem o desejo de saber. Assim, podemos afirmar que todo conhecimento também nasce de um desejo de saber e o desejo de querer saber revela (a ignorância) de que não sabemos tudo, ou de que algo que deveríamos saber e que nos escapa. Então, a ignorância se apresenta, também, como um estado natural do ser humano e que, para satisfação intelectual e cultural, é preciso que saiamos do estado de ignorância. Portanto, vamos, primeiro, estabelecer a premissa de que todo desejo de saber exige realização e, depois, que a concretização do saber é uma exigência mental natural e comum a todos os seres humanos. Portanto, o desejo de conhecer é inato e nos acompanha em todas as etapas do trajeto humano na busca como sujeito do conhecimento, queiramos ou não.

Oportuno, então, concluir que todo conhecimento nasce de um gesto humano pelo desejo de querer saber, e o que nós sabemos que sabemos é tudo aquilo que temos consciência de que conhecemos, que entendemos bem. Seguindo a mesma linha de raciocínio, o que sabemos que não sabemos, são assuntos, temas ou fatos que temos consciência de que não conhecemos. Por exemplo, eu sei que não sei falar alemão. O que não sabemos que não sabemos, são as coisas sobre as quais jamais pensamos. Uma coisa ou ideia que nunca passou por nossa cabeça. Saber que não sabemos algo e reconhecer que não sabemos, é uma atitude humana positiva e essencial para nos tornar buscadores do conhecimento. Repita-se, é no trajeto da busca que o ser humano se desenvolve como sujeito do conhecimento.

2. O PARADOXO DA IGNORÂNCIA DE SÓCRATES

De onde vem o desejo de conhecer? Já se perguntou? Aristóteles sim! Ele se perguntou e respondeu – *todos os homens têm, por natureza, desejo de conhecer* – e isto foi dito logo no primeiro capítulo de sua obra Metafísica. Sobre o desejo de conhecer e a construção do saber, já demos uma mostra. Complementarmente, acrescentamos que se conhece algo quando se é capaz de ter desse conhecimento uma visão de conjunto e de situação das suas partes componentes de forma ordenada. Conhecer e não conhecer, e saber que não sabe, não constitui, de *per si*, um paradoxo.

Reconhecer a própria ignorância não deixa de ser uma virtude e, ao que me parece, foi Sócrates, em sua ironia e maiêutica, em suas constantes preocupações do "cuidar de si" e do "conhece-te a ti mesmo", que se propôs transmitir o relato do "só sei que nada sei", ou, pelo menos, é o que posso depreender do relato apresentado nas linhas da Apologia de Sócrates. O próprio Sócrates relata que seu amigo Querefonte, perguntou ao Oráculo se havia alguém mais sábio em Atenas. O Oráculo de Delfos[57], instituição sagrada para os gregos, sustentou que não, e anuncia que Sócrates era o homem mais sábio do mundo. Sócrates se mostra perplexo e argumenta que, se por um lado o Oráculo não pode mentir, por outro lado não está claro o que quis dizer.

Este relato de Sócrates, contado por ele mesmo, é curioso e instigador, pois Querefonte, que já havia falecido, e, segundo Sócrates, não poderia mais testemunhar. E mais adiante, o próprio Sócrates se confessa ser mais sábio que um certo homem de Atenas, pelo fato de

[57] Em Delfos, ao pé do Monte Parnaso, ficava o mais importante oráculo da Antiguidade, onde as sacerdotisas de Apolo – as pitonisas – respondiam às perguntas dos visitantes em transe místico e faziam profecias. Suas respostas eram aceitas como verdades inquestionáveis.

que ele disse: "pode ser, então, que eu seja mesmo um pouco mais sábio que ele, pois não penso saber aquilo que não sei" (*Apologia de Sócrates, 21c*), o que nos parece um paradoxo da ignorância em Sócrates.

O chamado paradoxo da ignorância de Sócrates é formado pela afirmação de duas ideias que se apresentam contraditórias entre si. Sócrates[58] diz "*Só sei que nada sei*", e depois, reconhece que sabe e que é sábio, assim patenteado:

> *"É provável que nenhum de nós saiba algo de valor, mas este crê saber e não sabe, enquanto eu, que efetivamente não sei, tampouco creio (saber). Parece, pois, que em um pequeno ponto sou mais sábio que ele: o que não sei tampouco creio saber" (Apologia de Sócrates, 21d).*
>
> *O paradoxo da ignorância de Sócrates pode ser descrito assim:*
>
> *"Sócrates afirma nada saber, ou seja, se coloca na posição de ignorante sobre assuntos fundamentais, afirma desconhecer as virtudes. Essa posição, de aporexia em relação ao conhecimento, sozinho não apresenta nenhum problema contraditório grave. Entretanto, ao mesmo tempo, Sócrates demonstra uma quantidade grande de conhecimentos, esses usados para desconstruir as teses daqueles que julgam conhecer a natureza das virtudes.*
>
> *Como pode alguém que diz não saber o que é "A" ser capaz de dizer que um "B" não é "A"? Teoricamente, se um indivíduo não conhece o "A" é impossível que ele diga que o "B" não é esse "A", uma vez que ele não vai ter como comparar. Mesmo que o indivíduo saiba o significado de "B", se ele desconhece o "A", ele jamais poderá dizer que o "B" não é o "A". Isso demonstra que é necessário, para refutar a algo, ser capaz de conhecer de algum modo as duas ideias em questão" (DEMO, 2015).*

---

[58] Muito do que é conhecido sobre Sócrates nos chegou pelas obras de seu discípulo Platão. Sócrates nasceu em Atenas (c.470-399 a.C.), era filho do escultor Sofroniscos e da parteira Fainareté, como diz Platão no Teátetos. Muito possivelmente teria sido discípulo de Anaxagoras, de Dâmon e de Arquêlaos. Morreu Sócrates em 399 a.C., com 71 anos de idade. Patenteiam-se no famoso dito socrático o "conhece-te a ti mesmo" tão prezado pelos Maçons de todas as épocas e escolas.

Afirmar ou negar que sabemos que não sabemos algo ou alguma coisa, e que não sabemos que não sabemos, não se configura, repetimos, nenhum paradoxo. Primeiro, temos a consciência e o conhecimento de que não sabemos tudo, e o segundo, que existe conhecimento e saberes que desconhecemos. Afinal, como sabemos todos, sabemos de tudo cada vez menos, e "Aristóteles não foi o ápice da Antiguidade, mas sua exceção" (FOUCAULT, 2011:11). Se o Oráculo de Delfos anunciou que Sócrates era o homem mais sábio do mundo e Sócrates tenha reagido dizendo que se ele fosse realmente um homem sábio, seria somente porque um indivíduo verdadeiramente sábio admite que não sabe absolutamente nada (MANNION, 2008:31). Sócrates, de fato, era um homem sábio. Apesar da sua aparente arrogância e ironia, Sócrates era extremamente humilde e gentil, a constatação de que a única coisa que sabia era que nada sabia, é a revelação do autoconhecimento dos saberes de todas as coisas. E, por favor, não considere "arrogância" e "humildade" como paradoxo ou colocação díspares, o trabalho intelectual, por vezes, nos conduz a pontos conflitantes.

3. POR QUÊ?

Vejam que não podemos esperar, nem sequer imaginar, que um Maçom, espontaneamente, chegue diante de nós e diga: "Eu sei o que Sei", ou "Eu sei que existe esse ou aquele assunto sobre o qual nada sei", ou ainda, que diga: "Eu não sei que não sei nada sobre esse assunto", embora repita, como Sócrates: "Só sei que nada sei". E falo com os meus botões que gostaria de saber o equivalente ao dito "só sei que nada sei", reconhecendo a minha própria ignorância diante de cada um dos verbetes da minha própria enciclopédia do conhecimento essencial. Agora, o que todos precisam saber, refletindo a cultura do presente, é que na fronteira dos nossos conhecimentos maçônicos, o pensar e o comportamento acrítico, a rotina e o misoneísmo precisa ceder lugar a temas e assuntos com os quais lidamos diariamente, mesmo que sobre eles nem sempre tenhamos uma ideia básica e precisa, embora seja útil buscar o que não sabemos em fontes que desconhecemos, pois isso representa, por certo e sucessivamente, cada etapa do aprendizado completa a etapa anterior e forja a cultura de Maçonaria que se almeja.

Em verdade, só penso e almejo que o marcador de velocidade cultural de cada um dos Maçons jamais alcance as posições de giro zero ou de trezentos absoluto, pois em termos de conhecimentos maçônicos, por mais próximo que o marcador esteja de um dos extremos, há sempre um número infinito de assuntos, temas, verdades, conhecimentos e saberes, para os quais ele pode ser deslocado, e até mesmo mudar de direções, seja em função do surgimento de novos dados ou de elementos, argumentos ou o que quer que seja, de modo que, recomendo sempre manter o seu marcador intelectual a meio termo dos extremos, nunca o deixar atingir os limites extremos.

E por quê? Primeiro, porque o grau de sua confiança nos seus conhecimentos e saberes das coisas de Maçonaria devem ser o resultado do seu próprio julgamento. Segundo, porque o seu marcador precisa oscilar, fugindo do estado de certeza de que tudo sei ou do outro extremo, o do nada sei, pois por maior ou menor que seja o seu grau de confiança em seus saberes, dados ou fatos novos podem alterar a situação. Terceiro, porque a Maçonaria não pode ficar parada na memória dos "documentos fundamentais", nas lembranças das grandes "construções da Maçonaria operativa" ou nos feitos de Ashmole, Désaguliers, Anderson, ou nos registros históricos de quem quer que seja, por maior ou menor contributo que tenha prestado à Ordem. Evoluir é a palavra de ordem do momento.

4. CHOQUE DE GERAÇÕES

Mudar para sobreviver não parece ser o imperativo Maçom do momento, contudo, parece ser oportuno pensar em deixar para trás

Anderson e Désaguliers e seus escritos doutrinários de 1723, bem como a Ashmole e seus rituais de Aprendiz (1646), Companheiro (1648) e Mestre (1649). Impossível não pensar que dos dias de hoje a Anderson já transcorreram quase trezentos anos. Difícil tentar explicar como a Maçonaria e os Maçons sobreviveram tanto tempo apegados à tradição e rotina. Necessário apontar que o entra e sai de Maçons nas Lojas pode ter sua raiz exatamente na tradição e rotina imposta a homens inteligentes e conectados com outro tipo de realidade cultural, a realidade virtual e suas matrizes tecnológicas.

No rastro dos dias atuais alcançamos uma nova etapa na vida humana, e enquanto as instituições estão procurando se adaptar ao novo tipo de sociedade que brota da revolução tecnológica dos últimos e recentes anos e dias, a Maçonaria parece imobilizada, sem alternativa, sem saídas. A Maçonaria, como anunciado na oração de Álvaro Palmeira (1989) na abertura do Congresso "*A Maçonaria de Ontem e do Amanhã*", não pode ficar parada em Anderson nem em Marcos José ou em quem quer que seja, por maior ou menor que seja a sua contribuição à Ordem e aos Maçons. A Maçonaria precisa avançar e se posicionar em lugar merecido no futuro próximo (2030) e mais longínquo (2050).

Maçons, Lojas e Obediências estão encalacradas no presente e possivelmente estarão no futuro por uma questão de DNA digital, por não se darem conta, no presente, que as novas gerações dos anos 1990 e 2000, em muito breve estarão assumindo assentos nas Lojas maçônicas e partilhando a direção e assumindo papéis na administração das Lojas e obediências a partir do ano de 2030, provocando mudanças radicais nos estatutos seculares da Ordem, quebrando paradigmas, estabelecendo novas regras de conduta e padrões de comportamentos e de relacionamentos interpessoais entre Maçons. Temos conosco e compartilhamos o entendimento que o impacto disruptivo será maior ou menor em razão da assunção de atitude organizacional no presente.

Penso que um novo pacto social maçônico precisa ser estabelecido, urgentemente, e isto é dito, porque o futuro não pode ser previsto, mas sim construído. E para construí-lo, é necessário identificar as sementes do futuro (BRASIL 2035, 2017:18). O que se concebeu para o ano 2015 passou. É neste contexto imaginário que precisamos analisar e compreender o conteúdo deste tópico, não por acaso denominado de choque de gerações. Sinceramente, espero que você (caro leitor) se identifique com as características da sua geração e não me permita escamotear a verdade, vez que pertenço à geração Baby Boomers.

A definição de geração consiste em nomear grupos de pessoas por idade (fórmula tradicional), sexo, renda ou fator determinante cultural (fórmula excepcional). A opção aqui recai na fórmula tradicional: identificação de pessoas de uma mesma época. Assim focamos a partir da Geração Baby Boomers[59] (1940-1960), passando pela Geração X (1960-1980), Geração Y (1980-1990), Geração Z[60] (1990-2000) e Geração Alpha (2000-2010) e suas características com aplicação nos postulados e interesses maçônicos.

Especialistas apontam que pessoas nascidas entre 1940 e 1960 (Geração Baby Boomers), faixa em que se situam os veteranos da Maçonaria Brasileira – Os Bodes Velhos, como afirma um ex-Venerável Mestre da Loja do Aleijadinho – são pessoas (e Maçons) caracterizados como competitivos, otimistas, idealistas, experientes, comprometidos e confiantes. Enquanto as pessoas nascidas entre 1960 e 1980, na Geração X, se destacam por serem pessoas com outras características: competitividade, individualidade, independentes, estudiosos e resistentes a novas tecnologias. Esses dois grupos de pessoas compõem os quadros

---

59 O nome Baby Boomers refere-se aos soldados americanos que de retorno às suas casas e, devido a isso, um grande número de bebês foram gerados.

60 Caracterizados como seres críticos, dinâmicos, nativos digitais, exigentes, imediatistas, preocupados com questões sociais e ambientais. O nome vem do termo "Zapear", devido ao grandioso número de opões oferecidas, como rádio, televisão, computador e smartphones. É um grupo de pessoas que não se imagina vivendo sem a conectividade atual.

de obreiros das Lojas e administram os rumos da Maçonaria no presente tempo em que vivemos (2018).

As pessoas nascidas entre 1980 e 1990, na denominada Geração Y, assim como as pessoas da Geração Z (1990-2000) são pessoas otimistas, comprometidas, ansiosas, multitarefadas, impacientes, conectadas com as novas tecnologias, comunicativas e questionadoras, e ainda, caracterizadas como seres críticos, dinâmicos, nativos digitais, exigentes, imediatistas, preocupados com questões sociais e ambientais. Portanto, são pessoas bastante diferentes das pessoas ou cerne de Maçons da Geração Baby Boomers e da Geração X, que se encontram no comando da Maçonaria presentemente.

Os nascidos a partir das Gerações Y e Z, são também denominadas de Geração Multimídia, por conseguirem falar ao telefone, mandar mensagens, fazer uma refeição, estudar e ouvir música ao mesmo tempo, o que pode ser encarado como aspecto positivo ou negativo aos olhos de outrem. Por serem motivados por novos desafios e agirem de maneira peculiar, as pessoas da Geração Multimídia já foram alvo de sociólogos, psicólogos e especialistas de áreas diversas para tentar decifrar e definir suas características próprias e/ou individualizadas.

As pessoas da novíssima Geração Alpha estão sendo caracterizadas como seres conectados antes de serem alfabetizados, são, em geral, espertos, curiosos, inteligentes e independentes. As crianças Alpha estão nascendo em um cotidiano cercado de tecnologias as mais diversas e são capazes de dominar o mundo digital, mesmo quando são muito pequenas, e capazes de "assustar" os adultos com os seus conhecimentos e habilidades com os equipamentos tecnológicos, mais diferentes. São estes os homens e mulheres do futuro, raízes, troncos e frutos da sétima raça raiz.

Relacionamos três gerações de Maçons: a dos nascidos entre 1940 e 1960; dos nascidos entre 1960 e 1980; e a dos nascidos entre 1980 e 1990, com suas características polissêmicas. Resta evidenciar que a Geração Baby Boomers (1940-1960) foi bastante influenciada pela geração antecedente (a dos nascidos antes de 1940), caracterizados por serem conservadores, religiosos, educados, disciplinados, conformistas, comprometidos e leais à família, à pátria, ao trabalho, e à Ordem. Com essas considerações pretendemos apontar que os interesses comportamentais, habilidades e opiniões de cada geração de Maçons influenciam a geração subsequente, e desta recebem novos elementos culturais constitutivos e orgânicos, que lhes dão o traço característico (mais forte ou menos forte) de cada época, sem afastar a presença de outros elementos, como os fatores regionais, culturais e religiosos, que interferem diretamente na personalidade das pessoas (e dos Maçons) e nos valores que incorporam.

Entendemos e compartilhamos duas preocupações: a governança maçônica atual carece dessa informação para fazer os arranjos necessários nas adaptações da gestão das pessoas sem impor empecilhos para a sobrevivência da Maçonaria como um todo, e sem fazer concessões desmedidas quando se deparar com a necessidade de mudar. A governabilidade (gestão) maçônica passa pela compreensão dos tipos humanos que estão presentes no dia a dia da Maçonaria e no Corpo das Lojas. Desconhecer essas variáveis é aprofundar o encalacramento em que as Lojas e Maçons se encontram presentemente.

E ao nos referirmos à governança maçônica, referimo-nos a uma forma de administrar as Lojas que se contrapõem à forma tradicional, conservadora, herdada da geração nascida entre os anos anteriores a 1980. Neste sentido, há a necessidade de entender que esse grupo de Maçons é o que oferece maior resistência às novas tecnologias, à era tecnológica como um todo e às conquistas das novas gerações (Y e Z, presentemente, e Alpha, logo mais adiante), que entre nós estão para preparar o futuro e incorporar os Maçons das gerações seguintes, com especial zelo para com os da Geração Alpha (dos nascidos a partir de 2010).

É por essa e por outras razões que a organização maçônica, por seus dirigentes, precisa repensar, reorganizar e adotar novos métodos para poder receber e integrar essas gerações em seu seio embrionário de 300 anos e dos muitos "istmos" que precisam ser mantidos e preservados, conforme já alardeamos em escritos e linhas antecedentes. Uma das razões do absenteísmo maçônico, veremos mais adiante, reside exatamente na falta de interação das diferentes gerações de Maçons. O Espírito da Maçonaria de que nos fala Foster Bailey, a Filosofia da Maçonaria de que conta J. G. Fichte, e a História da Maçonaria tal qual retratada (e compilada) por diversos autores, precisa ser contada e recontada para que não se perca ou não se afaste nenhum Maçom do aprisco.

Cultura, costumes e tradições agrupadas com as intervenções do tempo, das tecnologias e das tendências modernas não são coisas fáceis de se incorporar às gerações do presente, embora possamos admitir que crenças e valores demorem um pouco mais para serem modificadas, é preciso compreender e ficar atento às alterações comportamentais das gerações atuais que se mostram não gostar de hierarquias e não gostam de ser contrariadas, e, ainda, podem ser vistas e entendidas como desfocadas, imediatistas, com dificuldades crescentes de interação social[61] e falta de expressividade. Os Maçons dos presentes dias precisam aprender a lidar com esses fatores ao receberem em seus seletos espaços ritualísticos os homens das novas gerações.

4.1 PARTICULARIDADES DAS GERAÇÕES

Muitas outras questões são pesquisadas para descobrir as tendências de comportamento das gerações em relação a diversos temas/assuntos. Optamos por deslocar do contexto alguns resultados e focar

---

[61] As relações prematuras com as tecnologias estão conduzindo jovens e adultos à introspecção e à falta de contato olho no olho, preferindo as experiências vivenciais virtuais e os videogames supermodernos ao afastamento coletivo ou em sociedade presencialmente.

nos quadros apresentados em seguida. Os dois quadros sinópticos apresentam alguns tópicos, pinçados a dedo, que precisam ser considerados, estudados e compreendidos, com o fito de minimizar o que denominamos de "choque de gerações", ainda que essa nossa visão de "choques" não se processe exatamente da forma que pensamos.

Não importa se é por curiosidade, entretenimento, expertise ou simplesmente para obter uma nova informação ou mesmo para ter inspiração, a produção de vídeos sobre Maçonaria cresceu de forma assustadora, vemos hoje situações que desvelam ao mundo (Maçom e não Maçom) realidades que nós mesmos desconhecíamos. E aqui se apresenta uma janela para orientar as discussões sobre o futuro da Ordem.

Quadro I – Principais atividades em tempo Livre das Gerações

Principais Atividades	Baby Boomers	Geração X	Geração Y	Geração Z
Assistir TV	42%	38%	31%	23%
Ler	29%	24%	20%	27%
Interagir com familiares e amigos	28%	30%	28%	19%
Viajar	22%	22%	18%	12%
Ouvir Música	19%	21%	27%	37%
Consumo de álcool (acima do limite)	3,8%	2,9%	2,9%	3,5%

Fonte: *Guia Geração da Internet – ISBN 978.85.432.1592-1*

Quadro II – Prioridades das Gerações

Prioridades	Baby Boomers	Geração X	Geração Y	Geração Z
Ganhar Dinheiro	21%	32%	36%	37%

Ter uma carreira gratificante	11%	19%	19%	31%
Ficar em forma e saudável	60%	51%	39%	29%
Passa mais tempo com a família	44%	39%	29%	20%

Por fim, e para concluir, almejamos assinalar que a informação a ser destacada (Quadro I) é de que a interação com familiares e amigos das pessoas da geração Z (19%) representa 11% a menos em relação à geração X e 9% em relação à geração Y, demonstrando que a sociabilidade com a família maçônica tenderá a ser bem inferior ao quadro social atual, que tem um índice de 30% (trinta por cento) de sociabilidade. Outro ponto que apresenta perspectivas bem mais desanimadoras é quando se verifica (Quadro II) que a prioridade das pessoas da geração Z (29%) é ficar em forma e levar uma vida saudável, contra 39% da geração Y, ambas contrastando com o percentual de 51% em relação às pessoas da geração X, que a geração que na atualidade detém o controle da maioria das Lojas Maçônicas. Pensar em novos paradigmas para essas duas questões, particularmente, nos relacionamentos familiares são pontos que, por certo, deve merecer especial atenção.

Resta, na melhor das hipóteses, diante da análise dos dois quadros, o induzido entendimento de que a frequência às Lojas Maçônicas poderá sofrer razoável decréscimo nos próximos anos, o que vai significar, na escala numérica, redução do número de Maçons e redução na frequência às Lojas. Claro que se trata de meros indicativos, mas como alertamos, é bom tomar cuidado com a Maçonaria do futuro, principalmente se algo não for estrategicamente planejado no presente para o futuro da Ordem e o futuro dos Maçons.

De todos os cenários apresentados, o que se mostrou mais animador em relação às pessoas das gerações Y e Z é o preparo intelectual e o desejo de aprender que depreende dos estudos e pesquisas efetuadas.

Contudo, não será fácil fornecer subsídios para estas gerações por conta da demanda de procedimentos personalizados e adaptados à realidade virtual e por conta da falta de preparo e de conhecimentos de parte significativa dos Maçons.

A Maçonaria e os Maçons, que me desculpem, mas não se podem ignorar esses reclamos, nem se fingirem de desentendidos ou, simplesmente, se postarem como "asteroides" girando fora do mundo digital. Assim como não pode ignorar ou relevar o fator tempo nesta questão em particular. A Maçonaria não precisa, necessariamente, reinventar-se, sair do *status quo*, quebrar paradigmas e revolucionar mudanças, mas não pode ficar imobilizada oferecendo resistência a algo que é natural e inevitável. As mudanças ocorrem inevitavelmente no cotidiano sob qualquer aspecto. Para melhor nos fazer entender, faço reportagem ao escrito com o qual acabo por me deparar:

> *"Talvez pela primeira vez na história, a humanidade tenha a capacidade de criar muito mais informação do que o homem pode absorver, de gerar muito mais interdependência do que o homem pode administrar e de acelerar as mudanças com muito mais rapidez do que o homem pode acompanhar"* (SENGE, 1990:76).

Por outro lado, se depreende da leitura do livro "Obrigado pelo atraso" de Thomas L. Friedman, que a mudança é um caminho sem retorno possível, e como ainda há tempo, suficiente tempo para preparar o desenvolvimento da "arquitetura de participação e efetividade" que possa incorporar recursos de interconexão e compartilhamento das inúmeras informações em benefício dos Maçons e da coletividade maçônica, precisam os Maçons caminhar, fazer acontecer, se tornarem mais cultos (o ideal seria se tornarem sábios) inserindo-se no contexto dos ambientes virtuais para fazer valer os postulados maçônicos de "tornar feliz a humanidade pelo aperfeiçoamento dos costumes".

Somente nos ocorre, agora, pedir que não se decepcionem, são os tempos novos, não tem mais volta, é o futuro (TRAUTWEIN, 2018:28), considere que existe sempre o lado bom e ele é maior e mais iluminado.

5. EVASÃO DOS MEMBROS DA MAÇONARIA

O mundo vem passando por transformações acentuadas, e com isso obriga à remodelagem do contexto estrutural das instituições (as maçônicas inclusive), que estão sendo quase que obrigadas a acompanhar o processo transformador, por "ene" razões, buscando sobrevivência e afastando-se assim da obsolência conceitual, do esvaziamento interior de perspectivas e de evasão de colaboradores. Reconheço que a Maçonaria, Lojas e alguns Maçons têm feito esforços no sentido de adaptação à realidade, ou que não nos desobriga de externar pensamentos a propósito do assunto, particularmente quanto à evasão dos membros da Maçonaria e de suas nefastas consequências.

Por Zeus ou por Hera, brandaria Sócrates ao verificar quanta tinta tenha sido usada para tentar explicar as razões para o esvaziamento das nossas Oficinas. Desde muito escuto argumentos e leio matérias sobre o tema. Eu mesmo já ousei apresentar minhas razões e entendimento e isto lá pelos idos anos de 2005. Agora, me ancoro nos escritos de Hélio Pereira Leite, Francisco Paulo Trautwein, e Cassiano Teixeira de Moraes, na esperança que não nos bastem ter informações atualizadas sobre causas de evasões de colaboradores, mas que atentemos para a necessidade de motivar e de fidelizar Irmãos ante o desgaste da perda e das dificuldades de recuperá-los mais tarde.

Hélio Pereira Leite, em artigo denominado "Evasão Maçônica: um problema recorrente, sem solução a curto e médio prazo[62]", relaciona os tipos de evasões que acontecem, a saber: evasão em que o colaborador abandona a Loja e a Potência; abandono em caso em que

[62] Acesso em fernandopaivarf.com.br/artigos.html?download=104:a...e-evasão-maçonica&start...

solicita o desligamento, recebe o Quit-Placet e durante seis meses visita outras Lojas, e não encontrando o que procura se afasta da Ordem; abandono em que o colaborador solicita seu Quit-Placet e se filia em uma outra Loja de outra Potência; abandono em que a Loja devolve sua Carta Constitutiva e se muda para outra Potência. Existe, ainda, o tipo de evasão interna que ocorre entre Lojas da mesma Potência, onde um certo número de obreiros se desliga de sua Oficina e se transfere para uma outra Loja. Outro tipo de evasão se verifica quando um certo número de obreiros sai de sua Loja e funda uma nova Loja, e, ainda, registra dois tipos de evasão bem peculiar: por falecimento do Obreiro e a evasão de Loja que paralisa suas atividades.

Francisco de Paulo Trautwein, seguindo a vereda aberta por Breno Trautwein, revela sua preocupação com a temática, e nos brinda no livro "*Maçonaria.com: #de volta para o futuro*", com uma coleção de pensares interessantes, digna de retração como coisas que sabemos que não sabemos. Danado de bom, esse menino de Curitiba também relaciona as possíveis causas do abandono ou evasão de Maçons, listando-as como: falta de perfil do candidato; trabalhos em Lojas mal estruturados; falta de um objetivo na Potência; e outras causas. A pesquisa do Irmão Francisco Trautwein intitulada "As Lojas em Números", que contou com a participação de Maçons filiados à COMAB, GOB e Grandes Lojas, e é estranhamente reveladora, demonstrando ser uma pesquisa que a Maçonaria e todos os Maçons precisam conhecer.

No seu livro "*Maçonaria.com: #de volta para o futuro*", relevante conhecer, igualmente, os trabalhos "Novos Rumos na Maçonaria" (uma pesquisa assistida ao longo de quinze anos), e o Relatório do Issues Research Center (SIRC[63]) sobre a sociedade contemporânea e a Maçonaria. Estamos relatando duas pesquisas que apontam caminhos e soluções para o futuro da Ordem.

---

[63] Renomado Centro Especialista em Pesquisas, uma instituição não maçônica, baseada em Oxford, Inglaterra.

Cassiano Teixeira de Moraes dedilhou páginas a escrever sobre as causas que levam à desmotivação e consequente evasão dos membros da Maçonaria, configurando, ao final, um trabalho sólido sobre a evasão de membros da Maçonaria na Grande Loja Maçônica do Distrito Federal[64], apontando dez causas das evasões, duas das quais antecipo como motivações principais: os conflitos interpessoais e razões profissionais[65]. Ademais, nas hipóteses aventadas por Morais que fez uso do método de *brainstorming*, colheu dos Veneráveis Mestres das Lojas Jurisdicionadas à Grande Loja Maçônica do Distrito Federal (2017) as seguintes hipóteses, no anseio de apontar causas para as evasões, nesta ordem sequencial: dificuldades financeiras; questões religiosas; razões familiares; motivos profissionais; conflitos interpessoais (desavenças e desentendimento com, ou entre, outros Maçons); reuniões cansativas e sem conteúdo; desvalorização das suas ideais e opiniões; sentiu-se desprestigiado na distribuição dos cargos em Loja; suas expectativas iniciais não foram atendidas (frustração), e outros motivos.

Simbolicamente, são apenas hipóteses e referências anômalas, assim como hipóteses e referências anômalas são as demais hipóteses antes apresentadas, contudo, quando se quantifica as respostas aos quesitos, a situação se altera. Vamos reproduzir a mesma informação acompanhada de novos elementos: dificuldades financeiras 5,3%; questões religiosas 0%; razões familiares 7,9%; motivos profissionais 21%; conflitos interpessoais (desavenças e desentendimento com, ou entre, outros Maçons) 26,3%; reuniões cansativas e sem conteúdo 10,5%; desvalorização das suas ideais e opiniões 7,9%; sentiu-se desprestigiado

[64] Para maior e mais informações recomendamos a leitura do trabalho "Motivação e Evasão no Trabalho Voluntário: um estudo de caso na Grande Loja Maçônica do Distrito Federal, publicado na Revista Ciência & Maçonaria, vol. 4, nº 1, p. 99/112, jan./jun. 2017.

[65] Brasília enfrenta um problema pouco comum ou inexistente em outros pontos do País: a alta rotatividade de servidores públicos, particularmente militares.

na distribuição dos cargos em Loja 2,6%; suas expectativas iniciais não foram atendidas (frustração) 10,5%, e outros motivos 7,9%.

As hipóteses conflitos interpessoais (26,3%), motivos profissionais (21%), reuniões cansativas e frustrações (10,5%) cada, se destacam, alcançando essas quatro hipóteses a marca de 68,3% dos motivos gerais apontados pelos Veneráveis Mestres como razões para as evasões de Maçons. Curiosidade à parte, no desdobramento da hipótese rotulada "Outros Motivos (7,9%), aparecem situações como: "Eu me sentia excluído, então cansei de mendigar a atenção dos Irmãos", "não recebi o apoio que esperava em um momento difícil da minha vida" e "a existência de donos de Lojas me levou a pedir para sair" (MORAIS, 2017:93), dentre outras inserções curiosas.

As causas que provocam a evasão e a mobilidade de Maçons tornaram-se um evento normal e comum, banalizando-se a sua existência e por isso não mais incomoda e não é visto como uma preocupação para as nossas autoridades, aí incluídos nossos Veneráveis Mestres (LEITE, ob cit.), que não se preocupam com outra eventualidade decorrente, a de que barrar a evasão é de importância crucial para a Maçonaria, pois sendo esta uma instituição sem fins lucrativos, depende da contribuição e do trabalho voluntário para sua existência (MORAIS, 2017:97) e do pagamento de mensalidades, taxas e doações. Em outra variante, considerando que as oficinas maçônicas sobrevivem com o ingresso de recursos oriundos da contribuição pessoal de seus associados, se o quadro social não cresce de forma substancial, a arrecadação social também não cresce (LEITE, ob cit.), e daí decorre elevação das mensalidades e a ocorrência do afastamento de Voluntários.

Compartilho o elenco de causas apresentadas pelo Irmão Denilson Forato[66] a propósito de algumas da evasão de Maçons das Lojas, focado nos aspectos: Educação; pensamento; instrução; debate;

[66] http://denilsonforato.blogspot.com.br/2012/09/a-evasao-da-maconaria-no-brasil.htm

trabalho; Acomodação; vaidade; recrutamento; sindicância; decepção; desafio; prolixidade; voluntariado; propaganda; proposta e proselitismo. Em suas palavras:

> *Educação: não de conhecimento, mas de valores e princípios; pensamento: tíbio interesse para pesquisar, ler e escrever; instrução: aplicada de forma mecânica e sem cobrança; debate: descamba em queixume, lamúria e até explosão emocional; trabalho: aprendizes e companheiros ensinam. Acomodação: obreiro entra calado e sai mudo do templo; vaidade: cargo é motivado por sede de poder e distinção; recrutamento: proposto não tem perfil maçônico; sindicância: irresponsável e negligente; decepção: na maioria das propostas de iniciação busca-se por evolução humanística; desafio: ausência de projetos nas áreas de ciências humanas; prolixidade: oratória inócua, desfocada; voluntariado: não aceita cargo que exige trabalho, dedicação e assiduidade; propaganda: associação é espaço para divulgação de currículos, bens e serviços; proposta: é usual proporem a terceirização da responsabilidade civil individual; proselitismo: reiterada investida para atrair irmãos para religião ou ideologia* (FORATO, 2012).

Não são poucas as variáveis que estão a justificar a posição coletiva da evasão de colaboradores Maçons, e, dentre todas, para apimentar o assunto, a evasão de colaboradores pode, ainda, ser explicada a partir das ações rotineiras das sessões maçônicas, austeridade excessiva, ausência de informação e de instrução maçônica, discriminação, influência negativa de familiares, ausência de eventos maçônicos, falta de frequência [a que denomino de absenteísmo] às atividades das Lojas, ostentação e melindre (LOPES[67]). E pego o gancho "discriminação" para continuar tratando do assunto mais adiante.

Pode-se concluir afirmando que temos certeza de que dificilmente conseguiremos esgotar o tema e que o aprendizado com as

---

[67] Edison Lopes, membro da Loja "União e Justiça Anapolina", Oriente de Anápolis/GO, http://www.palmeiradapaz.or.br/jooma330/index.php/pt/153-geral.

motivações da evasão maçônica apresenta em sua face mais nefasta, a certeza de "um Irmão inativo é um Irmão insatisfeito", e que a melhor maneira de se compreender as razões da insatisfação é ouvi-lo e tentar tirar dos seus argumentos o máximo de aproveitamento em benefício da Loja e da Ordem Maçônica. Outra certeza é a de que, pelo menos, conseguiremos chamar a atenção dos Irmãos (futuros Veneráveis Mestres) para a necessidade de procurar fidelizar (motivar) os Irmãos das suas Lojas ante o desgaste da perda de Irmãos e às dificuldades de recuperá-los mais tarde (ROCHA; PORTELA, 2005).

Não precisamos nos envergonhar dos nossos aventais puídos, mas dos nossos olhos cegos e ou dos óculos sujos que não nos permitem enxergar nossas próprias deficiências. O sinal verde, por enquanto, está piscando e nessa situação recomenda especial atenção a cada um dos Obreiros em particular antes que o sinal passe do verde para o amarelo e depois para o vermelho.

6. DISCRIMINAÇÕES MAÇÔNICAS

A esta temática faremos breve reportagem dado não ser nossa pretensão nos aprofundarmos no assunto, mas apontar a discriminação exposta no contexto das coisas de Maçonaria que sabemos que não sabemos.

Ontem não. Hoje talvez. Amanhã com certeza, muitos dos dispositivos ortodoxos e peremptos dos capítulos das *Old Charges*, verdadeiras letras mortas para milhões de Maçons de todo o mundo, serão considerados princípios vexatórios e discriminatórios, portanto, passíveis de reprimendas sociais à luz do politicamente correto. Queremos aqui considerar e discutir mais especificamente dispositivos das *Old Charges* que tratam de assegurar proibições a escravos, mulheres, homens imorais, discussões sobre religião, política e nacionalidades. Para tal desiderato comparamos as *Old Charges* versão original padrão situada nos limites de 1470 e 1560 e a versão das Constituições de Anderson (1723) e dos Landmarques (1856) classificados por Albert Gallantin Mackey.

Na versão das *Old Charges* padrão original, no capítulo dezenove – Dos Deveres Gerais – destacamos a afirmativa de que "o primeiro dever é que vós devais ser homens fiéis a Deus e à Santa Igreja..." e do capítulo vinte – Dos Deveres Particulares – destacamos:

> *Que nenhum Mestre ou Companheiro tome um aprendiz, se não for por sete anos; e que o aprendiz seja de nascimento competente [livre] e não mutilado, pois assim deve ser. E também que nenhum Mestre ou Companheiro faça um Maçom sem a permissão de seus companheiros, e que o que vai ser iniciado esteja com ele no mínimo há cinco anos ou seis anos, e que esteja totalmente qualificado para tal, isto é, tenha nascido livre, e de boa ascendência, que não seja um servo, e que tenha os membros inteiros, como um homem deve ter.*

Gostaríamos de haver podido transcrever todo o teor dos capítulos dezenove e vinte e não apenas pinçar a parte que nos interessa, mas, entenda, assim foi procedido por economia processual e caso o leitor resolva investigar, a fonte recomendada é a obra *De um Antigo e Famoso Documento da Maçonaria Operativa*, de Ricardo S. R. Nascimento, que analisa o *Poema Regius* e toda a vasta literatura já produzida em torno dele. Então, vale assinalar que afora a proibição de se dar iniciação nos trabalhos da Arte Real a escravos e às pessoas mutiladas, não existe referência às proibições outras, às mulheres, homens imorais, discussões sobre religião, política e nacionalidades.

Repita-se: não há alusão à proibição de iniciação de mulheres, e trazendo o assunto para um jargão jurídico atual, se não era proibido, era permitido. Que o leitor continue em outras leituras e forme seu próprio entendimento sobre a presença de "damas" na Maçonaria Operativa.

Nos versos 127 a 160 do *Poema Regius* (Artigos III, IV e V), o registro é de que o Mestre só deve aceitar um aprendiz se for por sete anos, tempo certo para aprender o ofício; ou o senhor não terá lucro (Art. III). O Mestre só tomará como aprendiz um homem livre, pois senão o seu senhor poderia ir buscá-lo dentro da Loja, causando distúrbio; e em velhos tratados encontro escrito que o aprendiz deve ser bem-nascido (Art. IV). O aprendiz deve ser legítimo de nascimento; o mestre não deve contratar como aprendiz um mutilado, de sangue impuro, pois isso seria desonra para a fraternidade (Art. V). E nos versos 269 a 274) está dito, com estas letras: "Quem quiser trabalhar bem deve amar Deus e a Santa Igreja, bem como o Mestre que o escolheu e os seus companheiros".

Os versos 042, 204 e 353 destacados do conjunto dos versos 41 e 42; 203 a 204; e 347 a 352, respectivamente, são por demais elucidativos sobre a presença de homens e mulheres nos canteiros de obras no primeiro quartel do século XV. Veja e tire suas conclusões, independentemente das conclusões que apresentamos:

041 E assim eles deveriam se instruir entre si,
*042 **E amar-se uns aos outros como irmãos e irmãs.***

....

203 Que o mestre não supere outro mestre,
*204 **Mas sim estejam todos juntos, como irmã e irmão,***

....

347 Saibam os nobres companheiros,
348 Que vós todos deveis ser mordomos, um depois do outro,
349 Semana após semana, sem dúvida alguma,
350 E assim todos devem exercer a função,
351 Servindo-se gentilmente entre si,
*352 **Tal como irmã e irmão;***

A nossa posição intelectual, em perfeita concordância com o entendimento do Irmão Ricardo S. R. Nascimento, é de que lhe faço coro e também concluo afirmando que a alusão a "irmãos e irmãs" nos versos 042; 204 e 352, são indicativos de que na época do *Regius* existiam operários e operárias trabalhando em pedra, salvo melhor juízo (NASCIMENTO, 1999:271). Irmãos e Irmãs trabalhando juntos sob os auspícios da fraternidade de Maçons. Só não temos como afirmar se se tratava de Irmãs puramente Operativas ou resultante de Adoção (Especulativas), ainda que possamos deduzir que algumas dessas Irmãs eram Mestres.

Mas o Reverendo Pastor James Anderson resolveu inovar e, no seu entender, as pessoas admitidas na qualidade de membros das Lojas devem ser homens bons e leais, de nascimento livre, de idade madura e razoável, de boa reputação, sendo proibido admitir, na Maçonaria, escravos, mulheres e homens imorais, cuja conduta seja motivo de escândalo. A proibição se reproduz no 18º Landmark dos 25 classificados por Mackey, nos seguintes termos: "A exigência de que o candidato seja homem, não mutilado, livre de nascimento e maior de idade".

A Grande Loja de Londres e Westminster a partir da adoção dos rituais de Elias Ahsmole e das Constituições elaboradas por Anderson, fez com que estes documentos se tornassem a base doutrinária dessa potência e, a partir da unificação que levou ao estabelecimento da Grande Loja Unida da Inglaterra – a matriz da Maçonaria universal –, todos os Maçons regulares em todo o mundo foram obrigados a seguir ou observar os preceitos estabelecidos. Estes dois documentos e os preceitos estatuídos, por certo, úteis e necessários à época, se mostram em nossos dias, superados. O mundo desde Ahsmole e Anderson não é o mesmo, e não é mesmo!

O ponto focal e único que nos interessa nesta questão é tecer breves considerações ao que poderá, no futuro, conduzir Maçons às barras dos tribunais de justiça do mundo profano por conta de eventual e aludida discriminação em razão das ventiladas proibições ao ingresso de escravos, mulheres, homens imorais, discussões sobre religião, política e nacionalidade. E muito provavelmente, não por conta de questões de escravos (hoje inexistentes no mundo moderno) e em possibilidade por conta de discussões sobre religião, política e nacionalidades, mas, muito provavelmente, por conta da discriminação do ingresso de mulheres e de homens que possam ser considerados "imorais", alcançando, aqui, o universo de "imoralidades" não referenciadas. Portanto, nos interessa considerar esses dois termos no contexto do que denominamos de Discriminação Maçônica.

O termo Discriminação é um substantivo feminino que significa distinguir, faculdade de discriminar, discernimento ou diferenciar. No entanto, o sentido mais comum desta palavra aborda a discriminação como fenômeno sociológico e sentido do termo assume feições de *ação ou efeito de separar, segregar, pôr à parte.* A discriminação decorre do preconceito, fazendo com que determinados segmentos, grupos ou atividades sejam excluídos ou estigmatizados. Discriminação é, segundo os dicionários, o tratamento desigual ou injusto dado a uma pessoa ou grupo, com base em preconceitos de algum tipo. Já preconceito é a ideia ou conceito formado antecipadamente e sem fundamento sério ou imparcial, sem base em dados objetivos, um estado de cegueira moral. Uma forma corriqueira de discriminação é aquela referente ao nível social, à raça, religião, opção política e opção sexual.

Bem mais difícil de situar no exato contexto do pensar maçônico, o termo Imoralidade (no singular) e Imoralidades (no plural), pode assumir conotações diferentes para cada caso estudado. Imoralidade, substantivo feminino, apresenta como característica principal a maneira de pensar e de agir da pessoa que não respeita regras morais. Imoral, por seu turno, é um adjetivo de dois gêneros com origem no latim *immoralis* que significa uma atitude contrária à moral ou que qualifica uma pessoa que se comporta sem moralidade. Ademais, o termo imoralismo sugere uma doutrina adotada por alguém que nega o valor moral que está presente na sua sociedade. Uma pessoa imoral é muitas vezes descrita como devassa, sem ética, indecente e desonesta, pois muitas vezes revela falta de caráter e vive sem regras, e, sinceramente, alimento severas dúvidas se este seria o sentido pensado por James Anderson em data anterior a 1723.

Faço a leitura de que pouco importa o que se pensou no passado, dado que hoje os termos imorais e imoralidades podem ser aplicados às várias fases da vida cotidiana, poderá ser entendida a proibição de ingresso de homossexuais na Ordem Maçônica, em um cenário em que o próprio Estado, na mais ampla visão: a sociedade e o Estado consagraram a união homoafetiva e deixou de considerar a união de pessoas do mesmo sexo como imoralidade sexual. O mesmo vale para as futuras questões de proibição de ingresso de Mulheres na Maçonaria.

Nos dois contextos, vale lembrar que os Maçons, como os demais homens, vivem em sociedade e que as leis do Estado estão a revelar que todos os cidadãos possuem iguais direitos e obrigações, são, portanto, iguais perante as leis do Estado, respeitando as diferenças individuais. Não esqueçamos, cada Loja é uma entidade jurídica e mesmo tendo o seu CNPJ estará sujeita às Leis do País.

José Castellani, a exemplo de tantos e tantos outros autores, escreveu sobre a exigência de que os candidatos a ingresso na Maçonaria sejam homens, entendendo por anacrônica a norma de iniciar mulheres, apontando como ultrapassado, mas que a legislação (maçônica) permanece e a proibição só poderá ser suspensa se houver, nesse sentido, consenso de todas as Obediências maçônicas regulares do mundo (CASTELLANI; RODRIGUES, 1995:51). Em respeito, vou me abster de aprofundamento nas razões, apontando tão somente que considero este ponto como "discriminação maçônica à mulher", em um momento em que mulheres governam países, instituições internacionais e entidades similares à Maçonaria, dirigem carros, pilotam aviões e orientam as nossas vidas individuais em multifacetados aspectos.

As opiniões são muitas e divergentes, certo é que desde o surgimento dos movimentos igualitários e do feminismo, muitos são os questionamentos e críticas sobre a Maçonaria por essas restrições, consideradas por muitos como conservadora e machista (ISMAIL, 2016:108), e, nós Maçons, homens livres e de bons costumes, não deveríamos ter esses empecilhos doutrinários pela nossa origem iluminista e deísta da Maçonaria teórica, todavia criamos uma ortodoxia tão nefasta e retrógrada quanto às das associações religiosas, oriundas do cristianismo, e de outras correntes místicas; que não nos permite ter a percepção da diferença entre 1717 e 1998 (TRAUTWEIN, 1999:18).

E para não me deixar falando sozinho transcrevo as palavras do velho mestre, Irmão e amigo Osvaldo Ortega, que nos jardins do SESC, em Juiz de Fora, me dizia com todas as letras tratar-se de discriminação maçônica de sexo não permitir que a filha de um Maçom quando tiver a idade própria para iniciação não possa ser iniciada, aí estará criada uma situação jurídica chamada DISCRIMINAÇÃO DE SEXO, que é considerada crime pelas leis brasileiras. Se a jovem, a Mãe, ou o próprio Pai (e por que não?) processarem a Loja ou a Potência, terão ganho de causa. Vide a Constituição da República Federativa do Brasil – Artigos 3º e 5º, seus parágrafos e incisos e a extensão de seus enunciados. O Artigo 3º, por exemplo, em seu inciso IV diz: promover o bem de todos, sem preconceitos de origem, raça, sexo, cor, idade e quaisquer outras formas de discriminação (ORTEGA, 2006:29).

E tem razão o saudoso Irmão Ortega ao lembrar o que aconteceu com o Rotary Club Internacional, quando nos EEUU as mulheres passaram a fazer parte pela concessão de medida judicial. E tem razão, ainda, quando aponta que a melhor maneira de se evitar uma situação destas será não permitir que ela tenha a mínima possibilidade de acontecer.

7. PREPARANDO O FUTURO

Adoro pensar, escrever e falar sobre Cultura de Maçonaria. No decorrer deste livro tenho enfatizado o valor do saber e do conhecimento das "coisas" de Maçonaria, e agora estou a enfatizar a constatação de que a Maçonaria precisa investir mais no seu capital humano: os Maçons e as Lojas. Fidelizar Irmãos, como pensamos, é a grande cartada para garantir o futuro da Maçonaria nesse mundo em constante e permanente transformação.

Transladando a questão para o universo particularizado das nossas mentes para, a partir dela, entender e contextualizar a hermenêutica do cuidar de si antes de cuidar dos outros e cuidar dos outros como deveríamos cuidar de nós, tenho certeza, afastaríamos a ignorância do que se ignora, e a determinação do Eu enquanto sujeito de ação é do que é preciso ocupar-se externamente, conduzirá ao entendimento de que a nossa ignorância em relação aos interesses e motivações dos nossos Irmãos, aliada à nossa falta de conhecimento da Ordem e de nós mesmos, nos impede de vivenciar as vicissitudes e ansiedades do momento presente e de planejar a contento o futuro, ou mesmo, de pensar o nosso futuro e o futuro da Maçonaria.

O território da Maçonaria é imensurável e as suas transnacionais fronteiras fazem de cada Maçom um Cidadão do Mundo, independentemente da sua nacionalidade. Os tesouros educacional, cultural e social da Maçonaria perpassam séculos e, se associados aos saberes e conhecimentos da universalidade dos Maçons consubstancia o pote de ouro da sociedade mundial. De tudo só precisamos ter consciência e trazer esse entendimento e compreensão para o momento presente e a partir dele alçar voo em direção ao futuro. Sabendo o que queremos e aonde queremos chegar, nada devemos temer, pois nada na vida deve ser temido, se formos capazes de entender a razão do nosso temor. Agora é o momento de compreendermos mais para que venhamos a temer menos (FRIEDMAN, 2017:11), e temer menos, particularmente, para elevar nosso nível crítico de entendimento sobre o mundo contemporâneo.

As questões que se vislumbram à frente são variadíssimas, e o ponto fulcral nos parece ser o planejamento ou a falta dele. Administrar as Lojas e os Maçons exige um mínimo de esforço planejado. Não entendemos como algo mais desmotivador do que sair o Maçom do seu trabalho ou da sua residência sem saber o que vai (ou pode) acontecer em sua Loja, à exceção da sequência ritualística dos graus. O Irmão Kennyo Ismail[68] aponta para o planejamento estratégico pertinente às Lojas e faz alusiva reportagem às consequências da gestão amadora na Maçonaria e seus impactos na sociedade civil e na vida do Maçom. E antes dele, Walter Pacheco[69], Heins Roland Jakobi[70] e Assis Carvalho[71] e outros manuais e ensaios sobre administração de Lojas e o papel dos Veneráveis Mestres corroboram para o entendimento da necessidade do planejamento ou a falta dele como um dos problemas maçônicos da atualidade.

A preocupação com o estabelecimento de uma gestão eficiente fez com que o Grande Oriente do Distrito Federal pudesse alavancar o futuro da Maçonaria no Distrito Federal, seguindo à risca um planejamento estratégico previamente definido, e na mesma linha de pensamento implantou programas de ações ordenadas, com destaque para a área educacional e formativa da cultura maçônica, o que nos propusemos com igual intensidade no Curso de Pós-Graduação em História da Maçonaria (ideia advinda do GODF, preliminarmente) disponibiliza aos estudantes as disciplinas "Prospectiva e Cenários para a Maçonaria no Século XXI" e "Planejamento Estratégico Maçônico".

Prometemos não nos aprofundar nos tópicos, mas no que couber, anseio por duas meias palavras de terceiros. O planejamento é uma ferramenta administrativa que possibilita perceber a realidade, avaliar os caminhos, construir referenciais futuros estruturando o trâmite adequado e reavaliar todo o processo a que o planejamento se destina. Sendo, portanto, o lado racional da ação maçônica (Antônio

---

[68] O Livro do Venerável Mestre, Londrina, A TROLHA, 2018.
[69] Guia da Administração Maçônica, Londrina, A TROLHA, 1991.
[70] Como Gerenciar uma Loja Maçônica, 2ª ed., Londrina, A TROLHA, 2001, e 5ª ed., 2017.
[71] Cargos em Loja, *in* Cadernos de Estudos Maçônicos, Londrina, A TROLHA, 1988.

Hernandez G. Junior[72]). Na Maçonaria, a estratégia traçada deve visar ao fortalecimento da Potência a que a Loja esteja filiada sendo, para isso, necessário o preparo intelectual e a liderança dos Veneráveis Mestres (Geraldo Ribeiro da Fonseca[73]). Da minha parte e para concluir, planejar o ensino dos assuntos maçônicos em Loja, sinaliza duplo aspecto: o formativo-cultural, e o trabalhar com as individualidades na construção da fortaleza intelectual dos Aprendizes, Companheiros e Mestres, o que por ser excelente, me basta.

8. FIDELIZAR MAÇONS

Essa tem sido uma bandeira que hasteamos e empresta valor à nossa proposta para o momento presente. Fidelizar Maçons nos parece ser a regra áurea para ser executada por todos os Dirigentes Maçônicos e os Veneráveis Mestres, e pelo tempo que for necessário. Estamos convencidos de que a Ordem e as Lojas maçônicas, em particular, necessitam investir na fidelização de seus Obreiros e na recuperação dos Obreiros desgarrados. Advogamos o entendimento de que os Veneráveis Mestres devam agendar como prioridade alta esse ponto, mas, igualmente, entendemos ter em mente que não basta tentar recuperar Maçons desgarrados, sendo necessário, repita-se, compreender as causas do desgarramento de modo a evitar perdas futuras.

Com certeza você – Meu Irmão, onde quer que esteja neste exato momento – nunca parou para pensar a força da casca do ovo, que é forte o bastante para proteger o desenvolvimento dos filhotes em gestação e ao mesmo tempo fraca para facilitar a saída das pequenas crias. A consistência da casca do ovo atende a diferentes objetivos, resistente para

[72] Artigo: Educação de Resultados, acesso no livro Planejamento Estratégico para Reuniões Maçônicas, Londrina: A TROLHA, 2012, p. 11/17.

[73] Artigo: Planificar, Edificar, Realizar, acesso no livro Planejamento Estratégico para Reuniões Maçônicas, Londrina: A TROLHA, 2012, p. 31/42.

permitir que o animalzinho seja desenvolvido, mas que se modifica e se torna menos resistente para facilitar a eclosão deles. Aplicada à Maçonaria, a casca do ovo maçônico necessita ser resistente para permitir o acesso de novos Maçons e mais resistente para manter e conservar o Ente Maçom dentro das suas células que são Lojas Maçônicas. O elemento humano sem o patrimônio maçônico não constitui uma célula social maçônica e o patrimônio maçônico sem o elemento humano não constitui uma célula social forte e estruturada. Cada obreiro com a sua cultura é importante na célula social maçônica, pois cada um, do mais humilde ao mais graduado, tem uma função a cumprir. Cada um tem a sua participação no bom andamento da Ordem maçônica. Estas são verdades que têm evidência por si mesma não necessitando de provas ou demonstrações outras. São axiomáticas.

O conhecimento maçônico que gera bem-estar social é a chave do êxito da célula social que compete no contexto maçônico, social, político e tecnológico do nosso tempo presente e cujo papel no futuro tende a ser cada vez mais relevante. Obviamente, as cautelas nos cálculos de avaliação para determinação do verdadeiro poder intelectual maçônico exigem que o conhecimento doutrinário esteja somado a outros conhecimentos e saberes, da sensibilidade dos Maçons ativos e especialmente da conduta ética que visa a sinceridade das evidências. A chave está em criar uma cultura de valorização do Obreiro como elemento gerador de cultura maçônica e dar a cada um dos Obreiros a oportunidade de realização de sua capacidade intelectiva. Esta força intelectual irá influenciar positivamente na dinâmica do patrimônio cultural da Ordem Maçônica como um todo. Neste particular, planejar a educação e a formação cultural parece ser a outra chave necessária para fidelizar Maçons.

8.1 O QUE FAZER E COMO FAZER!

Um dos grandes problemas das teorias é a prática e a prática exige a teoria, isto é, o saber ou o conhecimento prévio da ação a ser desenvolvida, por isso não nos basta teorizar que a Loja deve criar, manter e estreitar vínculo sociocultural-maçônico com cada um dos seus Obreiros, fidelizar Maçons, em outras palavras, mas como fazer e quando fazer. Neste particular recordo, e faço recordar, por reproduzir, a fábula de Esopo sobre a Assembleia dos Ratos.

A Assembleia dos Ratos, na fábula de Esopo, diz que *era uma vez uma colônia de ratos, que viviam com medo de um gato. Resolveram fazer uma assembleia para encontrar um jeito de acabar com aquele transtorno. Muitos planos foram discutidos e abandonados. No fim, um jovem e esperto rato deu uma excelente ideia: – Vamos pendurar uma sineta no pescoço do gato e, assim, sempre que ele estiver por perto ouviremos a sineta tocar e poderemos fugir correndo. Todos bateram palmas; o problema estava resolvido. Vendo aquilo, um velho rato disse: – O plano é inteligente e muito bom. Só falta uma coisa: quem vai pendurar a sineta no pescoço do gato?* Moral da história: falar é fácil, fazer é difícil.

Pois bem, precisamos evoluir. O plano (planejamento) consiste na imprescindibilidade de que o Venerável Mestre mantenha vigilância constante sobre a presença dos Obreiros em Loja, e que o Chanceler informe se os Obreiros estão frequentando menos do que deveriam e as normas legais permitem, e a partir da constatação de inassiduidade, procurar saber o que faz com que o Obreiro deixe de frequentar a Loja, ou indagar-se sobre o que a Loja fez de errado ou deixou de fazer para (des)motivar seu Obreiro. O Venerável Mestre, em que pese a rotatividade administrativa, precisa tomar para si a responsabilidade pela promoção, avaliação e acompanhamento do crescimento evolutivo e cultural dos seus Obreiros, em especial dos Aprendizes e Companheiros.

O primeiro passo é procurar adotar atitudes comportamentais que conquistem a lealdade daqueles que permanecem ativos e frequentam com assiduidade as Sessões da Loja e assim fidelizar esses Irmãos. Para isso deve colocar em prática tudo o que possa ter aprendido, procurando agir de forma diferente com esses Irmãos, tipo, experimentar ficar no lugar desse Irmão em todas as situações que possa passar – o momento da verdade – com a sua Oficina. Teste pessoalmente todos os canais de comunicação disponíveis. Execute as práticas ritualísticas e ministre as instruções com carinho e atenção. Ensine ou peça a alguém mais experiente para ensinar aos membros da sua Oficina sobre o alto custo de se perder e de recuperar Irmãos desgarrados. Preocupe-se com o bem-estar maçônico e social dos membros da sua Oficina. Surpreenda os Irmãos, satisfazendo-os acima de suas expectativas. Seja criativo e lembre-se que os Irmãos cansam e que as suas necessidade e desejos mudam. E, por fim, saiba que ninguém se impressiona por ter que receber informações desencontradas ou equivocadas, que ninguém se surpreende por receber os mesmos "ensinamentos" por uma, segunda ou terceira vez, o que surpreende é a constatação de que as instruções são repassadas inúmeras vezes e de forma diferente em cada oportunidade, o que significa dizer que os Irmãos que ministram os ensinamentos nada aprenderam e, consequentemente, nada têm ou podem ensinar sobre um ou outro assunto especificamente.

O segundo passo é ter em mente que a era do conhecimento em que vivemos empresta destaque à avaliação do saber institucionalizado e que o aprimoramento cultural dos Irmãos é o investimento mais valorizado do ativo intelectual da Loja. Lembrar que o capital intelectual da Loja é um valor de poder imaterial determinável, e que este conhecimento é extremamente valorizado na medida em que pode gerar satisfação (ou insatisfação) no seio maçônico. Lembrar, por fim, que o que é importante é que haja a conscientização da necessidade de aprimoramento do conhecimento do pessoal para vitalizar a dinâmica do aprendizado maçônico, e, neste particular, dois pontos podem ser destacados: o conhecimento maçônico individual e o conhecimento maçônico coletivo.

O conhecimento maçônico individual é aquele que se acha representado pela educação, experiência, habilidades e atitudes de cada um dos Irmãos que estão presentes nas Lojas. A soma das habilidades intelectivas de cada um dos Irmãos que compõem a célula sociocultural maçônica será o conhecimento coletivo. O conhecimento maçônico coletivo pode ser entendido, pois, como sendo o conjunto formado por parcelas de intelectualidades individuais moldado pela filosofia maçônica e, enriquecida pelo conhecimento tecnológico globalizado. O conhecimento individual e coletivo não poderá ser considerado propriedade da Ordem Maçônica, pois se reveste e tem caráter subjetivo. O conhecimento maçônico individual e coletivo pode (e deve) ser apropriado e utilizado pela Ordem, vez que a constituição do conhecimento individual e a massa cultural individual podem ser ampliadas pelos ensinamentos ministrados pelas Lojas Maçônicas através dos seus Veneráveis Mestres e Obreiros. Este ativo imaterial fará diferença na satisfação ou não de cada parcela da célula social maçônica, pois não podemos deixar de considerar que há interesse na atualização/ampliação do conhecimento maçônico individual por meio da implantação, nas Lojas, de "tempo de estudos", "quarto de hora", palestra, leituras, cursos, seminários, que isolado ou conjuntamente resultem em valorização do ativo intelectual individual e em incentivo ao interesse pessoal na cultura da célula social maçônica.

O terceiro e definitivo passo é entender que a Loja é o conjunto dos homens-iniciados Maçons e do seu patrimônio cultural. Quanto maior for o número de Obreiros, maior será o conhecimento coletivo da Loja, maior a probabilidade de eficácia e satisfação individual dos seus Obreiros. Por isso proclamamos, desde o início, que a Loja deve criar, manter e estreitar vínculo sociocultural maçônico com cada um de seus Obreiros. Fidelizar Maçons, em outras palavras. Quem estiver disposto a assumir o desafio e aprender com ele, será um vencedor que conquistará o coração de todos os Irmãos do quadro. O sinal verde, por enquanto, está aceso e a situação de momento recomenda atenção especial a cada um dos obreiros em particular, antes que o sinal passe para o amarelo e depois para o vermelho.

9. CONCLUSÃO

Para preparar o futuro, é preciso enfrentar a questão dos conhecimentos maçônicos do que sabemos que sabemos e dos conhecimentos que sabemos que não sabemos. Precisamos conhecer algo mais da região entre o Grande e o Pequeno Conhecimento ou do Ponto dentro do Círculo, onde todo o conhecimento é negativo ou positivo, no sentido do que o que julgamos saber sobre nós mesmos, sobre os outros e sobre as "coisas" de Maçonaria pode e deve, não necessariamente, ser falso ou assentado em premissas falsas. Para onde quer que olhemos há lacunas no conhecimento ou no saber sobre o que deveríamos saber.

É preciso, portanto, partir do ponto qualquer em que nos encontramos no oceano da nossa ignorância em buscar horizontes outros que possam diminuir o abismo inicial ou conduzi-nos à região de justaposição dos saberes universais, antes de tentarmos conhecer o que não sabemos que não sabemos. Neste particular, leituras e livros são as chaves de acesso que se encontram mais ao nosso alcance.

Sabidamente, a promoção da cultura, educação e formação maçônica depende de condições que nem sempre são favoráveis e de pessoas que se disponham em propagar seus conhecimentos e saberes. Contudo, mesmo sabendo que não existem receitas simples ou prontas para a promoção da cultura, educação e formação maçônica, nenhum Maçom deve se satisfazer com a sua rasa consciência e muito menos com os seus rasos conhecimentos.

10. RESUMO. ABSTRACT. RESUMEN. RÉSUMÉ:

Devemos nos esforçar para que o futuro da Maçonaria não sofra abalos sísmicos capazes de forçar o deslocamento dos Maçons para fora da Ordem. Nesta parte, especificamente, se procurou demonstrar e exemplificar o que fazer para estancar a evasão, fidelizar, instruir e preparar a Maçonaria do futuro, enfrentando a questão de que precisamos saber o que não sabemos e reconhecer que o nosso conhecimento pode ser mínimo em face da universidade dos saberes maçônicos.

We must strive to ensure that the future of Freemasonry does not suffer seismic shaking that would force the Masons to move outside the Order. In this part, specifically, we sought to demonstrate and exemplify what to do to stop evasion, retain, instruct, and prepare future Freemasonry, addressing the question that we need to know what we do not know and recognize that our knowledge can be minimal in the face of it from the University of Masonic knowledge.

Debemos esforzarnos por garantizar que el futuro de la masonería no sufra sacudidas sísmicas que obliguen a los masones a abandonar la Orden. En esta parte, específicamente, buscamos demostrar y ejemplificar qué hacer para detener la evasión, retener, instruir y preparar la masonería futura, abordando la pregunta de que necesitamos saber lo que no sabemos y reconocer que nuestro conocimiento puede ser mínimo frente a él de la Universidad del conocimiento masónico.

Nous devons nous efforcer de faire en sorte que l'avenir de la franc-maçonnerie ne subisse pas de secousses sismiques qui contraindraient les maçons à se déplacer en dehors de l'Ordre. Dans cette partie, nous avons spécifiquement cherché à montrer et à illustrer ce qu'il fallait faire pour mettre un terme à la fraude, retenir, instruire et préparer la future franc-maçonnerie, en nous interrogeant sur la nécessité de savoir ce que nous ne savons pas et de reconnaître que nos connaissances peuvent être minimales de l'Université de la connaissance maçonnique.

11. REFERÊNCIAS BIBLIOGRÁFICAS

ASLAN, Nicola. *Landmarques e outros problemas maçônicos*. Londrina: A TROLHA, 2010. v. 1, ISBN 85.7252.044-9.

BRASIL 2035: cenários para o desenvolvimento. Instituto de Pesquisas aplicadas/Associação dos Servidores de Carreira de Planejamento e Orçamento. Brasília: IPEA/ASSECOR, 2017.

CASTELLANI, José; RODRIGUES, Raimundo. *Análise da Constituição de Anderson.* Londrina: A TROLHA, 1995.

FRIEDMAN, Thomas L. Obrigado pelo atraso: um guia otimista para sobreviver em um mundo cada vez mais veloz. Rio de Janeiro: Objetiva, 2017.

ISMAIL, Kennyo, *Debatendo tabus maçônicos.* Londrina: A TROLHA, 2016. ISBN 978.85.7552.346-2.

MANNION, James. *O Livro Completo da Filosofia:* entenda os conceitos básicos dos grandes pensadores – de Sócrates a Sartre. 5. ed. São Paulo: Madras, 2008.

MARTIN, James. *O propósito do século XXI:* um plano vital para assegurar nosso futuro. São Paulo: Cultrix, 2011.

MORAIS, Cassiano Teixeira de. *Evasão Maçônica Causas & Consequências.* Distrito Federal: DMC, 2017. ISBN 978-85-68930-06-9,

NASCIMENTO, Ricardo S. R. *De um Antigo e Famoso Documento da Maçonaria Operativa.* Brasília: Publicação do Grande Oriente do Brasil, 1999.

ORTEGA. Oswaldo. *Seria esta a Maçonaria do III Milênio?* Londrina, 2006. ISBN 85.7252.225-5.

PLATÃO. *Apologia de Sócrates/O Banquete.* São Paulo: Martin Claret, 2009. (Coleção a obra-prima de cada autor, 20)

SENGE, Peter M. *A quinta disciplina:* arte, teoria e prática de aprendizagem. São Paulo: Best Seller, 1990.

SOCIEDADE PORTUGUESA DE ESTUDOS DO SÉCULO XVIII. *Constituições de Anderson; texto inglês da edição de 1723.* Lisboa: Universitária, 1993. ISBN 972.9212.25-2.

TRAUTWEIN. Breno. *Novos rumos à Maçonaria.* Londrina: A TROLHA, 1999. ISBN 85.7252.087-2.

TRAUTWEIN, Francisco Paulo. *M@çonaria.com #de volta para o futuro.* Londrina: A TROLHA, 2017.

UNIDADE QUINZE

NOSSA CULTURA: O QUE NÃO SABEMOS QUE NÃO SABEMOS

"Os conhecimentos novos são a chave que destrava os velhos sistemas de crenças e abre a porta para realidades cada vez maiores[74]".

1. PREÂMBULO

Nós não somos o que somos, somos o que pensamos que somos. Criamos nossa realidade e a realidade criada não é exatamente aquilo que os outros percebem; a nossa realidade é o algo que criamos em nossa mente. O mesmo vale para os nossos saberes e conhecimentos. Via de regra, pensamos que sabemos, mas pouco sabemos do que sabemos. Nicolau Copérnico (1473-1543) professava "saber que sabemos o que sabemos, e saber que não sabemos o que não sabemos, isso é o conhecimento verdadeiro" e antes dele, Confúcio (551-479 a.C.), "o que sabemos, saber que o sabemos. Aquilo que não sabemos, saber que não o sabemos: eis o verdadeiro saber". Porém, a questão maior é se podemos assumir o que não sabemos que não sabemos.

Responda-me, sinceramente e em poucas palavras, por que não podemos pensar que somos Deus? (Pausa, longa pausa). Não faço e não farei a mínima ideia do que você (leitor) possa pensar ou responder. Não

---

[74] ARNTZ. William. Por que não somos mágicos, em Quem Somos Nós? – a descoberta das infinitas possibilidades de alterar realidade diária, p. 125.

vou pretender que me responda que nunca pensou em ser Deus, embora tenha Deus dito que fez de cada um de nós a imagem e semelhança Dele[75]. Com isso afirmamos que tudo o que acontece em nossa vida é criado por nós. Os nossos pensamentos ditam as regras, igualmente, para os nossos saberes e conhecimentos. Assim, podemos criar o futuro que desejamos, podemos conhecer o que desejarmos conhecer, saber ou almejarmos saber. Em verdade, as coisas que não sabemos ou que não conhecemos, não o sabemos e não o conhecemos intelectualmente, ou seja, só não o sabemos ou não o conhecemos em nossas mentes, o que significa dizer que podemos inverter essa equação e conhecer o que não conhecemos, e saber o que não sabemos na oportunidade que o desejarmos. Isto não soa como uma boa ideia?

Nesta parte final, apresentamos um bosquejo de temas selecionados, alguns dos poucos temas do saber maçônico consolidado desde muito, sem apresentar traços futurísticos que possam servir de alegação para desconhecimento. Apresentamos fatos, dados, históricos e argumentos para demonstrar uma forma de entendimento sobre a nossa própria ignorância e não consciência de coisas sabidas há décadas (e séculos) e que não deveríamos ignorar, e os apresentamos para que se possa passar da ignorância à não ignorância, do não saber e da forma capaz de sair dela, ou seja, conhecer ou saber. Serão apenas dez tópicos, e se mais espaços houvesse poderiam ser 33 ou 101 coisas de Maçonaria que muitos ignoram e não sabem que não sabem, pelo que assim pensamos.

2. DEZ SUPOSTAS COISAS DE MAÇONARIA QUE MUITOS IGNORAM OU NÃO SABEM QUE NÃO SABEM

2.1 A GRANDE FESTA ANUAL DOS MAÇONS

Grande Assembleia Anual, a Convenção Geral de todos os

---

[75] Gênesis 1:27. E criou Deus o homem à sua imagem; à imagem de Deus o criou; homem e mulher os criou.

Irmãos, ou a Grande Festa dos Maçons, qualquer que seja a denominação, e que haja ou não uma festa para todos os Irmãos, a Grande Loja deve reunir-se num lugar adequado, todos os anos, no dia de São João Batista ou São João Evangelista (cf. *Anderson's Constitutions 1723*, 1993, pág. 66). Os detalhes da Grande Festa dos Maçons são minuciosamente apresentados nos artigos XXII a XXXIX dos Regulamentos Gerais. Importante apontar que os pontos altos da Grande Festa dos Maçons é o Banquete (jantar) e a Eleição e Instalação do Grão-Mestre da Fraternidade.

Era tradição (e ainda o é, dado que ninguém disse em contrário) reunir os Maçons em torno de uma mesa de refeição na noite do dia 24 de junho de cada ano, para celebrar a memória de São João Batista (Patrono da Maçonaria) e comemorar o Solstício de Inverno, e caso não fosse possível reunir nesta data, a reunião ficava automaticamente adiada para outra data ou para o Solstício seguinte (o de Verão), em data próxima ao dia 27 de dezembro, dia de São João Evangelista.

Tomemos, por exemplo, as instruções preliminares constantes dos rituais de aprendiz das Grandes Lojas Maçônicas, em particular da Grande Loja Maçônica do Distrito Federal:

> *"Além dos dias festivos prescritos nos Regulamentos da Grande Loja e das Lojas, todos os Obreiros devem reunir-se festivamente ou em banquete maçônico no dia 24 de junho, nascimento de São João Batista, e 27 de dezembro, nascimento de São João Evangelista, correspondentes, respectivamente, aos Solstícios de Inverno e de Verão no Hemisfério Sul. Havendo impedimento sério, o banquete poderá ser realizado em outro dia, próximo à data"* (Ritual de Aprendiz Maçom – Explicações).

Em nosso livro "São João Batista e a Maçonaria" havíamos tentado condensar informações, em texto assim resumido:

> *O Regulamento Geral para uso das Lojas da Grã-Bretanha, Londres e Westminster, compilado pelo Grão-Mestre Montagu a partir dos*

> *"Regulamentos Gerais anteriormente compilados por George Payne, 'determinava que a Grande Loja devia se reunir anualmente em lugar conveniente no dia de São João, e se este dia, para que for um domingo, a reunião se realizará no próximo dia, para que todo ano escolha um novo Grão-Mestre, Vice e Vigilantes'. Recomendava, ainda, que "os mestres das Lojas deverão, cada um, apontar um discreto e experiente "companheiro" de sua Loja para compor um comitê, consistindo de um "companheiro" de cada Loja, que deverá receber, um lugar conveniente, todas as pessoas que tragam convite, devendo ter poder para se pronunciar, se achar necessário, se o admite ou o excluem se assim o acharem plausível, contanto que não excluam ninguém antes que tenham todos os Irmãos a par de suas razões, para que se evitem erros; para que nenhum verdadeiro Irmão seja excluído, e nem um falso Irmão, ou mero embusteiro seja admitido". E continua: "Este comitê deve se reunir antecipadamente no local, no dia de São João, no devido lugar, antes que alguma pessoa chegue com os tickets (...) A aprovação e o consenso da maioria dos irmãos presentes se fazem absolutamente necessários para que os mesmos se façam obrigatórios; e que devem, após o jantar, e após o novo Grão-Mestre ser empossado, ser solenemente almejados, assim como o foram almejados e conseguidos esses Regulamentos propostos pela Grande Loja a cerca de 150 Irmãos no ano de 1721, no dia de São João Batista" (Cf. ROCHA, São João Batista e a Maçonaria, 2001. Pág. 73).*

Outro ponto a considerar, em relação aos festejos do Santo Padroeiro da Maçonaria, diz respeito ao Solstício de Inverno (Solstício de Verão no Brasil) e o Solstício de Verão (Solstício de Inverno no Brasil) celebrados pela Maçonaria Universal. O Solstício de Inverno é o "Solstício da Esperança", consagrado ao nascimento de São João Batista. E o Solstício de Verão (Solstício do Reconhecimento do Verbo) é dedicado ao nascimento de São João Evangelista.

Essas festas nada mais são que a perpetuação dos antigos cultos pagãos à fertilidade comemorados nos Solstícios de Inverno e Verão pelos teutônicos, célticos, gregos e outros povos antigos. São festejos, portanto, que antecedem ao próprio cristianismo. As comemorações de 24 de junho permaneceram imutáveis, as de 27 de dezembro eclipsaram diante de um evento de maior envergadura, as comemorações alusivas ao nascimento de Jesus Cristo, assim os festejos do dia 25 de dezembro atraíram a data de 27, esmaecendo os festejos de São João Evangelista em relação aos festejos de São João Batista.

O vocábulo Solstício vem do latim "*Solstium*", palavra composta de "sol" e "stare", significando se encontrar o "Sol Parado" e o Sol "para" em seu movimento de translação em torno da Terra, aparentemente, em duas ocasiões a cada ano, exatamente nos pontos solsticiais de câncer e de capricórnio. Quando o Sol alcança esses dois pontos intermediários entre o afélio e o periélio, ambos os hemisférios são igualmente iluminados e aquecidos, não havendo desigualdade entre os dias e as noites, que passam a ter a mesma duração. Os Solstícios determinam a separação das duas grandes fases em que a Natureza passa por transformações e fenômenos notáveis, comemoradas em todos os cultos desde a Antiguidade, sob várias formas e alegorias. Os Solstícios, ou portas solsticiais, são também chamados de "Porta dos Homens" e de "Porta dos Deuses" (cf. FADISTA, *O Zodíaco e os Solstícios*, 2004, Revista "A TROLHA", pág. 24-30), e isso ocorre especialmente em 22 de junho e 21 de dezembro, datas comemoradas pelas Grandes Lojas quando se reúnem em Assembleia Geral e pelas Lojas Simbólicas em Sessões Magnas, oportunidades em que se homenageiam a São João Batista e a São João Evangelista (cf. ROCHA, *São João Batista e a Maçonaria*, 2001, pág. 72).

Infelizmente, o desuso dos costumes faz com que o evento – A Grande Festa dos Maçons – ao nosso entender, integre o rol das tradições maçônicas esquecidas. Nos Rituais Modernos editados pelo GOB e COMAB, por exemplo, não há nenhuma referência ao evento. Então, neste diapasão, os Maçons não têm como saber que não sabem. Infelizmente. E de outra forma, não teriam como saber que a tradição de se celebrar São João não surgiu com as Constituições de Anderson como se possa imaginar. Registramos detalhes dessas reuniões nos escritos da Carta de Colônia em 1535.

2.2 AS CONSTITUIÇÕES DE ANDERSON

James Anderson (1684-1739) com as suas "Constituições" é que dá rosto à obra maçônica mais conhecida pelos Maçons, sendo este documento, sem dúvida, "a manifestação mais sensível da exteriorização maçônica e um momento capital da História da Franco-Maçonaria" (cf. PALOU, Jean. *La Franc-Maçonnerie,* 1964, pág. 33; em *Anderson's Constitutions* 1723, 1993, pág. 2-3), como baluarte da regularidade maçônica (cf. ISMAIL, *Ahima Rezon: a constituição dos maçons antigos de Laurence Dermott,* 2016, pág. 17) e segundo a ordenação das próprias Constituições de Anderson.

As "Constituições" de Anderson são o documento básico da Maçonaria, um documento que surgiu depois de 1717, com o estabelecimento da Grande Loja de Londres. Embora referenciada no plural trata-se de um único documento que foi apresentado e aprovado em Assembleia (1723), alterado em 1738, em 1756, em 1767 e em 1784, e mesmo depois que as correntes maçônicas (Antigos e Modernos) se uniram (1813) o texto Andersoniano continuou a dominar em suas linhas mestras. Articulado em três partes principais: a primeira, a história-relato dos homens; a segunda, a parte disciplinar (As Velhas Obrigações e o Regulamento Geral) dos Maçons; e uma terceira, à parte, que apresenta as canções maçônicas do Mestre, dos Vigilantes, dos Companheiros e dos Aprendizes.

Interessante apontar que a primeira parte das "Constituições", a descritiva, relata a história da Arquitetura nos diversos países da Antiguidade, exalta principalmente a arte romana, o "estilo de Augusto". Trata-se de um texto muito discutível à luz dos conhecimentos modernos, regredindo às origens da Maçonaria até os tempos de Adão.

Interessante, porém, e eis o ponto que almejamos destacar, que é a referência à reconstrução de Londres, queimada por um incêndio em 1666, durante o reinado de Carlos II (Stuart). O Grande Incêndio de Londres destruiu a parte central da cidade entre os dias 02 e 05 de setembro de 1666. Destruiu cerca de 13 mil residências, 87 Igrejas, a Catedral de São Paulo e 44 prédios públicos. A cidade foi reconstituída seguindo um projeto e sob as ordens do Maçom Christopher Wren, o Palácio Real de Greenwich (segundo o projeto do Irmão Inigo Jones), o Hospital Militar (Chelsea College) e o Palácio Real de Haly-Rood, em Edimburgo (Escócia), sob a direção do Irmão Sir Guilherme Bruce (cf. GUIMARÃES, 1997). Seja dito que, a Londres reconstituída foi todo um trabalho da Maçonaria Operativa, em fins dos tempos.

Sir Christopher Wren (último Grão-Mestre da Maçonaria na fase Operativa), após se expor ao frio de uma visita à Catedral de São Paulo no inverno, faleceu em 1723, na residência de seu filho, com noventa e um anos. O que significa dizer que em 1717 contava com a avançada idade de oitenta e cinco anos. Encontra-se sepultado na cripta da Catedral, onde uma lápide informa aos visitantes: "Leitor, se procurar seu monumento, olhe em volta".

Segundo Mackey, Sir Christopher Wren foi o maior arquiteto da Inglaterra, o *Magister Operariu* dos Maçons, denominação dos maçons medievais dada aos maçons do trabalho (cf. TRAUTWEIN, Breno. *Novos Rumos à Maçonaria,* 1999, pág. 127), um grande cientista e o melhor arquiteto de sua geração (cf. LOMAS, Robert. *A Maçonaria e o Nascimento da Ciência Moderna: o Colégio Invisível,* 2007, pág. 51) e um dos fundadores da Real Sociedade de Londres (1662) e seu presidente (1680-1682), acusado de negligenciar as Lojas, foi deposto do cargo de Grão-Mestre para ceder lugar a Anthony Sayer em 24 de junho de 1717. Pelo fato de ser o autor de mais de cinquenta edificações na Inglaterra, sir Christopher Wren poderia ter recebido o título de "Arquiteto do Grande Arquiteto" (cf. ALVES, *Reflexões de um Bibliotecário Maçom,* 2012, pág. 113).

C. Wren foi estigmatizado por J. Anderson e acusado de negligência para com a Maçonaria, e J. Anderson, talvez por isso, ou por seu auto de fé (queima dos documentos primordiais da Maçonaria Operativa), restou caracterizado como infame pelos maçons antigos. Detalhes deste tema são expostos mais adiante e em detalhes outros em nosso livro "Incompletude: a sabedoria dos graus e ritos maçônicos".

O ponto final que almejamos destacar é o fato de que a universalidade dos Maçons atuais sabe da existência das Constituições de Anderson e da sua importância no seio da Maçonaria, mas eis que ela não passa de uma grande desconhecida entre os Maçons. As Constituições de Anderson, as Old Charges, os Landmarks da Maçonaria e obra Moral e Dogma de Albert Pike se equiparam, guardadas as devidas proporções, aos livros "O Capital" de Karl Marx e Friedrich Engels, a "Dom Quixote" de Cervantes, ou mesmo à própria "Bíblia Sagrada", obras que são por muitos citadas e referenciadas, mas por poucos lidos ou nunca lidos por quem os citam e recitam.

2.3 IRMÃOS E IRMÃS ENTRE OS MAÇONS OPERATIVOS

> *A mulher é uma substância tal, que, por mais que a estudes, sempre encontrarás nela alguma coisa totalmente nova"* (Leon Tolstoi)

A Maçonaria e as mulheres têm uma relação complexa, que pode ser facilmente dividida em muitas fases sem nenhuma relação demonstrável entre si até o século XX. Algumas mulheres estavam envolvidas na Maçonaria antes do século XVIII, no entanto, as primeiras constituições impressas da Premier Grand Lodge da Inglaterra barram sua participação desde sempre.

Assim, o tema mulheres na Maçonaria continua complexo e não tem uma explicação que satisfaça a todos. Tradicionalmente, todos podem ser Maçons, mas a Maçonaria Regular só admite homens, livres e de bons costumes. Há relatos de mulheres na Maçonaria, contudo, as mulheres que foram aceitas na Maçonaria masculina, o foram de forma muito diversa no tempo e segundo o país e situações excepcionais. A primeira mulher maçom de quem se tem informações seguras, foi Elizabeth Aldworth, que se iniciou em circunstâncias bastante incomuns na Irlanda em 1732. Posteriormente, houve mais mulheres em Lojas maçônicas, em França, como foi o caso de Maria Deraismes em 14 de janeiro de 1882 (Cf. https://pt.wikipedia.org/wiki/Mulheres_e_maçonaria). E esse processo nunca mais parou.

E, ao que tudo parece indicar, Irmãos e Irmãs trabalharam juntos sob os auspícios da fraternidade de Maçons Operativos desde muito, pois nos versos 41 e 42 (*E assim eles deveriam se instruir entre si; amar-se uns aos outros como irmãos e irmãs*); 203 e 204 (*Que o mestre não supere outro mestre; mas sim estejam todos juntos, como irmã e irmão*); e 351 e 352 (*Servindo-se gentilmente entre si; Tal como irmã e irmão*) do Manuscrito Halliwel ou *Poema Regius.* Essas três alusões a "irmãos e irmãs" são fortíssimos indicativos de maçonas e maçons trabalhando juntos nos canteiros medievais, e, em linhas antecedentes, concluímos apresentando a nossa posição intelectual, em perfeita concordância com o entendimento do Irmão Ricardo S. R. Nascimento, de que a alusão a "*irmãos e irmãs*" nos versos 42, 204 e 352, são indicativos de que na época do *Regius* existiam operários e operárias trabalhando em pedras (Cf. NASCIMENTO, 1999:271).

Enid Scott em seu panfleto "Mulheres e Maçonaria", relatou que:

> *"No registro de Corpus Christi Guild em York, é de salientar que, em 1408, um aprendiz tinha de jurar obedecer ao "Mestre" ou "Dame", ou qualquer outro maçom. As "Damas" foram registradas nos Ofícios da Maçonaria no século XVII, como sendo não operatório. Claro que, naquela altura, "pós-operatório" significativa não estar envolvidos no trabalho físico, mas agindo em capacidade de aceitar encomendas de trabalhos, e não o que hoje chamam de "maçonaria especulativa". Essas*

> *mulheres, eram chamadas de "Damas" para distingui-las dos Mestres Maçons. Margaret Wild, a viúva de um maçom, foi um membro da maçonaria como "acompanhante", em 1663. (...). Um Memorandum, do dia 16 de abril de 1683, a partir da Loja de Edimburgo, refere-se ao acordo que uma viúva pode, com o auxílio de um competente Maçom, receber o benefício de todas as ordens que podem ser oferecidos por seus clientes, de seu falecido marido Maçom, como sendo proibida de tomar parte nos lucros de tais atribuições. Um dia depois do dia 17 de abril, os registros da Loja da Capela de Santa Maria, deu um exemplo sobre a legalidade de uma mulher que ocupa a posição de "Dama" ou "Senhorita", no sentido maçônico. Mas foi apenas de forma muito limitada que as viúvas de Mestres Maçons poderiam beneficiar do privilégio* (Wikipédia, 2018).

Bernard E. Jones fala de várias viúvas que faziam parte da Companhia de Maçons de Londres. Gould diz que, em novembro de 1388, ficou determinado que os xerifes encaminhariam proclamações às guildas e fraternidades, para que fossem fornecidas, pelos mestres e vigilantes, informações sobre "maneira e forma de juramentos, congregações, festas e reuniões de *irmãos e irmãs*" (cf. NASCIMENTO, 1999 c/ adapt.). Eu não ousaria desmentir o *Regius,* escrito cerca de seis séculos antes que existíssemos.

2.4 JAMES ANDERSON E A DESTRUIÇÃO DE DOCUMENTOS MAÇÔNICOS

Um ato de fé maçônico (1720) conduzido por James Anderson destruiu deliberadamente documentos maçônicos relativos aos maçons operativos. Anderson, segundo diversos autores, confessa ter praticado o auto de fé que resultou na destruição de documentos maçônicos para evitar que viesse a cair em mãos de estranhos. Existe uma grande probabilidade, quase uma certeza, de que muitos documentos maçônicos foram queimados no início do século XVIII, alguns anos após a criação da Grande Loja de Londres (cf. Edward, L. *Andersons's Book of*

Constitutions of 1738, A. Q. C., vol. 46, 1933, págs. 385-386). E muitos documentos foram então destruídos (cf. Gould, ert Freke, em *Quatuor Coronati Antigrapha*, Vol. I, Parte III, 1889, p. 2). O assunto, contudo, é muito pouco discutido entre Maçons.

A história maçônica relata que em 24 de junho de 1720, George Payne foi eleito pela segunda vez Grão-Mestre; nesse ano se deu o auto de fé, quando diversos documentos antigos, talvez de valor inestimável, foram queimados. Até hoje, não se sabe quais documentos foram queimados, e qual seria seu conteúdo. Existem apenas hipóteses sobre tal queima que teria destruído documentos anteriores e posteriores ao manuscrito *Regius*. Sobre o assunto existe muita controvérsia, como se verá a seguir.

A versão mais adequada, a nosso entender, é a que conduz ao entendimento de que depois da redação da Constituição elaborada por J. Anderson, este, com o apoio de J. T. Désaguiliers e G. Payne, se desfez dos documentos antigos reunidos e foram destruídos, em seguida, para confirmar a nova Constituição como exposição fiel e exata da Maçonaria operativa. Segundo as atas da Grande Loja da Inglaterra, para a redação da nova constituição se copilou as constituições góticas, arquivos, livros de lojas e outros documentos dos maçons construtores. Documentos aos quais se deu fogo depois.

Edward, L. diz que, após a descoberta do manuscrito *Chetwode Crawley* (descoberto no início deste século [XX] e datado de c. de 1700), e de outros manuscritos datados do início do século XVIII, via-se claramente que tinham fundo esotérico, distinguindo-se, portanto, das "*Old Charges*", que tratavam principalmente da história e regulamentos do ofício. Segundo Edward, Anderson, a queima poderia estar se referindo a Rituais não da forma dos atuais Rituais que se conhece e se usa hoje em dia, mas da forma do manuscrito (um catecismo) *Chetwode Crawley* (Knoop, D., Jones, G. P. and Hamer, D., *The Early Masonic Catechisms*, 1975 (1943), págs. 3-4 e 35-38).

Alguns autores franceses apontam motivos religiosos para a queima, alegando que ela se deu com a finalidade de apagar provas sobre ligações religiosas contidas nos antigos documentos, ligações essas com a Igreja Católica, única existente na Inglaterra antes de Henrique VIII e da Reforma (Cf. Lantoine, A. *Histoire de la Franc-Maçonnerie Française – La Franc-Maçonnerie Chez Elle*, 1981 (1927), pág. 34 e Lepage, M. *História e Doutrina da Franco-Maçonaria*. 1985, p. 95). O que parece mais verossímil.

Naudon (Naudon, P. *Les Origines Religieuses et Corporatives de la Franc-Maçonnerie*, 1979, pág. 218-219) atribuiu a Désaguliers o auto da fé, e transcreve um trecho da obra de WIBAUX, comparando a queima com o incêndio da Biblioteca de Alexandria, sendo Désaguliers um pastor protestante que queria fazer desaparecer qualquer ligação da Maçonaria com o catolicismo. (Naudon, P. *Les Origines Religieuses et Corporatives de la Franc-Maçonnerie*, 1979, pág. 218-219). O mesmo autor, 12 anos mais tarde (Naudon, P. *Les Origines de la Franc-Maçonnerie-Le Métier et le Sacré*, 1991, pág. 215) também atribuiu a Désaguliers o auto de fé, e acrescenta: "Interroga-se até hoje sobre os motivos desta destruição" (Cf. NASCIMENTO, 1999 c/adapt.).

A ser verdade a afirmação de Anderson de que numerosos manuscritos foram queimados deliberadamente em 1720, seja pela justificativa de que os Irmãos se mostravam preocupados que tais documentos caíssem em mãos estranhas, seja qual seja o argumento defensivo ou de acusação, o que impressiona é o silêncio dos Maçons, enquanto o auto de fé, em si, continua sendo um tema a desafiar pesquisadores e historiadores. E para aguçar as mentes mais afoitas, ousaria dizer que a justificativa para ação de J. Anderson, J. T. Désaguliers e G. Payne, encontrou respaldo nos temores explicitados na Carta de Colônia, muito explicitamente.

2.5 LOJA

A primeira menção à palavra "loja", na Inglaterra, data de 1278, em registro sobre a construção da "Vale Royal Abbey" (cf. Knoop, D. and Jones, G. P., *The First tree years of the buildng of Vale Royal Abbey.* A. Q. C., vol. 44, 1931, p. 16). Mas ela devia existir já antes desta data, por razões práticas relativas aos Canteiros de Obras.

"Na Escócia, a palavra Loja" era também usada para descrever um corpo organizado de maçons, associado a uma cidade ou distrito. Nas pedreiras também havia lojas (cf. JONES, Bernard E. *Freenasons's Guide and Compendium,* 1980, págs. 34-36). Gould, apresenta valiosas informações sobre as lojas, na época da Maçonaria Operativa. Segundo ele, "lodge" vem do Anglo-Normando "loge". E cita um Dicionário de Arquitetura, onde figurava vinte quatro exemplos de "loja", com referências desde 1200 (cf. GOULD, R. F. *The History of Freemasonry,* volume I, 1983, págs. 303-304; ver também ASLAN, N. *A Maçonaria Operativa,* 1979, págs. 139-143, e CASTELLANI, J., *A Origem da Palavra Loja,* Coletânea "A TROLHA" nº 1, 1993, págs. 141-142).

A Loja, no período operativo, atendia a uma necessidade ligada à própria construção da obra; ali se guardavam as ferramentas, ali se trabalhava na pedra (principalmente no inverno), ali se fazia refeições, ali repousavam os obreiros; era, pois, uma espécie de cantina/depósito/alojamento e também oficina (note-se que até hoje existem essas instalações nos canteiros de obra). Segundo Purvis (J. S. Purvis. *The Medieval Organization of Freemasons' Lodges,* The Collected Prestanian Lectures, Volume One [1925-1960], 1959, págs. 453-469), as lojas medievais eram mais do que isso. O exame de registros eclesiásticos (de várias naturezas), cobrindo o período de 1294 até 1535, bem como das folhas de pagamento, registros de frequência e outros referentes ao canteiro de obras da catedral de York (séculos XIII a XV), mostrou que havia um corpo organizado de maçons em York; e também que, além das finalidades apontadas, havia nas lojas (pelos registros, em meados do século XIV) uma cerimônia de admissão, incluindo juramento.

A loja existia em função da construção e sua duração estava ligada à obra. As obras duravam de alguns anos até décadas. As obras sofriam, às vezes, grandes interrupções, geralmente por razões econômicas; durante a paralisação prolongada dos trabalhos a loja não existia. Aliás, ela era uma construção provisória, o mais das vezes em barro e madeira. Na Loja (cf. Knoop, D. & Jones, G. P. *The Genesis of Freemasonry.* 1978 [1947], págs. 9-10), quando da entrada de um trabalhador no Ofício, seria também feita a leitura da parte lendária da Arte, seguida da leitura das Obrigações, havendo após um juramento. Nessa cerimônia, antes de serem postas na forma escrita as lendas e as Obrigações, era feita a recitação, de memória. E a "inculcação de moralidade", através da leitura, ou da recitação, de normas de conduta contidas nas Obrigações, seja talvez a única característica essencial comum às fases operativas e especulativas da Maçonaria, desde os tempos do *Regius* até os de hoje (cf. NASCIMENTO, 1999 c/adapt.).

E então, você sabia ou não sabia que palavra "loja" remonta aos anos de 1200?

2.6 MAÇONARIA E GEOMETRIA

As lições maçônicas prezam muito a geometria euclidiana e entre suas lendas, a de que Euclides teria sido o fundador da Maçonaria ganha destaque, sendo esta a própria Geometria (uma das sete ciências) e da importância desse pensamento na matemática das edificações, sendo que a 47ª Proposição ou Teorema de Pitágoras, ainda hoje é motivo de especial atenção dos Maçons, quer por lembrar a história da Geometria, e, portanto, da Maçonaria, quer pela própria figura do triângulo retângulo, com seus ângulos internos retos, e, as diversas correlações de caráter simbólico dele tirados, lembrando as muitas lições morais relacionadas ao ângulo reto.

Relatos sobre a "lenda" de Euclides encontra-se no *Poema Regius,* nos versos 1 a 57 e 551 a 556, estes últimos discorrendo sobre as Sete

Artes Liberais. O nome de Euclides figura no título do *Poema Regius*, com a legenda "*Hic incipiunt constituciones artis gemetrie scd'm Euclyde*" (aqui começa as constituições da arte da geometria segundo Euclides). Euclides de Alexandria (c. 330 a.C.-c. 285 a.C.) considerado o Pai da Geometria, mestre (professor), escritor e matemático, possivelmente grego e discípulo de Platão, nasceu na Síria (ignora-se a data e o local de falecimento). Convidado por Ptolomeu, integrou o quadro de professores da Academia de Alexandria, e a sua obra *Stoichia* (*Os Elementos*, c. 300 a.C.), em 13 volumes, ainda é referência acadêmica na atualidade.

A Proposição Euclidiana que interessa à Maçonaria é a que faz parte do Livro I, trata-se da 47ª Proposição, que tem o seguinte enunciado: "nos triângulos retângulos o quadrado do lado oposto ao ângulo reto é igual à soma dos quadrados dos lados do ângulo reto", onde o lado oposto ao ângulo reto é a hipotenusa e os ângulos retos os catetos. Este teorema já existia antes de Euclides e é conhecido como Teorema de Pitágoras. Na Maçonaria, a figura do Teorema de Pitágoras é a joia distintiva do ex-Venerável de nossas Lojas (Past Master). Ninguém explicou até hoje por que ou quando a 47ª Proposição foi adotada como motivo de destaque para a Maçonaria e para a joia de Past Master. (Cf. NASCIMENTO, 1999 c/adapt.). Sobre Maçonaria e Geometria (ver Knoop, D. *et al. The Genesis of Freemasonry*, págs. 63-67).

A geometria, no projeto de construções e na prática do ofício de pedreiro, sempre esteve intimamente vinculada ao Ofício. De fato, as Old Charges constantemente reiteram o vínculo entre a Geometria e a Maçonaria, chegando a declarações explícitas de que "Geometria agora é chamada de Maçonaria". Quando o dr. Anderson, nas suas Constituições de 1712 (pp. 20-21) declarou que "... o 47º Teorema do primeiro livro de Euclides... é o fundamento de toda a Maçonaria, sagrada, civil e militar", estava tratando do teorema como o símbolo de toda a Geometria, e proclamando a antiga ligação entre essa ciência e o Ofício. Deve ser por isso que ele exibiu o "diagrama" de modo tão proeminente no chão do seu frontispício, e porque tão prontamente adotado por escritores similares nas décadas seguintes. (Cf. CARR, *O Ofício do Maçom; o guia definitivo para o trabalho maçônico*, 2012, pág. 352)

2.7 OLD CHARGES

O mais antigo documento comprovadamente maçônico no mundo é conhecido como "*Carta de Bolonha*" e data de 1248. Seu nome original é "*Statuta et Ordinamenta Societatis Magistrorum Tapia et Lignamilis*". Foi redigido originalmente em latim por um escrivão público, sob ordem do Prefeito de Bolonha, Bonifaci di Cario, no dia 08 de agosto de 1248. Em seu conteúdo fica claro que essa Maçonaria Operativa italiana já era tradicional, antiga, contendo sólida estrutura e hierarquia, bem anterior à data de registro da Carta.

A Carta de Bolonha é anterior em 142 anos ao "Poema Regius" (1390); 182 anos ao "Manuscrito de Cooke (1439); 219 anos ao "Manuscrito de Estrasburgo" reconhecido no Congresso de Ratisbona em 1459 e autorizado pelo Imperador Maximiliano em 1488; e 59 ao "*Preabolo Veneziano dei Taiapiera*" (1307). Todos esses documentos maçônicos antigos não somente comprovam a existência da Maçonaria Operativa e sua evolução histórica, mas principalmente sua evolução social, incluindo a atenção especial de reis e o interesse crescente de intelectuais e nobres (ISMAIL, *O Documento mais antigo da Maçonaria: A Carta de Bolonha, in* https://www.noesquadro.com.br/historia/o--documento-mais-antigo-da-maconaria/).

O *Poema Regius,* também conhecido como o Manuscrito de Halliwel, não é o primeiro das Old Charges, embora seja o único no gênero, com seus 794 versos octossílabos em escrita gótica, acoplados dois a dois, em rimas emparelhadas, foi escrito no século XIV (c. 1390), certamente por um sacerdote da Igreja Católica pertencente a uma das muitas irmandades religiosas então existentes na Inglaterra e que deveria viver e trabalhar nas proximidades do canteiro de obras de uma edificação eclesiástica.

As Old Charges ou Antigos Deveres ou, ainda, Antigas Obrigações são, em verdade, escritos usados a título de Constituição pelos Maçons Operativos das Lojas dos Talhadores de Pedras. Existem hoje cerca de 113 versões conhecidas das Old Charges tidas como autênticas, dentre este rol, destacam-se, além da Carta de Bolonha (1248), o Manuscrito de Cook (1410), os Estatutos de Schaw (1598), o Manuscrito de Inigo Jones (1607), o Manuscrito de Kilwing (1665), o Manuscrito de Atchison-Haven (1666) e o Manuscrito de Melrose (1674). Esses e outros documentos demonstram a existência de uma Maçonaria organizada antes da fundação da Grande Loja de Londres e Westminster, refletindo de modo marcante para a organização da Maçonaria Moderna.

Rylands (Rylands, W. H. *Some Notes on the Legends of Masonry,* A. Q. C., volume 16, 1903, págs. 6-7) diz que esses documentos, inicialmente utilizados pelos Maçons operativos, passaram depois a ser usados simultaneamente pelos Operativos e pelos Especulativos. Ele argumenta que a partir de 1600, mais ou menos, a quantidade de "Velhas Obrigações" cresceu muito, o que deve ter acontecido por causa da transferência de possessão de tais documentos das mãos dos Operativos para as dos Especulativos (cf. NASCIMENTO, 1999 c/adapt.).

2.8 PATRONOS ESPECIAIS DOS MAÇONS OPERATIVOS

As principais festas dos talhadores de pedras eram a dos Quatro Coroados e a de São João Batista. Esses eram os patronos especiais e protetores da associação de pedreiros. Outros patronos dos canteiros, em toda a Europa, ao longo da Idade Média, foram São João Evangelista, São Tomaz, Santa Bárbara, e São Jorge.

No relato de Varazze (Varazze. Jacopo de Legenda *Áurea: vidas de santos*, 2003, pág. 925), incorporado por Nascimento (e devidamente citado como Voragine [Varazze], J., *La Légende Dorée*, 1989 [1900], pág. 216. Knoop, D. & Jones, G. P., *The Genesis of Freemasonry*, 1978, pág. 71], os quatro coroados foram Severo, Severiano, Carpóforo e Vitorino que, por ordem de Diocleciano, foram açoitados com correias guarnecidas de chumbo, até a morte. Por longo tempo não se pôde conhecer os nomes deles, mas depois muitos foram descobertos por revelação. Decidiu-se então que sua memória seria honrada junto com a de cinco outros mártires, Cláudio, Castório, Sinforiano, Nicóstrato e Simplício, que haviam sofrido martírio dois anos depois deles. Estes últimos mártires eram todos escultores em pedras que, tendo recusado a Deocleciano para esculpir um ídolo e oferecer sacrifícios aos deuses, foram por ordem do próprio imperador colocados vivos em caixas de chumbo e lançados ao rio, por volta do ano do Senhor de 287. O Papa Melquíades ordenou honrar, junto com esses cinco mártires, os quatro precedentes, chamados de os quatro coroados antes que seus nomes fossem descobertos, e esse uso prevaleceu mesmo depois que foram revelados (os seus verdadeiros nomes).

Tentando esclarecer os fatos temos que Deocleciano, Imperador Romano, governou Roma entre 284 e 305 d.C., e teria ordenado o martírio de Severo, Severiano, Carpóforo e Vitorino em 285 d.C., ou seja, dois anos antes do martírio de Cláudio, Castório, Sinforiano, Nicóstrato e Simplício, ocorrido em 287. Os nove mártires foram honrados pelo Papa Melquíades (Papa entre 02 de julho de 311 e 10 de janeiro de 314 d.C.), em data incerta, embora as celebrações da festa dos Quatro Coroados ocorram no dia 8 de novembro. As razões pelas quais Severo, Severiano, Carpóforo e Vitorino foram martirizados não são apontadas no relato de Voragine [Varazze]. No relato de Jones (Jones, B. E. *Freemasons' Guide and Compendium*, 1980, págs. 338-343), depois de açoitados até a morte, e seus corpos, atirados aos cães, foram depois recolhidos por amigos. Cláudio, Castório, Sinforiano, Nicóstrato eram talhadores de pedras (cristãos) e se negaram à ordem de Diocleciano para esculpir a estátua de Esculápio, deus greco-romano da medicina. Simplício é apontado como sendo um soldado romano.

Ainda sobre os Quatro Santos Coroados, durante o papado de Melquíades, uma basílica foi erguida no Monte Célio para cultuar a memória dos mártires; o local, muito provavelmente, seria a área onde a tradição localizava suas execuções. Os Quatro Mártires Coroados eram venerados na Inglaterra antiga e a conexão do segundo grupo de mártires com as obras civis em pedra ligou a tradição dos mártires à Maçonaria, e a Loja de Pesquisas Maçônicas inglesa denominada de *Ars Quatuor Coronatorum* nº 2076, que funciona no *Freemasons' Hall*, na Rua *Great Queen Street*, carrega em sua denominação a alusão aos *Quatro Mártires Coroados*, que os Maçons da Alemanha têm até hoje como padroeiros.

Na Inglaterra, a festa maçônica dos Quatro Coroados perdeu espaço para a festa de São João Batista, especialmente depois do aparecimento do primeiro das *Old Charges, O Poema Regius* ou Manuscrito Halliwel. Segundo Jackson (Jackson, A. C. F. *Our Predecessors – The Meediaeval Masons of the Regius Manuscrip*, A. Q. C., vol. 88, 1975, pág. 13), assevera que "algum tempo após o *Regius*, o prestígio dos Quatro Coroados dos maçons desapareceu em favor de São João. Isto explicaria por que a lenda dos Quatro Coroados não é citada em nenhuma das outras *Old Charges* (cf. NASCIMENTO, 1999 c/adapt.).

2.9 SCHIBOLLETH

A palavra Schibolleth significa abundância e maçonicamente é representada por uma espiga de trigo junto de uma queda d'água. Trata-se de um cereal de antiguidade inquestionável e de significativa importância para a alimentação da humanidade. Por causa de sua relevância com alimento, figura nas Escrituras como símbolo de bondade e de provisão de Deus (cf. Sl. 81:16; 147:14). Há inúmeras outras referências à palavra "trigo" nas Escrituras Sagradas. A palavra Schibolleth serviu de base para palavras de passe, palavras sagradas e palavras semestrais em nossos rituais e práticas maçônicas, podendo ser encontrada na Bíblia Sagrada – O Livro da Lei – e serve, ainda, para subsidiar ensinamentos e fomentar a cultura de Maçonaria.

O relato maçônico (aliás, hoje suprimido nos nossos rituais) diz que a palavra Schibolleth tem sua origem na época em que um exército dos Efraimitas atravessou o Rio Jordão para combater Jefté, famoso general gileadita. O pretexto dessa desavença foi não terem os Efraimitas sido convidados a participarem da honra da guerra amonita; sua verdadeira causa, porém, foi a captura dos despojos de que, em consequência dessa guerra, Jefté e seu exército se tinham apoderado. Os Efraimitas, muito embora fossem tidos como um povo turbulento e sedicioso, só romperam as hostilidades em virtude dos insultos pesados que lhes dirigiam os Gileaditas. Daí jurarem exterminá-los. Jefté tentou, por todos os meios, apaziguá-los; vendo, porém, que isso era impossível, avançou com seu exército, deu-lhes combate, derrotou-os e pô-los em fuga.

Para tornar decisiva sua vitória, precavendo-se contra futuras agressões, enviou destacamentos para guardar as passagens do Jordão, por onde deveriam vir, forçosamente, os insurretos de regresso a seu país. Deu ordens severas para que fosse executado todo o fugitivo que ali passasse e se confessasse efraimita. Aqueles que negassem ou usassem de subterfúgios, ordenava que pronunciasse a palavra Schibolleth. Os Efraimitas, por defeito vocal, próprio de seu dialeto, não pronunciavam Schibolleth, mas Sibolleth. Deste modo, a ligeira diferença de pronúncia descobria sua nacionalidade e custava-lhe a Vida.

As Escrituras dizem que morreram, no campo de batalha e nas margens do Jordão, 42.000 Efraimitas, e, como Schibolleth foi, então, a palavra que serviu para distinguir amigos de inimigos, Salomão resolveu adotá-la como Palavra de Passe dos Companheiros. Por isso, depois de nossos antigos Irmãos darem a Palavra de Passe ao Vigilante da sua Coluna, este lhes dizia: Passe Schibolleth.

O relato bíblico é menor (textualmente falando), bem menor do que o relato dos Rituais antigos, e diz o seguinte:

JEFTÉ E EFRAIM – Juízes 12:4-6.

Ajuntou Jefté todos os homens de Gileade, e pelejou contra Efraim. Os homens de Gileade feriram a Efraim, porque estes lhes disseram: Fugitivos sois de Efraim, vós gileaditas que habitais entre Efraim e Manasses.

Os gileaditas tomaram os vaus do Jordão que conduzem a Efraim, e quando os fugitivos de Efraim diziam: Quero passar, então os homens de Gileade lhes perguntavam: És tu efraimita? Dizendo ele: Não, então lhe diziam; Dize Chibolete. Porém ele dizia: Sibolete, porque não o podia pronunciar bem. Então pegavam dele, e o degolavam nos vaus do Jordão. Caíram de Efraim naquele tempo quarenta e dois mil.

Jafté julgou a Israel seis anos. Então faleceu Jefté, o gileadita, e foi sepultado numa das cidades de Gileade.

Schibolleth, Chibollet ou Sibolete – Palavra que serviu de teste de pronúncia, mediante a qual os gileaditas comandados por Jafté reconheceram os efraimitas derrotados quando os mesmos procuravam escapar atravessando o Jordão após a batalha. Visto que no dialeto semítico local de Efraim o "sch" inicial se transformava no sibilante "s", sua verdadeira identidade era descoberta quando procuravam pronunciar o termo. Ambas as formas da palavra significam "riacho extravasado" [Sl. 69:2; Is. 27:12], embora a forma palatalizada possa ser confundida com "schibboleth" ou "chibolleth" [espiga de trigo]. Os efraimitas que dessa maneira foram descobertos, foram imediatamente executados. No emprego moderno do termo "Sibolete" tem o sentido de senha ou sinal de uma seita ou partido, frequentemente usado como injúria.

2.10 ZODÍACO MAÇÔNICO

Embora a Maçonaria moderna seja baseada em ideias iluministas, liberais, progressistas e normalmente vinculadas ao uso da razão, na busca da verdade absoluta, ela utiliza em seus rituais, na sua simbologia e na sua estrutura filosófica e doutrinária, padrão místico de diversas seitas, religiões e civilizações antigas. O zodíaco, que em grego significa ciclo dos animais, é uma faixa celeste imaginária, que se estende entre 8 e 9 graus de cada lado da eclíptica e que com essa coincide; eclíptica é o caminho do Sol, do ponto de vista da Terra, que parece percorrer anualmente no céu. Essa faixa foi dividida em 12 casas de 30 graus cada, e o Sol parece caminhar 1 grau por dia. O zodíaco então é dividido em doze constelações, que são percorridas pelo Sol, uma vez por ano. (FROSI, *As Colunas Zodiacais*, 2010, Revista Universo Maçônico, pág. 76-79). O zodíaco e seus símbolos estão assinalados nos Templos Maçônicos nas Colunas Zodiacais.

Os signos zodiacais, no misticismo maçônico, representam todo o caminho percorrido pelo iniciado, desde a sua iniciação até ao cume de sua trajetória, no grau de Mestre Maçom. E ressalvando as diferenças existentes entre os tempos dos diversos ritos, essa representação é mostrada, fisicamente, com os símbolos alusivos aos signos, presente na Loja" (CASTELLANI, *Maçonaria e Astrologia*, 2002, pág. 122). Dispostos em Colunas seis a seis, no sentido longitudinal junto às paredes, a sequência delas, na Coluna do Norte, do Ocidente para o Oriente: Áries, Touro, Gêmeos, Câncer, Leão e Virgem. Na Coluna do Sul, do Oriente para o Ocidente: Libra, Escorpião, Sagitário, Capricórnio, Aquário e Peixes.

Os signos zodiacais relacionados com o grau de Aprendiz Maçom são Áries, Touro, Gêmeos, Câncer, Leão e Virgem. No zodíaco maçônico, com arresto no entender de Castellani e Frosi, temos a partir da primeira Coluna (Marte e o elemento Fogo) o signo de Áries simboliza o fogo interno, o ardor incontido do candidato à iniciação, à procura da luz, a faculdade intelectual, a vontade ativa gerada pelo cérebro; o signo de Touro (Vênus e o elemento Terra), apresentando o candidato admitido às provas de iniciação, a natureza pronta para fecundação; o signo de Gêmeos (Mercúrio e o elemento Ar), simbolizando o recebimento da luz pelo candidato, a união da intuição com a razão; o signo de Câncer (Lua e o elemento Água), simboliza a instrução do iniciado e a absorção por parte dele, dos conhecimentos iniciáticos da Maçonaria; o signo de Leão (Sol e o elemento Fogo), simboliza o juízo crítico e racional que o iniciado faz de todos os conhecimentos que adquiriu, aprendendo, com método, a selecionar todos aqueles que lhe puderem ser úteis. É o emprego da razão a serviço da crítica, é a seleção de conhecimentos; e o signo de Virgem (Mercúrio e o elemento Terra), simboliza o aperfeiçoamento do iniciado, do ser que já pode se dedicar ao desbastamento da pedra bruta, que é o seu próprio aperfeiçoamento material e espiritual.

No relacionamento com o grau de Companheiro estão os signos de Libra (Vênus e o elemento Ar), simbolizando o Companheiro, na plena maturidade da sua ascensão na escala da iniciática, pronto a desenvolver todo o seu potencial de trabalho, simboliza o equilíbrio entre as forças construtivas e destrutivas; o signo de Escorpião (Marte e o elemento Água), simboliza a morte do artífice Hiram Abi, morto segundo a lenda, por três Companheiros. A partir desta Coluna até a Coluna de Peixes, todas se referem ao grau de Mestre Maçom. O signo de Escorpião simboliza, ainda, as emoções e sentimentos poderosos, rancor e obstinação e a constante batalha contra as imperfeições; o signo de Sagitário (Júpiter e o elemento Fogo), simboliza a procura do corpo do mestre Hiram e o lamento de todos os obreiros, pela perda do Mestre e da palavra perdida. Representa, ainda, a mente aberta e o julgamento crítico; o signo de Capricórnio (Saturno e o elemento Terra), simboliza a descoberta do local em que foi ocultado o corpo de Hiram, e simboliza a determinação e a esperança; o signo de Aquário (Saturno e o elemento Ar), simboliza a cadeia que os obreiros fazem, para que o corpo de Hiram, retirado do seio da terra, possa ressuscitar num plano elevado, pois Hiram, como Osíris, simboliza a luz do Sol, simboliza, ainda, o sentimento humanitário e prestativo; o signo de Peixes (Júpiter e o elemento Água), simboliza o renascimento do Mestre Hiram e o reencontro da palavra perdida, simboliza, também, o desprendimento das coisas materiais.

Assim, restou demonstrado que o zodíaco maçônico e as colunas zodiacais num Templo maçônico do Rito Escocês Antigo servem como símbolos de demarcação do caminho do homem maçom em desenvolvimento, e são sinais do crescimento do aspecto material, moral e ético do iniciado, que durante sua jornada transcende em sua religião com a divindade. Na filosofia maçônica, as colunas zodiacais são apenas símbolos para estudo, destituídas da atribuição de aspectos da predição do comportamento do homem. É fácil deduzir que sua existência no Rito Escocês Antigo e Aceito tem finalidade educacional, parte de uma metodologia pedagógica específica à semelhança de outros símbolos e ferramentas (FROSI, *As Colunas Zodiacais,* 2010, Revista Universo Maçônico, pág. 76-79, c/adapt.).

Os rituais maçônicos usam os signos, sinais do zodíaco, em sentido simbólico, não falam em horóscopo, ou em diagrama das posições relativas dos planetas e dos signos zodiacais num momento específico, como o do nascimento de uma pessoa, ou com a intenção de inferir o caráter e os traços de personalidade e prever os acontecimentos da vida de alguém, ou um mapa astral, ou mapa astrológico. São representações alegóricas do caminhar do Iniciado nos Ensinamentos da Ordem.

3. CONCLUSÃO

Queridos! Embora o título pomposo usado para abrir os trabalhos – Nossa Cultura: o que não sabemos que não sabemos – o que fizemos foi um *tour* sem sairmos dos limites que medeiam o vigente estágio cultural maçônico traçamos um círculo tendo como epicentro a fundação da Grande Loja de Londres, e assim o fizemos para demonstrar que há três séculos, anteriores e posteriores a 1717, continuamos a usar padrões de comportamento sem sentir a distância que nos separa culturalmente dos pontos extremos ao ano referido, e para demonstrar que a nossa ignorância continua sendo um imenso mar aberto à navegação, e cada um pode conduzir seu barco livremente, sem preocupação com a ignorância que ignora.

Em consonância cognitiva com as palavras do saudoso Irmão Breno Trautwein, compartilho o entendimento que, de fato, nada fica estático no universo dinâmico. Mesmo os conceitos evoluem, e assim o termo cultura, tradicionalmente, expressa a ideia de um desenvolvimento, de um aperfeiçoamento da pessoa que se instrui, enriquecendo seu bom gosto, seu senso crítico, seu julgamento (TRAUTWEIN, *Novos Rumos à Maçonaria*, 1999, pág. 57), se distinguindo um dos outros em saberes e conhecimentos.

Que o *tour* cultural possa ter sido salutar e que seja referencial para entender o papel destacado da cultura de Maçonaria na vida do Maçom, alargando as margens da lagoa do conhecimento para que os limites da ignorância das coisas que não se pode ignorar possa se estreitar sem que tenhamos que nos afogar na tentação do conhecimento total.

4. RESUMO. ABSTRACT. RESUMEN. RÉSUMÉ:

O que não sabemos que não sabemos é um quebra-cabeça que desafia os Maçons a se aprofundarem na busca dos saberes da Maçonaria, seguindo o Fio de Ariadne para alcançar a ponta do fio das coisas perdidas e construir uma nova cultura de Maçonaria que seja capaz de suportar e responder às indagações da historiografia e dos pesquisadores que vierem a se interessar pelos feitos dos Maçons ao longo de sua trajetória e vida maçônica. Nesta unidade final se procurou apresentar alguns poucos temas que ainda estão a desafiar os estudiosos e a confrontar nossa ignorância e não consciência das coisas que haveríamos de conhecer há séculos.

What We Don't Know We Don't Know is a puzzle that challenges Freemasons to dig deeper into the quest for Freemasonry knowledge by following the Ariadne Thread to reach the end of the thread of lost things and build a new Freemasonry culture that is able to withstand and answer the questions of historiography and researchers who may become interested in the achievements of Freemasons throughout their trajectory and Masonic life. In this final unit we sought to present a few themes that are still challenging scholars and confronting our ignorance and non-awareness of the things we would have known for centuries.

Lo que no sabemos No sabemos es un rompecabezas que desafía a los masones a profundizar en la búsqueda del conocimiento de la masonería siguiendo el hilo de Ariadna para llegar al final del hilo de las cosas perdidas y construir una nueva cultura de masonería que sea capaz de resistir y responder las preguntas de historiografía e investigadores que pueden interesarse en los logros de los masones a lo largo de su trayectoria y vida masónica. En esta unidad final, buscamos presentar algunos temas que aún desafían a los académicos y confrontan nuestra ignorancia y falta de conciencia de las cosas que hubiéramos sabido durante siglos.

Ce que nous ne savons pas, nous ne savons pas, c'est un casse-tête qui invite la franc-maçonnerie à approfondir sa quête du savoir-faire en franc-maçonnerie en suivant le fil d'Ariane pour atteindre le bout du fil des choses perdues et créer une nouvelle culture de franc-maçonnerie capable de résister aux questions de l'historiographie et des chercheurs susceptibles de s'intéresser aux réalisations des francs-maçons tout au long de leur parcours et de leur vie maçonnique, et d'y répondre. Dans cette dernière unité, nous avons cherché à présenter quelques thèmes qui défient encore les chercheurs et confrontent notre ignorance et notre non-conscience des choses que nous aurions connues depuis des siècles.

POSFÁCIO

Chegamos ao ponto final da caminhada a que nos propomos. Agradecido estamos e nos detemos a considerar algo mais, mesmo depois da travessia por afluentes de correntes fluídicas que se revelaram dignas de apreciação a propósito do enlevo da cultura de Maçonaria, e o fazemos na expectativa de estarmos criando meios de materializar conhecimentos e incentivar outras publicações, novas pesquisas, novas leituras, outros saberes.

Temos certeza e plena consciência da aparente superficialidade dos temas em face da universidade das coisas de Maçonaria, e de que estamos a abrir veredas para conduzir Irmãos (e leitores) a mergulhos mais intensos em temas mais profundos. Foi uma caminhada sem bússola por terrenos montanhosos conduzindo provocações multidisciplinares que não se revestiram, em muitos aspectos, do necessário rigor científico, como gostaríamos. Por outro lado, temos plena convicção do não esgotamento de nenhum dos temas propostos, e o esgotamento de temas não era (e não é) nosso objetivo finalístico, este, assentado em premissas que visem sensibilizar e estimular a leitura, alimentar o espírito e fornecer informações que possibilitem alicerçar a cultura de Maçonaria.

O rigor científico que gostaríamos de ter partilhado e não o fizemos, em nada diminui o valor do pensamento intuitivo das ideias e dos saberes estabelecidos. E por provocação e para continuar falando em Maçonaria, Ciência e rigor científico neste fim de escrita, três aspectos precisam ser aventados. O primeiro, para destacar que o aparecimento da Maçonaria antecede ao aparecimento da Ciência Moderna. Neste sentido, vale recordar que os primeiros ensaios científicos tiveram início no século XVI, quando os cientistas às escondidas dos homens da Igreja e do Estado, revelavam uns aos outros as suas descobertas, e neste contexto, à exceção da ciência no Antigo Egito, do mundo greco-romano, da Índia e China antigas, e de Abu Ali al-Hasan Ibn-Haytham, latinizado Alhazem ou Ibn Al-Haytham (965-1040), estão Francis Bacon (1561-1626), considerado o fundador da ciência moderna; Galileu Galilei (1564-1642); Descartes (1596-1650) e Newton (1643-1727). Boyle, Lavoisier, Daltan, Darwin e Einstein integraram esse rol depois. Escritores e romancistas, como Paulo Coelho, Olavo de Castro, Guimarães Rosa, Josué Montelo, Balzac, Dickens, Dostoievski, e Proust, não demonstraram, em suas respectivas obras, preocupação com o cientificismo de época, revelando não existirem quaisquer confrontos entre literatura e ciência.

O segundo, para revelar que a barreira entre ciência e Maçonaria é artificial. A Ciência não prescinde da Maçonaria em nada para nada. A Ciência promove a Maçonaria, enquanto a Maçonaria em nada promove a Ciência. E, por fim, para afirmar que é a Maçonaria e os muitos escritos maçônicos carecem do aval da Ciência para validação dos *papers* no meio academicista. Parafraseando o escritor Moacyr Scliar, sublinhamos que o texto científico prima pela objetividade, pela concisão e pela precisão, a escrita de textos maçônicos como os nossos não necessariamente rejeita essas qualidades que caracterizam os textos científicos. Segundo Warren Burkett, pode-se dizer que o rigor científico possui um papel fundamental na preservação da memória histórica. Ele assim se posiciona:

> *"Ao escolher escrever para publicações populares, e não para as técnicas, você terá um papel a desempenhar no engajamento de seus concidadãos num debate de grande importância para uma sociedade democrática (...). À medida que uma compreensão mais completa e realística se desenvolver a partir de seus textos a respeito das ciências físicas, bem como das sociais, você estará realizando um serviço educacional para seus leitores e a sociedade em geral"* (BURKET, 1990:1-2).

Destas coisas bem sabemos. Necessário, entretanto, ter-se a consciência de que a relação entre Ciência e Maçonaria se estabelece por dois caminhos opostos e complementares: o caminho das Artes às Ciências e o caminho das Ciências às Artes. À primeira vista parece que estamos diante de um paradoxo, vez que as características estão em aparente contradição e parecem se opor. No entanto, não existe incompatibilidade entre Ciência, Maçonaria e literatura maçônica prenhe de misticismo, esoterismo, mitos e lendas. Pelo contrário, esses opostos, essas duas culturas, se complementam e são atraídas uma à outra; o que as torna diferentes e às vezes opostas são complementares e atraídas à unidade, o que as torna diferentes e às vezes opostas, em verdade, se unificam na construção de uma relação sólida para emprestar sentido ao pensamento expedido. Repetimos: a barreira entre Ciência e Maçonaria é artificial. Ciência e literatura maçônica, apesar de terem linguagens específicas e métodos próprios são intensamente valorizadas quando postas em interação.

Não nos importamos com as críticas que possam advir em razão dos pensamentos, ideias e reaproveitamento de saberes e conhecimentos mitológicos, lendários, esotéricos e aspectos ficcionais maçônicos que estejam em eixos desacoplados dos métodos científicos, o que, a nosso entender, não implica na impossibilidade da obtenção de conhecimentos confiáveis, embora reconheçamos que as pesquisas e escritos científicos contribuem com a produção mundial do conhecimento em escala ampliada, mas não podemos deixar de afirmar que pesquisas outras – sem o rigor científico – não contribuam, igualmente, com a produção mundial do conhecimento.

Ter essa compreensão é de extrema importância no compartilhamento de sentimentos, emoções e conhecimentos maçônicos pelos meios e recursos usuais, sem prejuízo da livre interpretação dos símbolos e rituais maçônicos, e sem disrupções dos níveis de cognitividade de Maçons e de sua atuação intelectual em suas Lojas.

Ao finalizar essa pequena reflexão sobre o processo de construção do conhecimento, ainda emergem algumas considerações a propósito das pessoas e do futuro.

As pessoas mudam quando ingressam na Maçonaria e o fundamento é que a Maçonaria é uma busca espiritual, uma demanda mística, uma escola de aperfeiçoamento (a revelar as verdades esotéricas mais profundas e valores da vida velados por alegorias e símbolos nas formas e condições preservadas nos rituais, mobiliário e na posições e deveres dos dignitários da Loja), como indica Foster Bailey em sua obra "O Espírito da Maçonaria" (BAILEY, 1999), e as pessoas quando ingressam na Maçonaria mudam (individualmente, em ato silencioso e solitário) à medida que incorporam valores e princípios éticos e morais seculares, e compreendem e assumem o desejo zeloso do conhecimento e da ambição de servir aos seus semelhantes.

Ontem, uma das piores perspectivas que deveriam alimentar as preocupações dos "Pais Criadores da Maçonaria Moderna" e de seus seguidores imediatos a 1717-1723-1738, parecia ser algo que de início não podia parecer mais dramático: o esvaziamento das Lojas e o possível emagrecimento das fileiras de Maçons por conta dos conflitos existenciais, o que explica a atenção especial no estabelecimento de rígidas regras e formas padronizadas de ingresso e de permanência de Maçons e suas respectivas Lojas e Irmandade. O pecado capital parece ter sido a imutabilidade dessas regras, distanciando toda e qualquer flexibilidade e afastando a perspectiva de que a sociedade mundial mudaria de forma bem mais acentuada do que mudara nos séculos antecedentes.

Hoje, quase não paramos para pensar sobre o futuro da Ordem, seja porque ele se passa por invisível aos nossos olhos, razão e entendimento; seja por ele não dizer respeito a cada um dos Maçons isoladamente; seja porque esperamos que a Instituição faça o que tem que ser feito no momento oportuno. Quando examinamos com lupas as tendências maçônicas de longo prazo em conjunto com uma série de outros fatores, fica claro que estamos com problemas sérios diante do abandono das Colunas dos Templos por centenas e milhares de voluntários em quase todos os países do mundo, independentemente de Potências e de Graus Maçônicos, embora a fuga seja mais e mais acentuada nas Lojas que ministram os Graus Simbólicos. Verdade é que há uma fuga generalizada de associados, aparentemente compensada com o ingresso maciço de novos membros, o que serve para equilibrar o movimento de entrada-saída de Maçons, demonstra que a Maçonaria precisa investir mais no seu capital social-humano (Maçons e Lojas), como forma de garantir o futuro da Maçonaria em um Mundo em constante e permanente transformação.

Os Maçons precisam tomar doses de consciência até que possam entender de que não são a geração de transição para a Maçonaria da segunda metade do século XXI, mas os responsáveis por preparar essa equipe de transição e apontar caminhos para a geração que vai desenhar rumos para que as novas gerações de Maçons tenham diretrizes seguras nos traçados a serem executados. Se acertarmos, permitiremos que os Irmãos que virão desfrutem de um futuro extraordinário. Se errarmos, estaremos criando cenários para que eles enfrentem um rompimento que atrasará a Maçonaria em décadas. O ponto central desta questão é fidelizar os Maçons atuais, planejar o futuro, e olhar os jovens de hoje como a geração que efetuará uma transição como nunca houve na história da Maçonaria.

Degrau a degrau, a Maçonaria vai passar inevitavelmente por transformação e isso é parte do propósito do século XXI. Então, coisas simples, como instruir os novos Maçons da atualidade, ensinar os Maçons a lerem sobre Maçonaria, orientar para que sejam mais refinados no trato dos assuntos e interesses maçônicos coletivos, e propagação e uso das tradições e dos costumes estabelecidos, serão, com certeza, referenciais de mudanças. Estamos presos na casca de ovo de um grande dilema: Queremos mudar ou pretendemos deixar tudo como se encontra? Só me permito um pequeno lembrete endereçado a cada um dos Maçons de hoje, para que seja sabedor de que a cada onda de novas ideias, como ondas do mar, aniquilam, sem piedade, as ondas antecedentes e o faz com rapidez imperceptível aos nossos olhos e inteligência. Portanto, o caminhão da mudança precisa começar a ser carregado agora, e logo, e não mais tarde.

Amanhã, a preocupação será com o refinamento dos costumes e com o fortalecimento interno e externo da Ordem e dos meios e dos recursos para se evitar uma derrocada em decorrência das milhares de potencialidades de agressividade e de oportunidades que o futuro possa facilitar e necessitar em seu curso evolutivo. O futuro está acontecendo no presente, uma grande civilização se constrói à nossa volta sem que nos apercebamos, e quando o público maçônico entender que precisa construir portais e colunas para o futuro, estará influenciando e impulsionando o bem-estar de todos.

O futuro que nos aguarda se mostra impaciente por ações em prol da Ordem e dos Maçons do porvir. E o que quer que façamos agora determinará se o nosso futuro será mais ou menos radioso, e tudo o que não podemos fazer é ficarmos inertes e silentes esperando que os anos futuros nos surpreendam com suas nuances e disrupções para que possamos começar a agir. A senha ou palavra de passe da Maçonaria para o futuro será *Fraternidade e Amor Universal*, cabíveis e necessários para o estabelecimento de uma sociedade interna e externa compassiva e como instrumento de práxis da corporação no beneficiamento da nobreza de princípios, liberdade e individualidade enquanto valores interpessoais, sinalizando no presente que somos capazes de pensar, construir, viver em sociedade, amar e dormir, sem ter que esperar, necessariamente, o cenário de primeiro-a-catástrofe.

Concluímos, lembrando que a Maçonaria precisa sobreviver aos Maçons e os Maçons sobreviverem às propostas evolucionistas do século XXI. Seria a tragédia de todas as tragédias, a ironia das ironias, a sociedade maçônica sucumbir ou se tornar insignificante, sem sentido, ou mesmo permanecer voltada para seu próprio umbigo e a resolver seus conflitos intestinais, afastando-se do seu ponto cardeal que é tornar feliz a humanidade pelo aperfeiçoamento dos costumes e fazer as pessoas felizes.

Obrigado por nos acompanhar até este ponto.

LGR

RESUMO

Palavras-chave: Maçonaria. Cultura. Cultura de Maçonaria. Literatura Maçônica

Resumo: Ressaltando a pedagogia do conhecimento maçônico, os quinze textos apresentados neste livro renovam e contextualizam o pensamento e a cultura de Maçonaria, oferecendo ao leitor novos paradigmas e novos saberes das coisas de Maçonaria, objetivando conscientizar sobre a importância da compreensão da cultura de Maçonaria aos Maçons contemporâneos. No agregado de escritos, constam sete ensaios didático-pedagógicos e de docência, denominados "Conceito epistemológico e etimologia da palavra maçom"; "Método escopo da história maçônica"; "Teorias acerca das origens da Maçonaria"; "Vertentes culturais e escolas de pensamento maçônico"; "Cultura de Maçonaria"; "Formas e meios de expressão literária maçônica", e, "Bibliografia maçônica". Seguidos por cinco textos antológicos, escritos de antes da concepção do livro, e por três textos versando sobre as perspectivas maçônicas de futuro, relacionados aos saberes que sabemos que sabemos, que não sabemos e aos saberes que não sabemos que não sabemos.

Key Words: Masonry. Culture. Culture of Freemasonry. Masonic Literature.

Abstract: Emphasizing the pedagogy of Masonic knowledge, the fifteen texts presented in this book renew and contextualize the thinking and culture of Freemasonry, offering the reader new paradigms and new knowledge of Freemasonry, aiming to raise awareness about the importance of understanding the culture of Freemasonry to contemporary Freemasons. In the set of papers presented, seven didactic-pedagogical and teaching essays are included, consubstantiated as "Epistemological Concept and etymology of the Mason word"; "Scope Method of Masonic History"; "Theories about the origins of Freemasonry", "Cultural trends and schools of Masonic thought"; "Freemasonry culture"; "Forms and means of Masonic literary expression", and "Masonic Bibliography". Followed by five anthological texts, written before the conception of the book, and three texts dealing with the Masonic perspectives of the future, related to the knowledges we know we do not know and to the knowledge we do not know we do not know.

Palabras clave: Masonería. Cultura. Cultura de la Masonería. Literatura Masónica

Resumen: Resaltando la didáctica del conocimiento masónico, los textos colacionados buscan contextualizar el pensamiento y la cultura de la masonería para la necesaria comprensión de los masones. No agregado de escritos, constate se didáctico-pedagógico y docente de denominadas "Concepto epistemológico y etimología de la palabra masón"; "Método del alcance de la historia masónica"; "Teorías acerca de los orígenes de la masonería"; "Vertientes culturales y escuelas de pensamiento masónico"; "Cultura de la masonería"; "Formas y medios de expresión literaria masónica", y "Bibliografía masónica". Siguen por cinco textos antológicos, escritos de antes de la concepción del libro, y por tres textos versando sobre las perspectivas masónicas de futuro, relacionados a los saber que sabemos, que no sabemos ya los saber que no sabemos que no sabemos.

Mots-clés: franc-maçonnerie. Culture. Culture de la franc-maçonnerie. Littérature maçonnique.

Résumé: Insistant sur la pédagogie de la connaissance maçonnique, les quinze textes dans ce livre, renouveler et contextualiser la pensée et la culture de la franc-maçonnerie, offrant au lecteur, de nouveaux paradigmes et de nouvelles connaissances des choses en maçonnerie, visant à sensibiliser le public à l'importance de la compréhension de la culture franc-maçonnerie aux francs-maçons contemporains. Dans l'ensemble des écrits, il y a sept essais didactiques-pédagogiques et pédagogiques, appelés «concept épistémologique et étymologie du mot maçon»; «Méthode Scope de l'histoire maçonnique»; «Théories sur les origines de la franc-maçonnerie»; «Les aspects culturels et les écoles de la pensée maçonnique»; «Culture franc-maçonnerie»; «Formes et moyens de l'expression littéraire maçonnique», et «Bibliographie maçonnique». Suivi par cinq textes anthologique, écrits avant la conception du livre, et trois textes traitant des perspectives maçonniques pour l'avenir, en rapport avec les connaissances que nous savons ce que nous savons, nous ne savons pas et les connaissances que nous ne savons pas que nous ne savons pas.

Obrigado por nos acompanhar até este ponto.
Thank you for taking us to this point.
Gracias por acompañarnos hasta este punto.
Merci de nous avoir amenés à ce point.

LGR

REFERÊNCIAS

ADORNO, Theodor W. et al. Dialética do Esclarecimento. Rio de Janeiro: Zahar, 1985.

ARNTZ, William et al. Quem Somos Nós? A descoberta das infinitas possibilidades de alterar a realidade diária. Rio de Janeiro: Prestígio, 2007.

ASLAN, Nicola. Landmarques e outros problemas maçônicos. Londrina: A TROLHA, 2010. v. 1. ISBN 85.7252.044-9.

BAILEY, Foster. O Espírito da Maçonaria, Lisboa: Hugin, 1999.

BANDLER, Richard. Usando sua mente: as coisas que você não sabe que não sabe. 10. ed. São Paulo: Summus, 1987.

BARROSO, Gustavo. História Secreta do Brasil. Rio de Janeiro: Civilização Brasileira, 1937.

BAUMAN, Zygmunt. Ensaios sobre o conceito de cultura. Rio de Janeiro: Zahar, 2012.

BENIMELI, José A. Ferrer. Arquivos Secretos do Vaticano e a franco-Maçonaria: história de uma condenação pontifícia. São Paulo: Madras, 2007.

BIANCHI, Alberto Gabriel. A Verdadeira Maçonaria, in Cadernos de Pesquisas Maçônicas 25, Londrina: A TROLHA, 2013. p. 17.

BOURDIEU. Escritos de Educação. 16. ed. Petrópolis: Vozes, 2015.

BRASIL 2035: cenários para o desenvolvimento, Instituto de Pesquisas Aplicadas/ Associação dos Servidores de Carreira de Planejamento e Orçamento. Brasília: IPEA/ ASSECOR, 2017.

BURKETT, Warren. Jornalismo Científico. Rio de Janeiro: Forense, 1990.

CARVALHO, Assis. O Aprendiz Maçom. Londrina: A TROLHA, 1995.

CARVALHO, José Murilo de. Os bestializados: o Rio de janeiro e a República que não foi. 3. ed. São Paulo: Cia. das Letras, 2002.

CASSIRER. Ernst. A Filosofia do Iluminismo. 2. ed. Campinas: Unicamp, 1994.

CASTELLANI, José; CARVALHO, William Almeida de. História do Grande Oriente do Brasil: A Maçonaria na História do Brasil. Brasília/São Paulo: G.O.B. – MADRAS, 2009.

CASTELLANI, José; RODRIGUES, Raimundo. Análise da Constituição de Anderson. Londrina: A TROLHA, 1995.

COLUSSI, Eliane Lucia. A Maçonaria Gaúcha no século XIX. 3. ed. Passo Fundo: UFP, 2003.

DARTON, Robert. A Questão dos Livros. São Paulo: Companhia da Letras, 2010.

DEMO, Pedro. Maçom: jeito de ser: textos sobre espiritualidade maçônica. Brasília: S.J. Luz, 2006.

DIVERSOS AUTORES. Cadernos de Pesquisa 19. Londrina: A TROLHA, 2001.

DIVERSOS AUTORES. Inbrapen 3. Londrina: A TROLHA, 2002.

DUNCAN, Ronald; WESTON-SMITH, Miranda. A Enciclopédia da Ignorância. Brasília: UnB, 1981. Coleção Pensamento Científico.

FAGUET, Émile. A Arte de Ler. Rio de Janeiro: Casa da Palavra, 2009.

FAGUNDES, Morivalde Calvet. Subsídios para a História da Literatura Maçônica Brasileira (Século XIX). Caxias do Sul: EDUCS, 1989.

FERRÉ, Jean. A História da Franco-Maçonaria (1248-1782). São Paulo: Madras, 2001.

FERREIRA, Antônio do Carmo. Maçonaria Missionária. Recife: Artgrafi, 2006.

FOLSCHEID, Dominique et al. Metodologia Filosófica. São Paulo: Martins Fontes, 2002.

FOULCAULT, Michel. A hermenêutica do sujeito: curso dado no Collège de France (1981-1982). 3. ed. São Paulo: Martins Fontes, 2010.

FRIEDMAN, Thomas L. Obrigado pelo atraso: um guia otimista para sobreviver em um mundo cada vez mais veloz. Rio de Janeiro: Objetiva, 2017.

GREENBERG, Clement. Arte e Cultura. São Paulo: Cosac Naif, 2013.

GUITTON. Jean. O Trabalho Intelectual. Campinas: Kírion, 2018. ISBN 9788594090119.

HESSEN, Johannes. Teoria do Conhecimento. São Paulo: Martins Fontes, 2003.

HUTIN, Serge. As Civilizações Desconhecidas: mitos ou realidades? Lisboa: Futura, 1979.

ISMAIL, Kennyo. Debatendo tabus maçônicos. Londrina: A TROLHA, 2016. ISBN 978.85.7552.346-2.

JACQ, Christian. A Franco-Maçonaria: História e Iniciação. Rio de Janeiro-São Paulo: Difel, 1977.

KAKU, Michio. Visões do Futuro: como a ciência revolucionaria o século XXI. Rio de Janeiro: Rocco, 2001.

KLOPPENBURG, Boaventura. A Maçonaria no Brasil. Petrópolis: Vozes, 1961.

LAKATOS, Eva Maria et al. Fundamentos da Metodologia Científica. São Paulo: Atlas, 2010.

LEADBEATER, C. W. A História Secreta da Maçonaria. São Paulo: Madras, 2003.

LEMER, Andrew Thompson. Cultura de Maçonaria: a Maçonaria e o pensamento histórico da arquitetura humana das ideias. Rio de Janeiro: Aped-Apoio & Produção 2009.

LEWIS. Carroll. Aventuras de Alice. São Paulo: Summus, 1980.

LIMA, Walter Celso de. Ensaios sobre filosofia e cultura maçônica. São Paulo: Madras, 2012.

LOMAS, Robert. Os Segredos da Maçonaria. São Paulo: Madras, 2015.

LUCKESI, Cipriano Carlos. Filosofia da Educação. São Paulo: Cortez, 1994.

MANNION, James. O Livro Completo da Filosofia: entenda os conceitos básicos dos grandes pensadores – de Sócrates a Sartre. 5. ed. São Paulo: Madras, 2008.

MARQUES JR, Túlio (org.). Anuário de Pesquisas: artigos, ensaios e separatas sobre Maçonaria. Brasília: LPMGODF, 2016.

MARTIN, James. O propósito do século XXI: um plano vital para assegurar nosso futuro. São Paulo: Cultrix, 2011.

MEIS, Leopoldo de. Ciência, Educação e o Conflito Humano-Tecnológico. 2. ed. São Paulo: Senac, 2002.

MELKISEDEC (Alexandre Magno Camargo). O Aprendiz no Rito Moderno. São Paulo: A Gazeta Maçônica, 2005.

NASCIMENTO, Ricardo S. R. De um Antigo e Famoso Documento da Maçonaria Operativa: notas de estudos. Brasília: Publicação do Grande Oriente do Brasil, 1999.

NAUDON, Paul. A Maçonaria. São Paulo: Difusão Europeia do Livro, 1968.

ORTEGA, Oswaldo. Seria esta a Maçonaria do III Milênio? Londrina: A TROLHA, 2006. ISBN 85.7252.225-5.

PAIRE, Alain. Práticas de Leitura. 5. ed. São Paulo: Estação Liberdade, 2011.

PETERS, Ambrósio. Maçonaria: História e Filosofia. Curitiba: Academia Paranaense de Letras Maçônicas, GOEP, 1999.

PLATÃO. Apologia de Sócrates/O Banquete. São Paulo: Martin Claret, 2009. (Coleção a obra prima de cada autor, 20)

PORTELA, Eduardo (org.). Reflexões sobre os Caminhos do Livro. São Paulo: Moderna-UNESCO, 2003.

RABANEDA, Fabiano. O Catecismo do Aprendiz Adonhiramita. Londrina: A TROLHA, 2010.

REVISTA EGRÉGORA. Ano IV, nº 13, jun./ago. 1996.

RIBEIRO, João Guilherme C. O nosso lado da escada: história, prática e fags sobre os graus capitulares do Rito de York. Rio de Janeiro: Edição do Autor, 2012.

ROUSSE-LACORDAIRE, Jérôme. Antimaçonismo. Portugal: Hugin, 1999. (Coleção b-a–ba)

SCHNOEBELEN, William. Maçonaria – do outro lado da luz. 2. ed. Curitiba: Luz e Vida, 1997.

SCHOPENHAUER, Arthur. A Arte de Escrever. Porto Alegre: L&PM, 2007.

SERTILLANGES. A. D. A Vida Intelectual: seu espírito, suas condições, seus métodos. São Paulo: É Realizações, 2010. ISBN 978858806286.

SCHMIDT-PATIER, A. R. Nos confins do conhecimento. Londrina: A TROLHA, 2012.

SOCIEDADE PORTUGUESA DE ESTUDOS DO SÉCULO XVIII. Constituições de Anderson. Lisboa: Universitária, 1993. Texto inglês da edição de 1723. ISBN 972.9212.25-2.

STEINER. George. Aqueles que queimaram livros. 2. ed. Belo Horizonte: Ayné, 2018. ISBN 9788592649210.

STEVENSON, David. As origens da Maçonaria: o século da Escócia (1590-1710). São Paulo: Madras, 2005.

TRAUTWEIN, Breno. Novos rumos à Maçonaria. Londrina: A TROLHA, 1999. ISBN 85.7252.087-2.

TRAUTWEIN, Francisco Paulo. Academias – Repensando-as para o século XXI (artigo), in A TROLHA, Coletânea 5. Londrina: A TROLHA, 2002. p. 44.

TRAUTWEIN, Francisco Paulo. M@çonaria.com #de volta para o futuro. Londrina: A TROLHA, 2017.